賃労働の系譜学　目次

第Ⅲ部　何が社会を変えるのか

第Ⅳ部　ポストキャピタリズムと労働の未来

賃労働の系譜学——フォーディズムからデジタル封建制へ

はじめに

新型コロナが社会を覆い、雇用や先行きに対する不安が広がっている。東京オリンピックは無観客開催となり、日本社会が期待を寄せていた観光業・高級リゾート（ＩＲ）の拡大は頓挫している。感染リスクがくすぶるなか、雇用は先細り、弥縫策の給付金配布が続いているが、先行きは見えない。

不気味なのは、それにもかかわらず株価は上がり続け、富裕層の資産は倍増し、格差はますます拡大しているということだ。雇用の世界でも、身分が安定した職業ではかえって貯蓄が増加している一方で、サービス業や非正規では貧困が蔓延しており、あまりにも影響の落差は大きい。いったい、今後の労働と経済はどうなってしまうのだろうか。単なる新型コロナのダメージ以上に、**現代の「資本主義経済」には何か根本的な変化が生じているのではないか？** そう感じている方も多いことだろう。

そうした資本主義の変化を反映して、二〇二一年一〇月の衆議院選挙では、野党各党だけではなく岸田文雄首相も日本の「資本主義」の改革を訴えた。ところが、与党も野党も「昔の日本を取り戻す」という主張が目立ち、今日の変化をとらえた論戦は見られなかった。元に戻すことが可能ならば、これほど時代が混迷しているはずはない。

　一方で、新型コロナの以前から、変化の予兆はあった。二〇一五年ごろから、ＡＩ・ＩｏＴ技術の発展で雇用は激減するという予測が世間を震撼させ、ここ数年、政府は「副業」や「雇用によらない働き方」を推奨するようにもなっていた。

　それが、新型コロナの広がりの中で、非正規雇用は一斉に休業状態に追い込まれ、町中ではウーバーイーツの労働者があふれた。予感されてきた「変化」が一挙に現実を覆っていった。

　実は、今日起こっているこの「変化」は、これまで日本で問題となってきた非正規雇用の拡大や、「ブラック企業」、過労死の蔓延といった労働問題とは明らかに性質を異にしている。いわば、**「資本主義と労働」の根本的な変化**に関わっている。

　結論を先取りすれば、**今日の労働は経済の規模を必ずしも拡大しない**。それどころか、もはや新たな富を生産する労働そのものが減少しつつある。だからこそ、新型コロナで労働が減少したにもかかわらず、株価が上がり、富裕層の富が増大し続けている。

　労働が富を拡大せず、富裕層への富の収奪が経済の中心となる社会は、あたかも資本主義以前の「封建制」に回帰したかのような外観を呈している。本書ではこのような変化を**「デジタル／テクノ封建制」**として描き出した。世界ではそうした指摘が以前からなされていたが、日本ではまだなじみがない。それは、日本社会でＤＸ（デジタル・トランスフォーメーション）があまりに立ち遅れているからだろう。逆に、デジタル・エコノミーが発展する海外では、「デジタル／テクノ封建制」の語は、急速に人口に膾炙しつつあり、これからの日本でも間違いなく重大な争点となる。

アメリカ型の新自由主義も、ＥＵの社会民主主義も、大きく見れば、生産を拡大することで資本主義社会を駆動させてきた。両者とも社会科学において、「(ポスト)フォーディズム」と呼ばれる二〇世紀に形成された生産体制に立脚している。その土台が、およそ一〇〇年の時を経て、根底から覆ろうとしている。それだけ大規模な地殻変動が生じているということだ。

そのため、今日の労働は、この二〇年間の争点だった**「新自由主義 対 社会民主主義」**や、**「規制緩和 対 規制強化」**では、もはやとらえきれない。資本主義社会の根本的な変化は、二一世紀の私たちに対し、まったく新しい「労働観」を要請しているのである。

ただし、「デジタル／テクノ封建制」も、日本における「資本主義社会と労働問題」という具体的な文脈を抜きにして語れば、その本質がかえって見えにくくなる点には注意が必要だ。本書の第11章で体系的に論じるように、「デジタル／テクノ封建制」はこれまでに積み重ねられた資本主義社会の発展と、労使の対抗関係の中で産声を上げたからである。したがって、日本の労働の未来を考える上では、「日本の賃労働の系譜」を無視するわけにはいかない。

日本社会では、長時間労働や非正規雇用の貧困が蔓延し、**「人間を使い潰す資本主義」**が続いてきた。その間、賃金は下がり続け、競争力も減退していった。教育費も削減され続け、ますます日本の国力は衰えていった。

「好景気」がうたわれる中で、労働者一人あたりの現金給与総額（実質）は、**一九九七年の八三・一%**におちこんでいる（二〇二〇年 毎月勤労統計）。さらに象徴的なのは、先端技術の研究者さえ不安定雇用となったことだ。任期付きの彼らは競争的資金の獲得のために、文部科学省が認める（理解できる）手堅い研究に奔走し、画期的な研究は激減した。不安定な身分は、研究者を「不正」にさえ走らせた。結局、競争政策は人々の活力を奪い、「支配」を強めただけだった。

なぜ、日本では人を使い潰して短期的な利益を求め、「支配」ばかりが強化されていくのだろうか。こうした問いに答えることなしに、この国の「資本主義と労働の未来」は語ることができない。

そこで本書の前半では、主にこの二〇年間の日本の労働問題を資本主義社会との関係で解説し、資本主義と労働における矛盾と葛藤の構図、近年の系譜を追った。そのうえで、新しい現象を日本の文脈を踏まえて、解説している。

本書ではまず、日本の「資本主義と労働」の現在地を暴き出す（第Ⅰ部）。世界の労働と比較して、日本の資本主義と労働にはどこに特徴があるのか。また、なぜ日本では「ブラック企業」や過労死問題が繰り返し現れるのかを解きほぐす。そして、経済戦略が行き詰まる日本社会では「ブラック企業」は戦略的存在であり、あたかも**「資本主義の救世主」**のような役割を果たしていることを明らかにする。

続く第Ⅱ部では、資本主義社会を改革する労働運動の意義と、その今日的な変化について考える。改革が叫ばれて久しい労働法や社会保障法は、資本主義とどのような関係にあるのか。また、世界では近年ストライキの嵐が吹き荒れており、コロナ下でも激しさを増している。アメリカでは二〇一八年に四八万人以上の労働者がストライキに参加し、「ストライキの年」とも呼ばれた。これは一九八六年以来の水準である。このように、世界で激しさを増す労働運動の論理を探る。

さらに、第Ⅲ部では、日本における「ブラック企業」問題の告発が、日本の資本主義社会の在り方や、その変化とどのように関係してきたのか。また、日本の労働問題を解決していくために必要な社会運動の在り方について考えていく。

最後に、第Ⅳ部では、今日の「資本主義と労働」をトータルに考察し、**「新自由主義」**、**「社会民主主義」**、**「デジタル／テクノ封建制」**、**「コモンの再建」**という同時進行する四つの類型から資本主義と労働の未来を読み解く。そして、この四つの路線の中で、私たちはどのように働き、生きていくべきか、そして労働運動はどうあるべきかを探っていく。

本書の表題に興味を持っていただいた読者には、中間を飛ばして、第Ⅰ部と第Ⅳ部を続けて読んでいただいても意味を理解できるように構成してある。

私は、大学在学時代の二〇〇六年に労働・貧困相談を受け付けるNPO法人POSSEを立ち上げ、以来代表を務めてきた。二〇二〇年には新型コロナもあり、年間の相談件数は五〇〇〇件を数えるようになった。

また、現場の労働問題に最前線で取り組む一方で、労働社会学、労使関係論を研究し、調査・

政策提言も行ってきた。二〇一三年には拙著『ブラック企業』がベストセラーとなり、流行語大賞トップ10、大佛次郎論壇賞、日本労働社会学会奨励賞などを受賞した。さらに、政府にいくつかの法改正を働きかけ、実現もしてきた。

日本の労働問題に向き合いながら社会科学の研究を続けてきた者として、今日の変化を日本の現実から出発し、その未来の可能性を素描することは、ある種の責務であると感じている。

非正規雇用、「ブラック企業」や過労死、貧困問題の当事者に向き合う中で、誰もがこの社会の行き先が見えず、**「いったい自分になにができるのか」**を知りたいと渇望しているということが伝わってくるからだ。閉塞状況の中にあっても、私たちは未来への道筋を探り続けなければならない。

こうした現場の労働問題から出発し、日本社会の本質を解き明かそうとする本書の企ては、タイトル『賃労働の系譜学』にも込められている。「賃労働」はいうまでもなくカール・マルクスによる資本主義と労働を分析するためのキー概念だが、一般的には「搾取」を説明したものだと思われている。だが実は、より本質的には労働の「従属」に迫る概念であり、今日の労働分析に欠かすことができない。

一方で、フランスの社会思想家であるミシェル・フーコーによれば、系譜学とは、地道な研究が積み上げてきた「機能的一貫性や形式的体系化のなかに埋もれ隠されてきた歴史的諸内容」と、「非概念的な諸々の知、十分に練り上げられていないとして資格をはく奪された一連の知」が結び付くところに生まれる（フーコー 2007）。系譜学は、知識の科学的な序列化およびそれに内在する権力作用に抗して、諸々のローカルな知を活性化する方法なのである。

翻って、今日の日本社会の行き詰まりに対しては、経済学や社会学の公式の学問体系はどれだけ説得的な「説明」ができているだろうか。これだけの人々の従属と社会の破壊が実在するにもかかわらず、これを的確に理解するための枠組みは、「知識の科学的な序列」の中には見出せないのではないか。

だからこそ、労働問題の「現実」から出発し、既存の知識体系に収まらない問題提起をすることが、求められている。

資本主義社会の歴史を紐解けば、常に資本と労働者・貧困者の対抗の過程である。今日でも、世界を見渡せば、まさにストライキ・社会運動が興隆している。ところが、日本だけがその流れに取り残されており、世界で何が争点になっているのかがまったく見えないガラパゴス状態に陥っている。本書を通じて、労働はどこに向かおうとしているのか、私たちが生きるこの歴史的な「大分岐」の地点とはどこか、そして、労働運動による変革の未来展望はどのようなものかを考えていきたい。

第Ⅰ部

日本型資本主義と労働の現在地

第1章　「ブラック企業」はなぜなくならないのか？

1　継続する日本の労働問題

コロナは何を浮き彫りにしたのか？

二〇二〇年にはじまった新型コロナ危機は、日本の労働に甚大な影響を与えている。非正規雇用の大量解雇、シフトの削減や無補償の休業、さらには「3密」労働強要やテレワーク差別も顕在化している。これらの問題は一見するとコロナ禍独自の問題であるようにも見える。確かに、ここまで極端な休業・解雇はコロナウイルスまん延の劇的な影響によるものだ。だが、現出している諸問題は日本の労働の在り方の反映でもある。すなわち、今日の労働問題は、非正規雇用のワーキングプアや「ブラック企業」の低賃金・過重労働などこれまでの労働問題を引き起こしてきた日本社会の構造と連続した問題である。

具体的にみていこう。コロナ禍の影響が広がるにつれて表出したもっとも大量かつ象徴的な労働問題は、非正規労働者への休業手当をめぐる差別だ。繰り返し報じられているとおり、多くの非正規労働者が生活に困窮しているが、その原因は、非正規労働者に対して休業手当不払いが横行していることによる。本来、法律上は企業に責任のある理由で労働者を休業させた場合、当該企業は、労働基準法二六条に基づき、少なくとも平均賃金の六割以上の休業手当を支払わなければならない。[1]ところが、「正社員だけにしか休業手当が支払われない」、「会社に休業手当の支払いを求めても応じてもらえない」といった非正規労働者からの労働相談が多数寄せられている。なかでも、シフト制で働いているパートやアルバイトの場合、シフトが未確定であった期間については勤め先が「休業」を指示したことを認めないことが多く、休業手当が支払われないことが多い。というのも、シフト制のように、週当たりの労働時間が明確でない場合に休業手当の支払義務が生じるか否かについては、法律上、明確な決まりがない。このため、シフトが確定していない期間については「休業」に当たらないとして休業手当の支払いを拒む企業は多い。[2]

こうした事態に対応するため、政府は段階的に雇用調整助成金の特例措置を拡大し、解雇等をせずに雇用を維持した中小企業に対しては、一人一日上限一万五〇〇〇円として、労働者に支払った休業手当の全額を助成するようになった。一定の場合には大企業に対する雇用調整助成金の助成率が一〇〇%になる措置もとられている。さらに、政府は、シフト制で働く非正規労働者にも政策効果が及ぶように、シフト制の場合にも直近月のシフト等に基づいて同助成金の申請ができることをアピールし、活用の促進を図るとともに、パートやアルバイトに対する休業手当の不払いが把握できた大企業に対して文書で支払いを要請する措置も講じている。

しかし、これらの施策が講じられたにもかかわらず、助成金を申請せず、非正規労働者に休業手当を支払わない企業が少なくない。野村総合研究所が二〇二一年二月に実施したアンケート調査では、コロナの影響によってシフトが減少したパート・アルバイトのうち、女性で七割強（七四・七％）、男性で約八割（七九・〇％）が「休業手当を受け取っていない」と回答している。[3] また、雇用調整助成金が機能不全に陥っていることに批判が集まったことを踏まえ、労働者が自ら申請できる制度として政府が創設した新型コロナウイルス感染症対応休業支援金・給付金制度についても、非正規労働者が差別されるケースが少なくなかった。申請に当たっては、原則として企業による休業の事実の証明が必要となるが、協力を拒む企業が後を絶たなかったのである。その結果、二〇二一年一〇月七日時点の累計支給決定額は約二〇二〇億円であり、予算五四四二億円のうち三七％に過ぎない。[4]

企業がこれらの制度を使わせない理由は、一刻も早く解雇することで社会保険などの雇用コストを全面的に免れようとしたこと、そもそも非正規雇用の雇用を守る意思がまったくなかったこと、助成金や支援金の利用によって自らの休業補償義務の存在が明らかになることを防ごうとしたことなどであった。どれも重要であるが、使用者があらゆる法的拘束を逃れようとし、政府の支援策を断ち切る形で労働者の権利侵害を行っている点は悪質である。

この状況を端的に表現すれば、労働者は制度があっても使えないということになる。これはコロナ禍の以前から日本社会では当たり前の光景であり、私自身も、ＮＰＯ法人ＰＯＳＳＥを立ち上げ労働相談活動に従事するようになって以来一貫して直面してきた。労働法や社会保障法で定められた諸権利が、職場や福祉の現場ではいとも簡単に踏みにじられる。いわば、法律に定められた「権利」が職場（労使関係）のむき出しの力関係によって無効化するのである[5]。コロナ禍においてもまったく同様に支援策の「無効化」が起こってしまったわけだ。

　職場のむき出しの力関係はコロナ禍のそのほかの場面でも明瞭に示された。例えば、感染症の拡大を防ぐために普及したテレワークの実施においても非正規労働者は差別された。テレワークによる業務遂行が可能な職種であるにもかかわらず、「正社員はテレワークになったが、派遣社員は通常出勤と言われた」、「テレワークを希望したところ「嫌なら辞めろ」と言われた」などといった労働相談が数多く寄せられている。相談事例のなかには、宅配便の受け取りや電話番など、出社しなければできない仕事を、自社の正社員ではなく非正規労働者ばかりに押し付けている事例も存在する。本来、非正規雇用は責任が軽い分だけ賃金が低く雇用保障も弱いとされ、その「合理性」が喧伝されてきた。労働者は負担の大きさと労働条件を天秤にかけ、正規・非正規を選択しているということだ。ところが、コロナ下ではこのような建前論はまったく通用しておらず、雇用保障が脆弱で立場が弱いために、危険な命令も拒否しがたい非正規雇用が格好のターゲットになってしまっている。このようなことも、以前から非正規雇用に「頑張っていれば正社員になれる」と呼びかけて低賃金のまま過酷な労働を強いるという労働問題の延長にある。ここでも、労働者は法律や制度の趣旨を逸脱して労働を強いられる、極端に非対称的な労使関係に置かれている。

そしてもちろん、無謀な出勤命令を被っているのは非正規雇用だけではない。緊急事態宣言下の満員電車を見ればわかるように、正社員の多くも感染の危険を承知で出勤している。感染防止や出勤の削減を求めて世界中でストライキが行われている中で、日本の労働者たちは、労働組合法に基づき抗議の声を上げることさえなかった。このように、権利が行使できない、まともな労使関係が成立しないという異常な社会の在り方が、今日の労働問題に反映されている。

2　なぜ、「ブラック企業」がなくならないのか――賃労働の系譜

次に、改めてなぜ非正規雇用、「ブラック企業」や過労死のような労働問題がなくならないのかを考えてみよう。さまざまな要因が考えられるが、もっとも重要な要因として、次の二点に注目したい。第一に、今日の労働問題が資本主義社会の構造に根差しており、資本主義経済のシステムがますます矛盾を深めていることである。第二に、日本の労働運動は世界的に見ても特殊であり、抵抗力が極端に弱いことに起因している。そのことが、ひいては社会の在り方にも重大な影響を与えている。

資本主義システムの行き詰まり

そもそも、資本主義社会はその初期から大量の労働貧民（ワーキングプア）を生み出し、過重労働を蔓延させた。フリードリヒ・エンゲルスの名著『イギリスにおける労働者階級の状態』やカール・マルクス『資本論』はもちろん、さらに時代が下ったチャールズ・ブースによるロンドンの貧困調査も、一九世紀における労働者たちの過酷な実態を明らかにしている。[6] 資本主義社会においては、「働く貧困者」の存在は例外的ではなかったのである。だが、二〇世紀に入り、労働運動の高揚を受けた各種の社会政策によって一般労働者の貧困状態は改善に向かっていった。最低賃金制や労働時間規制が整備されるとともに、失業保障が整備された。さらに、第二次世界大戦を経て世界的な高度成長期に入ると、労働者が企業に長期雇用される慣行が形成され、勤続に伴う賃金上昇も一般化した。長期雇用慣行は労働組合と使用者（団体）との間で労働協約として制度化され、労働者はさまざまな「権利」を獲得していった。

こうした労働者の「権利」は労働運動の発展を抜きにしては語ることができないが、同時に二〇世紀の産業発展にも深く関係していた。戦後社会においては自動車などの大型輸送機器に加え、各種家電製品など耐久消費財が巨大な需要を生み出した。労働需給はひっ迫し、労働者の賃金が上昇しやすい環境が形成された。また、新たに生まれた重厚長大産業はある程度の技能を持った成人男性の需要を増大させ、ますます「まともな雇用」を押し上げる要因となった。[7] さらに、高賃金は新たな需要を喚起し「フォーディズム」と呼ばれる大量生産・大量消費の経済循環を生み出した[8]。本来、賃金の高騰だけではなく、大規模な機械設備の導入による生産力の発展は、利潤率の低下を招き資本蓄積が行き詰まることで恐慌を引き起こす。巨大な生産設備によって生産能力が増大すれば、投資に対する利潤の割合（利潤率）が減少する一方で、以前よりも多くの商品を販売しなければならないからだ。フォーディズムが成立した高度成長期には、この利潤率の低下を補って余りあるほどに生産の規模が拡大し、利潤量が増大したのである[9]。こうして資本主義の困難は先送りされ、労働者の「権利」が資本主義の発展と同時に拡大した。二〇世紀の初頭から中葉にかけては、資本主義の歴史の中でも特異な時代であった。

だが、この新たな需要にも陰りがさす。一九七〇年代になると耐久消費財はかつてのようなペースで売れることはなくなり、資本主義はグローバリゼーションに活路を見出すようになる。すると、今度は先進国内の産業空洞化という新たな問題が発生した[10]。その結果、資本はその投下先を製造業からサービス業に見出したため、先進国ではサービス産業化が急速に進行した。サービス産業は労働集約的な産業であるために労働生産性の増大が見込めないうえ、参入障壁も低いために過当競争になりやすい。そのため、その他の産業と同じ水準で利潤を獲得しようとすれば、労働者の低賃金・長時間労働が前提となってしまう。また、サービスを「効率よく」大量生産しようとすれば、労働者の長時間労働にとどまらず、サービスの質の劣化を伴わざるを得ない。さらに、とりわけケアワークの雇用に関しては、女性の「無償労働」と競合するとともに、ケア労働それ自体も社会的に不当に低く評価されてきたために賃金水準も低い[11]。

まさに、これらの資本主義社会の構造変化が「ブラック企業」を社会に蔓延させた。コンビニエンスストアをはじめとした流通業や、飲食サービス業においても余剰資本が流れ込むことで過当競争となり、低賃金・長時間労働が蔓延している。とりわけ二〇〇〇年以降顕著であるのは保育や介護などの公共サービス業の市場拡大であり、この領域での労働問題は利用者の被害をも引き起こしている。今日の資本主義社会の発展は、労働市場のサービス産業化およびケアワークの市場化に依拠しており、サービス業・ケアワークにおける利潤追求には労働時間の延長や低賃金、サービスの劣化を伴う傾向がある。この変化の傾向は、さらに継続している。

詳しくは本書第Ⅳ部で検討するように、近年、従来型の利潤追求が限界を迎え、サービス産業化に加え、デジタル・エコノミー化が進展してきたことを踏まえ、脱成長やシェアリング・エコノミー、あるいはポストキャピタリズムが唱えられている。そして、資本主義の経済システムは新たなデジタル・エコノミーやプラットフォーム・キャピタリズム、あるいはレント型経済等と呼ばれる新たなシステムに転換しつつあることが多くの論者によって指摘されている。確かに、資本主義の経済システムはすでに述べてきたような行き詰まりを見せているし、非営利団体や協同組合、社会的企業に象徴されるような、利潤追求を目的としない経済セクターも注目を集めている。デジタル・エコノミーやレント型経済も従来のような物質的発展を伴わないエコな経済路線であるかのようだ。そのため、一見すると、資本主義社会はもっと緩やかな脱成長社会に自然と移行していくかのようにも見える。

ところが、現実はまったく逆である。「終わった」はずの資本主義システムの下で労働問題は激化し、以前よりも不安定さと過酷さを増し続けている。資本主義システムは整然とあるいは粛々と「終わりにむかっている」わけではない。あるいは「よい方向」に勝手に向かっているのでもない。むしろ、そのシステムの内部では、人々を縛り付けようとする強力な権力関係が作動し続けており、それが巨大な労働問題となって現出している。「ブラック企業」問題は決して一過性の問題でも、局所的な問題でもない。現代の資本主義社会における構造的な問題なのである。

労働運動の脆弱さ

「ブラック企業」問題がなくならない第二の重要な要因は、労働運動による対抗が弱すぎる点にある。資本主義社会では労働問題の発生を避けて通れない。だからこそ、近現代史は資本主義社会に対する対抗運動によっても特徴づけられている。[12] 資本主義社会における労働者の労働条件は、市場の需給関係に従って一方的に決定されてきたわけではない。一九世紀半ばまでは、熟練職人の技術を抜きにして企業は生産活動ができなかった。そのため、企業側は職人の要求を受け入れざるを得なかった。職人の賃金は職能組合によって一定の水準に決められ、使用者はこれを逸脱することができなかったのだ。標準賃率は労働者間の賃金引き下げ競争を抑制し、職人の資本への従属を抑制していた。

背景には、現在のように生産方法を科学技術者が設計し、働く人はマニュアルどおりに作業するというわけではなく、職人の育成や仕事の遂行方法（労働への統制権）を職人の側が握っていたという事情がある。だから、職人は容易に代わりが利かないのだ。資本主義の勃興期、職人たちは自分たちの技能及び労働過程に対する統制権を基に、労働組合による労働市場の「共通規則」という強力な防波堤を形成したのである。[13] ところが、その後の大量生産システムの形成とともに、必要とされる技能が衰退し職人の発言力は崩されていく。ベルトコンベアに代表される生産方式だ。その中で、職人が管理していた製造工程は比較的単純な工程＝職務（ジョブ）に分割され、職人は「代わりの利く」労働者に置き換えられていった。だが、ここでも労働運動は現代的な職務に対し、産業別労働組合による大規模な争議を通じて新たな防波堤を築く。労働者の抵抗力は弱まったが、今度は職種を超えて産業全体で団結し、細かい仕事それぞれの価格を、企業を超えた職業別・産業別労働協約によって設定した。それが、細分化された仕事＝職務の賃金基準を新たに設定する同一労働同一賃金である。この共通規則に加え労働者間の競争をさらに緩和するために、失業保障政策を中心とした社会政策も国家に要求し実現してきた。それらの社会保障政策はフォーディズム期により強固となり、今日でも世界中に労働者を守るための労働法・社会政策として存在している。

しかし、日本においては、同一労働同一賃金の原則も、これを支える社会保障制度も十分には形成されてこなかった。日本では主流の企業別組合は、企業内の正社員に適用される年功賃金を要求し、大企業の男性正社員の賃上げには成功してきたが、同時にそれは中小企業の正社員や非正規雇用労働者の賃金が差別されることによって成り立っていた。[14] 大企業は低い単価で下請けに部品やサービスを発注し、下請け労働者が低い賃金でこれを引きうける。そうしてコストを削減した分が、大企業労働者の賃金の年功部分に反映されてくる。同様に、女性社員の賃金は低く抑えられ、非正規であれば生活できない水準だが、その分正社員男性には手厚い年功賃金が支払われた。このように、大企業男性の賃金を引き上げるために、日本ではその他の差別がほとんどすべて容認されてきた。しかも、大企業正社員の年功賃金すら、過労死を引き起こすような厳しい競争を前提したものだった。企業別組合は企業業績を反映した年功賃金の上昇を求めるため、企業の業績向上のための長時間労働に逆らうことができない。企業別組合は他企業の労働者よりも自企業の経営者と利害を共にした。そのため、労働市場に「共通規則」を作り労働者間の競争を抑制するのではなく、企業間の競争に巻き込まれていった。

それにもかかわらず日本の労働組合は同一労働同一賃金に否定的な姿勢をとり続けた。同時に、失業政策や最低賃金のような労働市場政策についてもほとんど積極的に要求してこなかった。失業した労働者はもはや企業別組合の仲間ではなく、最低賃金も年功賃金の労働者には無関係だからである。それどころか、男性正社員の年功賃金を維持するためには、大企業を含む若年正社員や中小企業の正社員、そして非正規労働者の賃金を低い水準に押しとどめておく必要があった。もし同一労働同一賃金が実現したり、最低賃金が引き上げられれば、新入社員や非正規雇用の賃金が上がり、もはや中高年男性の賃金上昇は維持できない。そのため、中小企業、非正規雇用、女性などマイノリティー労働者への差別は主流労組によって完全に放置されてきた。このような労使関係のいびつな構造が無規制な賃金構造と脆弱な社会政策を生み出し、今日の巨大なワーキングプア層を形成していった。

この巨大なワーキングプア層の存在は、「ブラック企業」の労務管理を再生産するために非常に重要な要素である。後藤道夫の『ワーキングプア原論』が強調するように、失業保障が脆弱であるために、日本においては不本意に非正規雇用に就く労働者が非常に多い。そして、彼らは今日では「トライアル雇用」(非正規で雇われ、働き次第で正社員になれる)の形で制度的に正規労働者と競争関係に置かれている。このような「正社員予備軍」が大量に存在すると同時に、彼らの間に共通する賃金規則がまったく存在しないからこそ、「ブラック企業」は正社員を選別し、常に過酷な環境下に置くことができる。

二〇〇八年秋のリーマン・ショックに伴う非正規雇用の一斉解雇を受け、民主党政権期には非正規雇用の規制強化や職業訓練の強化、そして「新しいセーフティネット」の構築も構想された。しかし、その後も労働市場政策の整備は進んでいるとはいいがたい。労働組合運動の脆弱さが要因となり、資本主義社会の行き詰まりに対しほとんど対抗する制度を形成することができていないのだ。その特異さは、例えば、時給一五ドルを求めるアメリカの運動や、ウーバーなどギグ・エコノミーへの対抗、そしてコロナ禍におけるケアワークを守るストライキの在り方を見れば一目瞭然である。[15] これらに対し、日本社会では労働基準法上の賃金規制など、わずかに残された

「法律」上の権利さえも行使することができない。

このように労働運動による共通規則の不在、そして法律上の権利さえ行使できない状況は、労働者相互の競争と敵対関係を強化している。社会全体で自己責任論が蔓延し、労働者同士のいじめが後をたたない。経営者による選別や過酷労働の要求に対する対抗ではなく、非正規雇用を見下し、能力が低い者を攻撃する文化が社会に深く根を下ろしている。こうして、資本主義の行き詰まりと、ますます深刻化する分断と競争圧力が、「ブラック企業」やコロナ禍の労働問題を再生産している。

第2章　日本型資本主義社会と「ブラック企業」

1　資本主義と「ブラック企業」

　前章で見たように、資本主義社会の行き詰まりと労働問題への抵抗力の脆弱さが今日の「ブラック企業」を再生産している。世界的に見ても現代の資本主義社会では「ブラック企業」のような劣悪労働は決して特殊な存在ではない。資本主義社会はその構造上、労働問題を不断に生み出しており、「ブラック企業」はその今日的かつ日本的な現れだということができる。だからこそ、「ブラック企業」問題は根深いのだ。では、資本主義社会の構造と労働問題の関係とはいかなるものだろうか。

　資本主義社会の特徴が、商品生産の全面化にあることは論をまたないだろう。私たちは生活に必要とするほとんどの財を商品として生産し、これを売買することで社会を形成している。じつは、このような商品生産の全面化は、「労働力」の商品化によってはじめて可能となる。労働者るようになるとき、はじめて生活必需品の大半が商品化されるからである。の大半が自給自足の生活を営むのではなく、誰かに雇われて、すなわち労働力を販売して生活す

資本主義社会において商品化された労働力は、労働（力）市場において取引される。労働者は労働力商品の売り手となる一方で、労働力の買い手は利潤を追求する資本家となる。このように、相互の自由意思にもとづく諸個人の取引によって成立する市場社会は、現実的には格差と階級対立を生み出す「資本主義社会＝資本と賃労働の関係」となって現れるのである。

資本主義以前の社会では、共同体の構成員は人格的な紐帯で結びつき労働は共同して行われた。この労働形態では労働の在り方におのずと制限が生じる。働く一人一人は共同体の有限な成員だからだ。無理な働かせ方をして人口が減少すれば共同体自体の損失となるし、働き方はそもそも伝統的・文化的に決定されており、これを一方的に変更することは難しい。もちろん、主従関係に基づき強制的な労役につかされる場合もあるが、こうした命令も労働する人々が交換不可能で有限な存在であるという事情を変更しない。領民の酷使は領主の損失となって跳ね返る。経済史家のロバート・ハイルブローナーは、『経済社会の形成』において、このような前近代社会における経済の特質を「伝統」と「命令」によって特徴づけた。

これに対し、企業が労働市場で労働力を購入する資本主義社会では、どのように働かせるかを企業が決めることができる。そのため、経営者は労働力を最大限活用しようとする。市場社会では労働力の購入者は労働者に対して労働を命じる「債権＝指揮命令権」を獲得するが、その範囲

については明確な区切りがない。そのため、マルクスの『資本論』で大きく取り扱われているように、労働日（一日に働かせることができる労働時間）は際限なく延長され、労働者の過労死を生み出してきた。こうした事情は今日の日本の労働社会でも何ら変わるところがない。また、企業にとって労働力はあくまでも交換可能な生産要素にすぎず、雇用主と労働者の関係も売買を通じた一時的な関係に過ぎない。だからこそ、使用者は心身を毀損するほどの過酷な労働を命じることができるし、不要になれば容赦なく切り捨てることができる。労働力が、商品という交換可能で一方的に処分可能な存在形態となる一方で、その担い手が、実際には人間＝労働者という生身の存在であるということが、資本主義社会における労働問題の本質である。[1]

具体的には、資本主義社会の労働問題は、労働力の売買の過程である「労働市場」と、労働力の消費過程である「労働過程」という二つの局面において現れる。労働市場における貧困問題はわかりやすいだろう。人件費を抑え競争で優位に立つために、各企業は機械設備への投資を進める。すると、産業全体で必要な労働力が減少し、失業者や不本意な就労に従事せざるを得ない労働者が増大する。[2]また、企業は労働の内容そのものを単純化することで賃金を下げようとする。日本においても、必要な労働力が減少することで労働者間の競争が激化し、成人男性の非正規雇用化が進んでいった。機械の発達は熟練労働を不要とする方向に進められ、ますます労働力はいつでも、誰とでも取り換え可能となっている。二〇〇八年の「派遣村」で大きく低賃金・不安定が問題となった、二〇〇〇年代以後の日本の製造業派遣・請負労働も、設備投資の進展によって労働が限りなく単純化していった結果、労働力が交換可能で廉価な商品となってしまったことに起因している。リーマン・ショック期に彼らはあたかも「もののように」使い捨てにされた。増産期には低賃金のまま、雇用保障もなく、全国の工場に派遣会社を通じて頻繁にトレードされ、不況期には容赦なくほとんど全員が切り捨てられたのである。彼らの多くは派遣・請負会社の寮に居住していたため、年の瀬での解雇は路頭に迷うことを意味したが、経営者はそうした労働者の事情を一顧だにしなかった。このように労働力が文字どおりの意味で商品として扱われる傾向はサービス産業を含め、さらに進んでいる。(3)

次に、労働力の消費過程が直接に過労死を引き起こすという問題も今日ではあまりにも想像しやすい。労働者を長時間働かせることや過酷に働かせることで、企業は少ない賃金でより多くの生産を行うことができる。例えば今日の外食業や小売業では、「ワンオペ」など少人数による店舗運営により頻繁に労働者の過労死・自殺・鬱を引き起こしている。これは「ブラック企業」が社会問題となった主要な要因の一つである。また、ＩＴ労働者や営業職は、「事業場外みなし労働時間制」や「裁量労働制」によって際限のない長時間労働を強いられている。(4) そして、生産力の上昇によって生み出された失業者や非正規雇用は、正社員への競争圧力を強め、さらに過重労働を生み出す推進力となっている。

私たちの関係を制約する物象化

それにしても、いくら労働力が商品化しているからといっても、なぜ貧困や過労死に歯止めがかからないのだろうか。労働者の貧困や過酷労働に良心の呵責を覚える経営者も少なくはないはずだ。ここで重要であるのは、経営者もまた、資本主義社会の関係によって行動の範囲が制約されているため、労働問題を個人的に解決することはできないという事実だ。端的に言えば、共通規則のない市場社会で労働者の賃金を上げ労働時間を短くする経営者は、競争を通じて淘汰されてしまうだろう。あるいは、たとえ労働者が経営者とどんなに親しい関係であったとしても、過労死が起これば企業組織は粛々と次の労働者を探し出し雇い入れなければならない。そして、企業の不利益を抑え込むためには、過労死の責任は企業側にはないのだと、法廷で全面的に主張するしかない。昨日まで「君は家族だ。よくやってくれている」と言いながら、法廷では「彼はまったく働いていなかった。過労死は遊びが原因」と酷薄に言い放つ。同僚にもかん口令が敷かれる。数多くの過労死事件で繰り返されてきた光景だ。逆に言えば、本当に良心の呵責にさいなまれ、「競争を勝ち抜くためには仕方ないのだ」と割り切ることができない経営者は、経営者として淘汰されてしまう。このように、資本主義社会の労働問題の原因を、単なる経営者の人間性や資質に還元することはできない。

換言すれば、個々の経営者の努力だけでは過労死を防止できない理由は、私たちがお金の論理に支配されており、自由に共同して経済活動を営むことができないからだ。例えば、私たちは日々株価や為替レートに一喜一憂せざるを得ず、いざ経済危機ともなれば、商品の「過剰」＝「もの余り」と貧困が同時に発生する。貨幣を所持していなければ、極貧状態の人々にも食料や医療が提供されることはない（実際に、日本社会においてさえ「餓死」が毎年発生している！）。[5]このように、私たちは自分たちが作り出したはずの経済を意識的にコントロールすることができない。同じように、人々が生産活動で結びつくためには、貨幣を用いて人を雇い、あるいは貨幣を求めて雇われるしかない。

例えば介護事業所を運営するためにも、今日では施設と労働力商品を購入してはじめて実現する。また、介護事業所が提供するサービスは、十分な支払い能力を持った利用者がその事業所を選んでくれた場合にしか実現しない。しかも、営利企業の場合、その過程から利潤を稼ぎ、役員報酬や配当金、金融機関への利払いに回さなければならず、利回りが悪くなれば、保育や介護利用者の生活が破綻しようとも「選択と集中」によって採算のわるい事業所は閉鎖される。[6]私たちは、ケアという非常に基本的な事業においてすら、相互の関係を取り結ぶために、貨幣に依存している。そのため、この社会では貨幣や商品などの「物象」（モノ）が力を持ち、人間はその力に行為が制約されてしまうのである。ここでは、あたかも人間自身が生み出したはずの物象（＝貨幣・商品）同士の関係が人間の関係を規制するような転倒した関係が成立する。このような事態をマルクスは「物象化」として把握した。[7]この転倒が、現代社会にも貫かれ、労働問題を引き起こしているのである。

私たちの社会では、どのような人格の人物であれ、経営者は経営者として、あるいは労働者は労働者としての行為に制約される。そして、私たちを結びつける市場社会においては、企業も、労働者も、相互に競争しあう関係となる。もしこの競争に適応したふるまいをとることができなければ、私たちはこの社会で生きるすべを容易に失ってしまう。だから、私たちは率先して商品所持者としてふるまおうとする。将来のために能力を高める幼児教育が流行し、小学校から大学までの受験競争があり、その間に企業アピールするための体験づくりに奔走し、入社後もスキルアップや自己啓発に追われる。定年後は再就職の対象となれるのか、というさらなる競争が待っている。「ゆりかごから墓場まで」私たちはどう自分の労働力を売るのかばかりを考えて生きている。このように私たちが物象（商品や貨幣、資本）の人格的担い手となって行動し、その中で自身の価値観や欲望さえ変質していくという事態は、「物象の人格化」と呼ばれる。今日の自由主義社会の中で、私たちには行動の自由がある。しかし、その行動の自由は、あくまでも商品化された社会の中で選び取ることができる自由（労働力を売る自由）に過ぎないのである。

私はよく、労働問題に関する講演などで「経営者はなぜこんなに酷いことができるのですか？」と問われることがある。その理由こそが物象の人格化である。経営者や上司も、物象化した関係性の中で、自らのふるまいを選択せざるを得ないからだ。過労死を引き起こすような業務命令も、それが経営上妥当であれば選択せざるを得ない。同業他社に長時間労働が蔓延していれば、ますますこの選択は議論の余地のないものとして受け止められていく。こうしたことは、過酷労働の直接の加害者となった上司が、後に会社に標的にされ労働相談に訪れた場合に実感することができる。加害者側に回った管理職たちも、最初は無理なノルマや命令を出すことに疑問を覚えていたが、やがてそれが「当たり前」だと感じるようになっていったと証言する。そして、自らが標的になってようやくその問題に気付くのである。

その一方で、労働者自身も、労働力商品の所持者としての思考に飲み込まれている。「自分には能力がないから解雇されて貧困になるのも仕方がない」、「過労死したとしても、この会社を選んだ自分が悪い」、「使えない部下を死ぬほど働かせるのは会社のためにやむを得ない」。このような思考と行動は、物象化された関係の中で労働者の行為（資本や他の労働者、そして利用者へのかかわり方）を通じて再生産されている。

このように、資本主義社会は労働者側が企業（資本）に対し、「労働力商品の担い手」としてかかわることで成立し、これが労働問題を生み出している。そして、その度合いが深ければ深いほど、経営者による搾取は容易かつ苛烈になる。この関係にくさびを打ち込み、歯止めをかける行為こそが、労働者たちによる意識的な労働運動である。第1章で述べたように、労働運動は労働市場に共通の規則を作り、この物象化された関係性に一定の規制を作り出すことができる。[8] 例えば、労働協約によって設定される職種別最低賃金制度や、同一労働同一賃金制がその代表例だ。日本ではそれらはイメージしにくいが、さしあたり日本の最低賃金制度も、労働運動に支えられているということを想起してほしい。共通規則の設定によって、資本主義社会における労働問題はある程度解決することができる。だからこそ、資本主義社会においては、労働運動の存在が文字どおり「死活的」に重要なのだ。

2　日本社会と「ブラック企業」

以上の資本主義社会の分析から「ブラック企業」問題に迫ることで、日本の労働の特徴が実に資本主義的であるということが見えてくる。「ブラック企業」は資本主義社会における「物象化」の論理がもっとも浸透した労働形態であるからだ。このことは、「ブラック企業」を生み出した日本型雇用（あるいは日本型資本主義といってもよい）について考えることで理解できる。

まず、日本と対照される欧米の労使関係について確認しておこう。欧米の労使関係は職務に基づく同一労働同一賃金原則に特徴づけられる。労働者の仕事の範囲＝職務があらかじめ明確にされ、賃金の基本部分は同じ職務であれば同一になる。賃金の水準は産業別あるいは職業別といった企業を超えた労働組合と業界団体の間の団体交渉をへた労働協約で決定される。[9] この仕組みの下では、労働者に対する企業の命令はあらかじめ職務の範囲に限定されると同時に、賃金をめぐる労働者間競争も抑制される。[10] 欧米では労働者の仕事の範囲は明確になり、ある種の「階級社会」[11]が形成される。労働者はどれだけ勤続しても労働者のままで、決して管理職にはなれないからだ。だが、その「階級社会」においては、労働者たちは自分の仕事の範囲を明確にし、経営者マインドを引き受けて、どこまでも企業の命令に従うようなことはしない。日本社会の分析で労働社会学に多大な影響を与えた熊沢誠は、名著『日本の労働者像』の中で、こうした労働組合によって規制される世界を〈労働社会〉と呼び、むき出しの資本主義の論理が貫徹する社会と区別する。

一般に組織労働者とは、資本主義社会の国民的合意にほかならない個人主義的競争のるつぼに投げこまれたままである未組織労働者や中産階級から、文化的に自己を分離させた人びとである。そうすることが労働者にとって可能なのは、彼ら、彼女らがある独自性をもつ規範の通用するようなひとつの労働社会に立てこもるからだ。その規範は、なによりも労働者を外の全体社会につなぐ環である仕事のしかたにかかわっている。この自己分離、すなわち、ある労働者層による労働社会の構築を、私はいま「離陸」とよぼう。（熊沢 1993 26）

ところが、日本では欧米のような「離陸」が起こらなかった。労働者の能力は企業によって詳細に査定され、評価は企業に貢献しようとする「生活態度」にまで及ぶ。労働者は企業からの求めに応じ、単身赴任を含む全国転勤、あらゆる部署への配置転換、度重なる残業命令への備えを常に求められる。七〇年代以後の日本社会では「会社人間」が標準とされ、過労死大国となった。

要するに、日本社会には「働き方」の内容について明瞭な制限がない。しかも、それが単純な「強制」によるものではないことがより重要だ。熊沢は、日本の過重労働発生メカニズムを「強制された自発性」に基づくと論じた[12]。日本の労働者は積極的に企業経営に参画し、その能力を発揮しようとしており、そこには明らかな自主性がみられる。しかし、彼らは会社によってあらゆる角度から査定され、際限のない競争に駆り立てられる。その評価は具体的な仕事＝職務に対するものではなく、企業への潜在的な貢献にまで及ぶ。さらに、労働の潜在能力の査定は学歴・就職競争などを通じて社会全体の規範ともなっていった。共通規則が不在の日本では、どこまでも資本主義社会の競争に労働者や社会全体が巻き込まれていく。労働運動が独自のルールを築く〈労働社会〉を実現できなかったからである。

　このような物象化に対抗できない労使関係が社会に与える結果を、今日の就職活動は明瞭に物語っている。職務による明確な評価基準がないなかで、学生たちは「自己分析」や「コミュニケーション能力」の名の下に、「会社にどうしたら気に入られるか」を考え続ける以外にない。この過程では、全人格を企業＝資本による評価にさらし、自らの考え方や感情を会社にとって好ましいものへと「主体的」・「自発的」に適合させていく。女子学生は「企業にとって感じのいい顔」にしなければならず、「就活ルック」や「就活メイク」どころか、就活のための「プチ整形」を行う者もいるという。就職活動の過程では「会社に気に入られない方が悪い」と考える習性を叩き込まれてしまうため、ここから落ちこぼれると「自分がダメだった」と自己否定へ進み、

「就活自殺」さえ引き起こす。著名なジャーナリストであり、自らも大学の教壇に立っていた竹信三恵子はこれを「全身就活」と表現する。[13] 全身まるごと企業にさらしているからこそ、失敗すればすべてがダメになるように感じられる。企業による評価の残余がこの社会にほとんど存在しないのだ。

この日本社会に顕著にみられるような、物象化によって強制・制約されながら、同時にこれに適応していく（物象の人格化）、「強制された自発性」こそが、資本主義的労働の本質的特徴の一つである。この点について、マルクスは次のように述べている。少し長いが引用しよう。

奴隷が働くのは、外的な恐怖に駆り立てられてでしかなく、自分自身の生存のためではないからである。この生存は奴隷のものではないが、それでも保証されてはいる。それに対して、自由な労働者は自らの欲求に駆り立てられる。自由な自己決定、自由といった意識（あるいはむしろそういう思い込み）は、自由な労働者を奴隷よりもはるかに良質な労働者にする。そして、それと結びついて責任の自覚（意識）が生じる。商品のあらゆる売り手と同じく、労働者は自分の提供する商品に責任を負っており、同じ種類の商品を売る他の売り手たちによって駆逐されたくなければ、それを一定の品質で提供しなければならない。奴隷と奴隷主との関係というのは、奴隷に対して行使される直接的な強制によってその継続性が維持される関係である。それに対して自由な労働者は、その継続性を自分自身で維持しなければなら

> ない。なぜなら、彼の生存とその家族の生存とは、自分の労働能力が絶えず繰り返し資本家に売られることにもとづいているからである。（マルクス 2016 240-241）

資本主義社会においては、原則として奴隷のように他者に強制されて働くのではない。貨幣を得るために、自らの自由意思によって働くのだ。そして、貨幣を得続けるために、自ら積極的に企業の命令に適応しようとする。企業に貢献する人格が「有能」「優秀」であるとされ、自らそれに適合しようとあがき続けることを生涯強制される。日本社会に特有の現象として観察された「強制された自発性」は、実は資本主義社会の本質的特徴なのであり、これに対する防波堤が存在しないところにこそ、日本社会の特徴があるといえる。むしろ、日本の社会制度システムは、資本主義のこのような作用＝「労働力商品所持者としてのふるまいを強制し、自発的に適応させる」ことを円滑化する。日本の労働者の従属的な態度は、熊沢の言う〈労働社会〉が未発達の日本社会で特に深く醸成されたのだ。そして今日では、能力主義評価の基礎にあった年功的処遇さえも剥奪され、ただ企業に順応する文化だけが定着した。それこそが、「ブラック企業」問題の本質である。この極端に物象化された労使関係が、今日も継続する日本社会で法律上の権利さえ行使することができない「関係性」を再生産している。この点は、第４章で検討する労働者の権利関係＝「社会権」の在り方にも深くかかわってくる。

3　日本の「自発性」はアトム化と従属の現れ

実のところ、このように労働者が商品化の論理を全面的に受け入れた社会は非常に珍しい。他の先進国のように労働力が商品化した社会においても、労働者が完全に労働力商品の所持者としてふるまうかは未確定だからである。一九世紀初頭のイギリスでは、機械化によって仕事の自律性を剝奪されることを恐れた労働者たちが、機械を打ち壊す「ラダイト運動」を展開した。この運動は首謀者不明のままイギリス全土に広がり、軍隊が出動しても容易に収束しなかった[14]。また、すでに述べたように、欧米では同一労働同一賃金を中心とした共通規則によって労働力商品の取引は制約を受けている。

こうした労働者の抵抗を打ち砕くために、資本家は常に細心の注意を払ってきた。労働力を購入した後、それをどのように生産手段に結び付け最大の利潤を生み出すのかに、彼らの盛衰がかかっているからだ。そのため、経営者は労働者を「管理」し、「統制」下に置こうとする。資本主義社会における労働と経営者による労務の特性を精緻に解明した労働社会学者であるハリー・ブレイヴァマンは、主著『労働と独占資本』において資本主義社会における労働者の「管理」の本質的特徴をテイラー主義の三つの原理として定式化した[15]。すなわち、第一原理とは、労働者の技能から労働過程を引き離すこと、第二原理とは、実行からの構想の分離、そして第三原理とは、課業概念の生産過程への適用である。

簡潔に言えば、本来労働者自身の創意と自主性に依拠していた労働に対し、①労働の知識と方法を資本の側に集積・集中し、②労働者の労働からそれらを引き離し、③使用者が設定した細分化した課業(タスク)を労働者に課すということである。もっともわかりやすいのは高度に機械化されたベルトコンベア式工場だろう。労働者はコンベアの周辺で細かく細分化された単純労働を反復する。そのやり方は完全にマニュアル化されており、作業のスピードも秒単位で定められている。労働者は工程の一貫した知識を全く持たないままに、これらの細分化されたタスクの一部を繰り返し続ける。この労働は非常に過酷であるが、知識と創意を剥奪された労働者たちは、その方法で労働する以外にない。そして、一度細分化され、自主性を剥奪された状況においては、ベルトコンベアのスピードは一方的に、際限なく加速させられる[16]。そのうえ労働が単純化するため、派遣や請負の労働に切り替えられていくのである。

これに対し、日本型の労働過程は正反対のように見える。労働者は従属的に企業の命令に従うだけではない。自ら労働の遂行方法に関する「カイゼン」のアイデアをQC(クオリティ・コントロール)サークルと呼ばれる「自発的」な社内ミーティングで提案する。QCサークルは事業時間外に労働者によって自主的に行われ、作業工程の改善について議論する。そして、労務管理の在り方も、労働者の担う業務範囲を細分化した一コマとなるのではなく、さまざまな職務をジョブ・ローテーションし、幅広い知識を身に着けていくとされる[17]。本来であれば、労働者の自発的な労働参加は企業にとっては脅威ともなる。熊沢も労使関係論者の仁田道夫を引きながら、QCサークルには労働者がその経営側の論理を「読み替える」ことで、経営側にとっての「危険性」（つまりは〈労働社会〉の形成）を育てるものになり得ることを指摘していた。ただし、あくまでもその「危険性」は潜在的なものであり、労働組合運動が自覚的に成し遂げるべき事柄である。

実際には、そうしたQCサークルやジョブ・ローテーションによって与えられる知識の広がりや自発的な参加は、企業が設定した過酷な労働の在り方を変革するような、労働過程に対する系統的な知識と自律性を付与するものにはならなかった。企業を超えた〈労働社会〉の規則を抜きに、「職場」から自律性を再建する企ては実るものではなかったのである。[18] QCサークル的な企業参加が、労働者を従属させるだけのものだったことは、今日の「ブラック企業」と非正規雇用の蔓延を見れば火を見るより明らかだ。労働者の自発性はあくまでも企業の利益の範囲内で、あるいはそれを促進する形でしか発揮が許されない。もし、労働者が企業の利益に反して労働者の充足や知識の拡大、あるいは決定権の拡大を望むのであれば、激しい攻撃といじめにあう。自由に自発性が発揮されるわけでは決してないのだ。POSSEに寄せられる労働相談の中には、大企業でコンプライアンスを守らせようとした社員が徹底的にいじめられるといったケースが少なくない。さらに、QCサークルでは、労働者は自ら労働の過酷化を厭うことなく、企業への貢献姿勢の評価を求め自発的に労働の改変に参加する。それは、すでにみた企業からの査定が存する中で形成される「労働力商品としての自発性」であり、過労死を引き起こしていった。

このように見ると、資本によって与えられる自発性や責任の範囲の拡大は、むしろ日本社会の物象化の深まりを表している。要するに、自ら会社の「客体」（利益追求の道具）として、「主体的」（労働力商品の担い手として）に資本＝企業にかかわるのである。前近代社会における生産に対する主体性＝自律性と、物象化した資本主義社会における「主体性＝自律性」は異なったものにならざるを得ない[19]。私たちが思考し行為する前提が、すでに物象によって規定されているからだ。たとえ一部の労働者が資本＝賃労働関係を「意識」したとしても、この関係から物質的に逃れる方法がない以上、行為の次元ではこれに順応するしかなく、物象化は労働者の主体性を支配し続ける。逆に、労働組合の集団的な行為実践は、多数の労働者が資本＝賃労働関係に無自覚であったとしても〈労働社会〉を形成することで物象化そのものを抑制する。日本にはこのストッパーがほとんど存在しないため、労働者は主体的に労働力商品の担い手としてふるまうほかない。

そもそも、本当に日本の労働者に労働過程におけるイニシアティブがあるのであれば、過労死を引き起こすような急激な増減産や、家族関係を犠牲にする全国配置転換が、上から一方的に命令できるはずがない。日本の労働者が多様な業務を引き受け、自発的に参画するのは、その本質を見れば、むしろ資本の利潤追求への従属の現れなのである。

この点で、こうした日本の労働者の企業への自発的参加を日本に独特の「集団主義」にみなす傾向にも、注意を促しておきたい。戦後日本の労働者も、世界の労働者と同じように労働過程の細分化を経験した。そして、無内容になっていく労働に対し、職務に基づく〈労働社会〉を築くのではなく、企業＝資本のもとに垂直的に編成された。熊沢はこれについて「労働者はいったんアトム化されたからこそ、能力主義的競争に解放されるとともに、唯一性を高めた企業社会に以前よりもふかく統合された」（熊沢 1993 226）と、労働者の孤立化と資本の支配の強化を強調している。一見「社会主義的」に見えるほど集団主義的な日本社会は、その実個々の結びつきが解体され、企業＝資本の論理によって垂直的に編成されているというわけだ。だからこそ、労働の「カイゼン」は「集団主義」に並行する形で、それを否定するはずの大量の派遣・請負労働を作り出していった。そもそもこの「集団」が資本にしたがって容易に分断線を操作される性質のものであることは、この点からも明らかだ[20]。

以上にみた労働力の「商品化」にともなう物象の人格化こそが、「ブラック企業」問題の本質である。この点について、私は『ブラック企業2』で詳細に実態を描写した。「ブラック企業」の労働者たちは、はじめは社会貢献や能力の向上を志して介護などの職場に入職する。ところが、入社後に「ブラック企業」の利益至上主義の中で、利用者にする考えも、自分自身に対する考えも、あらゆる思考が変容させられていく。もちろん、ある種の洗脳や経済的強制によって労働者を従属させることは、世界中で行われている。だが、「ブラック企業」問題の特性とは、この日本社会における〈労働社会〉を喪失した関係の中で、丸裸で「物象の人格化」を受け入れざるを得ないところに見出すことができるのだ。

第3章　「ブラック企業」が資本主義社会を救う？

――オルタナティブとしての「ブラック企業」

第2章では、資本主義分析を踏まえることで、物象化をほとんど抑制できない日本社会の労使関係が「ブラック企業」を拡大してきたことを論じてきた。本章では、さらなる「ブラック企業」問題の深淵に迫っていく。それは、「はじめに」で問題提起したように、「ブラック企業」が現代経済の「救世主」になってしまっているという倒錯した事態である。「ブラック企業」は忌み嫌われるのではなくむしろ歓迎され、渇望さえされている。新しい産業を興し雇用を増やしてほしいと願う人々の欲求が、「ブラック企業」を増殖させる苗床となる。その構図を見ていこう。

1　資本主義の行き詰まりとサービス産業化の進展

今日の発展した資本主義社会、特に先進国においては、それまで産業の中心を担ってきた製造業が衰退するとともにサービス産業化が進展している。ＩＴ、小売り、外食などとともに、近年とりわけ増大しているのが、高齢化や個々人の生活ニーズの多様化に伴う公共サービス部門の拡大である。医療、介護、福祉、教育などの各分野においてはその絶対量が拡大しているだけではなく、従来以上にさまざまなニーズが認知され、生活相談・支援員による専門的サービスが必要とされるようになっている。例えば、ＤＶ被害に対する家族支援や児童虐待への対応の拡大は社会の急務になっているが、こうした社会的ニーズはこれまで封殺され、労働は家庭内（女性）に閉じ込められてきた。家庭内に閉じ込められてきたという点では、保育や介護についても同様である。ケア労働全般の社会化が進み、製造業の縮小とともに、同時にその「市場化」＝「商品化」が広がっている。それが現代経済の重大な一側面である。

これらの対人ケア業務は機械による省力化になじまない。そのため雇用吸収力が高く、今日の主要な産業に成長している。ケア労働の中の医療と教育分野に限っても、二〇二五年には日本の就業者数に占める割合が就業者の二〇・一％に達するとの試算もある。[1] 実際に、医療・福祉部門の有業者は二〇〇二年の四四〇万人（全就業者数の八・三％）から、二〇一九年には八一四万人（同一三・六％）に増大し、製造業に匹敵する規模に成長した。[2] サービス経済化の中でも特に「公共サービス経済化」[3] が進んでいるのである。この傾向は先進国に共通しており、例えば米国労働省が予測を公表している今後一〇年間における従事者の絶対数が増加する職種のランキングでは、ナース・プラクティショナー[4]（二位、六一％増）、作業療法助手（四位、三五％増）、在宅介護助手（六位、三四％増）、理学療法助手（七位、三三％増）、医療・健康サービスマネージャー（八位、三二％増）、医療助手（九位、三一％増）などとなっている。(5)

資本主義の原理と対立するケア労働

前章で述べたように、資本主義社会においては労働を細分化することで労働者を交換可能にすると同時に、過酷な労働を強いていく。この点はサービス労働でも変わらない。外食、小売業などでは労働がマニュアル化されることでベルトコンベアと同じように労働は単純になった。例えば、コンビニでは業務の多様性は増しているものの、個々の業務自体は複雑ではない。だからこそ、非正規雇用を広げ、さらには学生に主要な業務を任せることができる。これが新たに学生の「ブラックバイト」問題を引き起こしている（本書第6章参照）。同時に、「ワンオペ」のように極限まで人員を削ることで利益を最大化させる労務管理が広がっている。飲食業や小売業の経営者たちは、厳しい競争の中で法令ギリギリ、時には違法行為をも辞さず、新たなビジネススタイルを模索してきた。その要因は、決して経営者の無知や酷薄さに還元できるものではない。サービス業が新たな投資先として魅力的であるためには、利潤を獲得できるような労務管理体制の確立が不可欠なのである。

このような傾向は、今後の雇用拡大が期待されている「公共サービス」ではより深刻な問題を引き起こす。無理な利潤追求が労働の質だけではなく、サービスの質にかかわってきてしまうからだ。公共サービスでは、省力化によるコスト削減を追求して一人の労働者が多数の利用者に対応できるようにしようとすれば、それだけケアの質が落ちてしまう。例えば、現在三〇人学級が問題になっているように、学校の担任が受け持つ一クラスの生徒数は教育の質向上に直結する。逆に、教員を削減して受け持ち生徒数を増やすことは、学校の利益の増大につながり得るが、教育の質の劣化に直結してしまう。同じ構図は保育にも、介護にも当てはまる。そのため、これらの業種は、従来は行政や非営利組織によって運営されてきた。

ところが、この利潤追求になじまないはずの公共サービス部門においても、すでに述べたように、資本蓄積の行き詰まりを背景として市場化・営利化が促進され、賃労働が拡大している。例えば、介護や保育園は商品化・民営化によって市場が拡大されてきた象徴的な業種である。その結果、労働が過酷になると同時に提供されるサービスも著しく劣化している。本来利潤追求になじまない業種で利潤追求するために、労働問題と消費者問題を同時に発生させているのだ。こうした背景から、「ブラック企業」は小売業や外食業などを含むサービス業全体で問題化し、公共サービス部門ではこれに消費者問題が加わることで、とりわけ大きな社会問題となったのだ。

ワタミの介護[6]の死亡事故はその象徴だろう。同社では度重なる死亡事故を引き起こし、東京都の調査では「人員不足が事故の原因のひとつ」とされている。私がインタビューした労働者は、次のように証言した。「時間外労働は月に六〇~八〇時間で、休憩時間もほとんどなかった。時には夜勤が三日続き、夜勤で朝まで働いた後、他の労働者が欠勤してしまった場合、穴埋めにそのままさらに夜まで続けて働くことがあった。体調が悪くても欠勤することは難しく、代替要員が見つからない場合は熱があっても出勤した。同僚には一九日間連続出勤している者もいた」という。一年で二〇人が退職し、その多くがパニック障害を発症していた。施設は「独立採算制」がとられ、入所者の入居金や利用料金から算出される予算を超える分の残業代を申請しても出ない。一方、研修では一〇年後には売り上げを一四〇〇億円にするなどと営利目標を突き付けられていたという。(7)

ワタミの介護のケースは業界の中でも極端に劣悪ではあるだろう。とはいえ、介護事業の保険・市場化がケア労働の質の劣化を招いてきた側面があることは強調されるべきである。介護保険制度の下で一連の介護行為は要素作業ごとに細分化され、職場集団も解体されて労働者の協働が喪失している。サービスは労働三〇分ごとに細分化され、家事（生活援助）と介護へも分割された。さらに、移動時間、相談援助などは介護（時間）として認定されなくなった。(8)介護という一連の労働過程が「商品」としてばらばらにされ、売買される形式に変形されてしまったのである。そして、断片化されることで「利用者と介護者」の連続した関係は切断され、必要なニーズからは遠ざかっていく。人間のニーズを満たすものから、商品の論理によって細分化された労働の組み合わせへと、労働の性質そのものが変化してしまうわけだ。

これを補うはずのケアプランも、利用者の「必要」から設計することは制限されている。介護保険サービスから要介護度に応じて利用可能なサービスを組み合わせることが業務とならざるを得ないからだ。介護労働者は低処遇の中でそれぞれの「要素」を埋めていくしかない。もし介護保険が認める以上の「必要」なサービスを労働者が行おうとすれば、それは労働者の自己負担となる。あるいは、利用者自身が別途「商品」として追加分の介護を購入することで、介護保険サービスを超える部分を充当するしかない（もちろん、そのようなお金を持っていればだが）。さらに、ケアプランナー自身が資本の利潤追求の主体となってしまい、ケアプランにバイアスを生じさせることもある。[9] 運営企業にとって利益になるように、ケアプランを誘導してしまうといったケースもあるのだ。ケアプランナーも介護労働者も、その行為は商品経済の論理によって高度に制約されており、その中で利潤追求に従属せざるを得ないことの帰結である。細分化された労働は過密になり、労働者の待遇も労働内容も劣悪になっていく。ケアプランナーもそれを止めることができない。その行き着く先が、先にみたワタミの介護や、ベッドへの縛り付けのような介護虐待である。

保育園においても民営化が進む中で人員を削減し、配置基準ぎりぎりの中で多くの子供たちを受け入れることで営利を追求する事業所が目立っている。その中で、食事中にエプロンをテーブルに広げさせることで子供が身動きを取れなくする「エプロンテーブル」や、「サークル」で囲うことで子供の動きを制限して管理しやすくする手法など、保育の質を劣化させることで「効率化」を実現する新たな保育技術が広がっている。[10]

海外に目を転じても、市場化された福祉労働が利用者のニーズを満たすことができない実態は、幅広く告発されている。例えばベストセラーとなった『アマゾンの倉庫で絶望し、ウーバーの車で発狂した』の中で、著者は自らの労働体験を次のように描いている。

私の当番表には、ほぼ30分ごとに訪問先が書いてあった。この30分には、顧客の家から家への移動時間も含まれていた。移動には平均で10分ほどかかるため、1回の訪問時間は20分程度。ところが、なかにはわずか5分か10分程度で終わる訪問もあった。その原因は、缶詰めの鰯のように、介護士のスケジュールに訪問予定がぎっしり詰め込まれていたからだった。なんらかの理由（例えば顧客の体調不良）である訪問に予定以上の時間がかかると、当然ながら以降のスケジュールに影響が及ぶ。結果として介護士はその日の残りのあいだ、なんとか失った時間を取り戻そうと町を大急ぎで移動する羽目になる。さもなければ、朝7〜8時から夜10〜11時まで休憩時間もなく1日じゅう働くことになってしまう。それとは対照的に、次の訪問まで駐車場の車のなかでむっつりと坐って過ごすという無給の時間もたびたびあった。（ブラッドワース 2019 137-138）

労働者はこのような状況に「適応」し、介護の担い手としてではなく、労働力商品の販売者としてふるまうしかない。中には「今日は買い物の必要はないですよね？」「お腹はすいていませんよね？」と「訪問のスピードを上げるために一連の誘導尋問を用いること」や、ネグレクトを覚悟で必要な介護を追えないまま「時間」を優先せざるを得ない場合もあったという。細切れのケア労働については、二〇一九年に公開されたケン・ローチ監督の『家族を想うとき』でも印象的に描かれている。そこでもやはり、介護労働者は労働力商品販売者としてふるまうのか、無給で「必要なケア」を実現するのかの葛藤を迫られている。公共サービス部門が市場化することで労働問題が激化するとともに、社会に必要なサービス供給が劣悪化した形（商品経済の枠内）でしか実現しないという現象が、世界的に生じているのである。

2　資本主義社会の救世主としての「ブラック企業」

このような弊害にもかかわらず、新しい市場を開拓し雇用を生み出す「ブラック企業」は逆説的にもこの社会の「救世主」かのようである。あれだけ労働・消費者問題を引き起こしたワタミであっても、政財界には強い影響力を持ち、同社の挙動はしばしばメディアのトップニュースを飾っている。コロナ禍の中でも、ワタミに存在感があるのは、単に社長の渡邉美樹の独特のキャラクターのためではなく、本来は市場になじまない領域をビジネス化することに極めて長けているからだ。それも、野心的に次々と新分野へ挑戦し、一定の「成功」を収めてきた。

同社はまず、一九九二年に酒屋「和民」一号店を出店。居酒屋のチェーン展開に挑戦し成功を収めた。二〇〇二年には有限会社ワタミファームを設立し、農業に進出。二〇〇三年には、渡邉が私立中学校・高校「郁文館」の学校法人の理事長及び同校の校長に就任した。また、二〇〇五年には介護事業に進出し「ワタミの介護」を打ち出している。そして二〇〇八年には高齢者に弁当を宅配する宅食事業にも進出と、矢継ぎ早に「公共サービス」での新事業を展開している。一方、東日本大震災直後の二〇一二年には、被災地である岩手県の陸前高田で雇用創出を行うとして、ワタミの宅食のコールセンターを設立した。二〇二一年には同地に有機農業と循環型社会のテーマパーク「ワタミオーガニックランド」を開園している。さらに、福島第一原発の事故を受け、二〇一二年から再生可能エネルギーの普及促進を掲げて、風力発電事業にも参入した。コロナ禍においても、二〇二〇年春の学校の一斉休校に対して、小学生・中学生・高校生を対象に、ワタミの宅食の弁当を低額で提供すると打ち出し注目されたほか、休業中の居酒屋の従業員の雇用確保として、他社の食品スーパーに「出向」させたことでも話題を集めた。このように、同社は高い「社会貢献」の意識を持ち、公共サービス部門に次々に参入している。現代の「社会的企業」のお手本のような事業展開だといっても過言ではないだろう。

繰り返される労働問題

その一方で、「成功」の陰には常に労働問題が付きまとってきた。同社では、渡邉の過去の発言をまとめた「理念集」を従業員に携帯させ内容を暗記させていた。そこには「365日24時間、死ぬまで働け」という文章があった（現在は削除）。さらに、徹底的ともいえる専制的な労務管理が敷かれていたことを、同氏の数々の発言が物語っている。

「ビルの8階とか9階で会議をしているとき、「いますぐ、ここから飛び降りろ！」と平気で言います。」「アルバイトとして雇った部下がいましてね。あのころは僕、そいつの頭を何度もスリッパでひっぱたいていました。それでも十数年はついてきてくれましたが、8年ほど前に辞表を出したんです。追い込まれて、潰れたわけです。」（『プレジデント』2010年9月13日号）

「別に強制している訳じゃない。営業12時間の内メシを食える店長は二流」「命がけで全部のお客様をみていたら、命がけで全部のお客様を気にしてたら、ものなんか口に入るわけない、水くらいですよ。」（ワタミのYouTube（現在は削除）ワタミグループの理念研修会にて発言）

二〇〇八年には、「和民」に勤務していた入社二ヶ月の二六歳の女性が、月一四〇時間の過労死ラインを超える時間外労働の末に自死。二〇一二年には労災が認定された。[11] しかし、この労災認定について、渡邉は「労務管理できていなかったとの認識は、ありません」とTwitterで述べ、会社のウェブサイトでも「当社の認識と異なっておりますので、今回の決定は遺憾」と公表した。その後も渡邉はこの過労自死の被害者について「なぜ採用したのか。なぜ入社一ヵ月の研修中に適性、不適性を見極められなかったのか」などの発言を繰り返し、社会的非難を浴びた。

これらの行動からは、飲食業界の厳しい競争の中で、生き残りをかけて利益の獲得を必死に追求する渡邉の姿が垣間見える。その有効な手段が専制的な労務管理であり、過労死を引き起こしてなお、問題を被害者に転嫁する姿勢となって現れた。それだけ、抑圧的な労務管理は、ワタミの利益の「核心」に関わっているのだろう。

同様の問題は社会貢献を目指す公共サービス部門でも引き起こされている。「ワタミの介護」についてはすでに述べたが、「ワタミの宅食」でも二〇二一年九月、群馬県高崎市の二つの営業所で所長を務めていた従業員が違法行為を告発し、高崎労働基準監督署が残業代未払いで是正勧告を行なった。従業員は精神疾患を罹患し、労基署に労災を申請。従業員によれば、最大で月一七五時間の残業を行っていたが、残業代は固定されており、月給は二六万円にとどまった。同社は即日、ウェブサイトで全面的にこれらの主張を受け入れることを発表し、謝罪を表明した[12]。また、上司によってタイムカードを書き換えられ、残業時間を短く改竄させられていたことが判明している。その後、従業員は、個人加盟の労働組合「総合サポートユニオン」に加盟して団体交渉を行った上、二〇二一年春には未払い残業代や慰謝料などの支払いを求めて損害賠償請求訴訟を起こしている（その後和解が成立）。

ワタミの「価値」

渡邉美樹と同じく規制緩和と営利ビジネスの拡大に寄与してきたパソナグループ会長の竹中平蔵も、経済界には根強い人気がある。両者を対比することでワタミの「価値」がより明瞭になるだろう。竹中の手がけたビジネスは人材派遣業を中心とした政府の下請け業務が主立っており、国政に関与することで私利を得てきたのではないかという疑惑[13]もあいまって、新しいサービスを開拓しているというよりも、国家利権にあずかる政商のイメージが強い。これに比べても、ワタミのサービス業全体での「成功」と、とりわけ公共サービスの営利化への野心には目を見張るものがある。実際に、ワタミは「ブラック」と批判される労働環境を「洗脳」とも指摘される社内教育によって受け入れさせ、飲食業で成功した。そして今、ケア労働の市場化、地域再生のビジネス化などによって、社会の再建を「資本主義の力」＝「賃労働の編成」によって実現しようとしている。ワタミの事業展開は、このように野心的な「挑戦」に満ちている。その過程においては、すでに見たように、労働問題が繰り返され、新たな消費者問題をも引き起こされている。それにもかかわらず、資本主義社会の新たな可能性を模索しているからこそ、ワタミへの支持は消えないのである。

市場開拓と投資先の開拓という資本主義の論理を引き受ける限り、「ブラック企業」問題は例外的な事象にとどまることはなく、これからも「社会問題を解決する新しいビジネスモデル」の渦中でますます拡大していくだろう。問題に程度の差はあっても、ワタミは「例外的な存在」ではないし、たんなる「悪役」にも還元できない。むしろ、新たな社会のニーズを商品経済の仕組みの中で事業化する、「社会的企業」としての道を真剣に模索しているともいえる。彼らがいかに「ブラック企業」と批判されようとも、この社会に根付くのは、行き詰まった「資本主義社会の救世主」としての性質を持っているからに他ならないのである。

3 「ブラック企業」の震源地

広がる商品化と労働問題

だからこそ、公共サービス部門に労働問題は拡大している。例えば、日本最大の通信制高校「N高校」を運営し、最新のＩＣＴ技術で業界をけん引する学校法人角川ドワンゴ学園は、社会の教育格差を是正することを目指す野心的企業である。同校は二〇一六年四月に開校し、開講当初は一五〇〇人だった生徒数は二〇二〇年一二月時点で一万六六四一人に達している。同校ではＩＣＴ技術を積極的に活用し、これまでの通信制高校では実現できなかったさまざまな方法を実現している。生徒たちはオンライン（Slack）で教員と常時コミュニケーションをとることができるほか、職業体験事業や各種の部活動（ｅスポーツなど）も充実し、通信制でありながら通常の高校では体験できないほどの学びを得ることができるという。同校には文部科学省の関係者など政府に近い有力者も深く関与しており、政財界から大きな期待が寄せられていることがうかがえる。実際に、「N高校」の事業には、新技術を活用し、若者に新たな教育機会を作り出す画期的な側面が存在することは否定できない。

一方で、このようなビジネスが成立する背景には、人件費の抑え込みが必須であると考えられるが、この点については高度な分業体制が敷かれている。「高校卒業資格取得に関連する授業を実施する人、システムを構築する人、教材をつくる人、課外授業を企画する人、それを実施する人、生徒の学習をサポートする人、イベント・行事を運営する人、部活を運営する人、部活を指導する人、問い合わせに対応する人、事務作業をする人など、それぞれ担当が分かれており」、「分業することによって、教職員一人一人の負担は減り、より自分の仕事に集中できるようになる」という(14)。

一見すると、よいことばかりだ。だが、同社が目指す「効率化」は必ずしもうまくいってはいない。同校の教員たちが「私学教員ユニオン」に加盟し、過酷な労働に対する改善などを求めて団体交渉を行っているのだ。教師たちの訴えによると、同校では賃金の未払い、休憩が取れない、労使協定のない残業、就業規則の作成・届け出義務を果たしていないといった違法行為があるという。背景には少人数で多数の生徒の指導を求められることがある。教員一人あたり一五〇人(三年生は八〇人)を担任し、「担任数の多さやスクーリングなどの業務過多で日に日に疲弊し、エアピークで忙しかった時期には、休日にもSlackの通知音や着信音が幻聴で聞こえてきたり、コン音が着信音に聞こえることがあった」と証言している。[15] その上、これだけの激務にもかかわらず、給与は月給二三万円程度（しかも、固定残業代四〇時間分を含む！）だという。時給は一〇八六円だ。確かにICT技術を用いることで人員を減らし、多数の生徒に対応させコストを削減することは可能だろう。だが、いくら技術を用いてもあまりに多数の生徒に対するきめ細かい指導をすることは困難だということがわかる。ここでも、業務の細分化と効率化を実現する、あのテイラー主義的労務管理の問題が首をもたげているのである。

教育産業は公共サービス部門の一成長分野として世界的に期待されているが、人員削減を目的とした技術が拡大し、労働問題を引き起こしている。教育学者の佐藤学によれば、そもそもICT教育技術は人員削減を目的とするものと、教育内容を向上させるというものの二つの系統が存在するが、実際には世界的に前者が広がっているという。そして、OECDの二〇一五年の調査によって、コンピューターを用いた教育は読解リテラシーにおいても数学リテラシーにおいても、学力に負の影響を与えることが示唆されている。それにも関わらず、例えばニューヨーク市では、「貧困地域の低学力の学校は教育企業が管理する公費による私立学校（チャーター・スクール）へと経営が委譲され、それらの学校ではICTの導入によって教師を解雇する改革が進行している」[16]。教育が市場経済に規定され、労働問題と労働の質の低下を引き起こしながら改変されていることがよくわかる事例である。テクノロジーは決して資本主義社会の構造に対してニュートラルではない。むしろ、資本主義社会に適合するように、労働過程に適用されている（労働とテクノロジーの関係については、本書第10章及び第11章で再考する)。

さらに、日本に特有の現象についても言及しておきたい。日本のコンビニエンスストアは「社会インフラ」として自らを打ち出しており、二〇二一年夏に開催された東京オリンピックでも海外の選手・記者からの称賛を集めている。確かに、二四時間開いていてATMがあり、各種料金の支払いや荷物の受け取りもでき、住民票の交付など一部の行政サービスまで実施してくれることは非常に便利で助かる。特に二〇一一年の東日本大震災以降は、災害時・災害直後にも利用できる生活のインフラとしての待望も高まる一方だという。コンビニ各社自身が今では地域の「公共サービス」であることを自認し、例えばファミリーマートでは「ライフソリューションストア」を掲げ、地域政策のさまざまな課題解決を打ち出しており、子ども食堂の運営にも乗り出している。あるいは、コンビニのイートインが地域の老人の「見守り」や居場所として機能しており、行政も地域包括ケアの重要な拠点として積極的に活用すべきだとの研究もある[17]。

だが、社会の期待が集まるコンビニエンスストアはすでに過当競争に陥っていることが指摘されている。各社は同一地域に集中的に店舗を展開する「ドミナント戦略」を実施し、同系列のフランチャイズ同士がしのぎを削っている。コンビニオーナーの時給は二〇〇円以下になるケースも珍しくはない。公共的な業務を担う労働者も、過当競争に疲弊した低賃金の賃労働者たちなのである。彼らはあくまでも労働力商品の所持者として、公共サービスの経営戦略の実行部隊を担うことになる。店舗のオーナーたちは社会貢献に意義を感じながらも、過当競争と中間搾取の中で、その負担を背負うことに葛藤を感じているのが現実だ[18]。都市部に資源が集中し、地域社会が疲弊する中で社会のつながりや居場所づくりといった公共的課題が、ここでも商品化によって解決されようとしている。そしてそこに労働問題が発生しているのである。

一方で、海外を見ると、例えば英米ではスーパーがないために生鮮食品を入手することが立地的に困難な地域「フードデザート」に住む貧困層に対し、地域コミュニティやNPO、協同組合による小売り事業が展開されている。地域の農家などから優先的に購入し、農業労働者が自身の農園を持ってオーガニック野菜などを育てることができるように低・無利子のローンも提供されるという。また、欧州では地域通貨や時間銀行に基づく地域づくりや連帯経済が広がっている(工藤 2020, 2016)。物象化の全社会への浸透に対し、協働社会の広がりを目指す取り組みが対抗しているのだ。

共通する「やりがい搾取」

ワタミでも、N高でも、労働者が口をそろえるのは、「社会貢献の理念に共感して就職を希望した」ということだ。そして、労働問題を経験しながらも、労働者たちが自らの力で問題の穴を埋めようと懸命に努力していた点でも共通している。そこには社会的価値への貢献と、ビジネスの一部として改変されてしまった労働過程との間の葛藤が深く刻まれている。この状態はもちろん健全ではない。労働者の「やりがい搾取」から過労に陥ったり、結局はサービスそのものが破綻してしまうこともある。

とはいえ問題は、経営者の単純な悪意や利己心ではない。あくまでも投資の利益を回収しなければならない構図の中で、経営者も労働者も「社会的事業」を実現しようとしている。そして、経営者はあくまでも「資本の所持者（管理者）」として、労働者は「労働力商品の所持者」としてこの過程に従属させられている。こうして彼らは「やりがいの搾取」という均衡点を見出すのである。

以上のように、今日の資本主義社会はサービス業全体に新しいビジネスを広げ、新たな投資のチャンスを拡大している。特に産業の公共サービス化が進む中で、労働はますます過酷になり、サービスの質の劣悪化が社会問題化している。また、大資本は地域の小規模な居酒屋を淘汰し、新たな失業者・雇用労働者を生み出すと同時に、それまでの公務ケアサービスや教員労働を断片化された賃労働に置き換えていく。「ブラック企業」問題は、社会のあらゆる場面の商品化という客観的背景を有しているわけだ。

このように見てくると、「ブラック企業」問題の社会的対抗軸とは、表層的な賃金や労働時間などの待遇面の問題にとどまらないことがわかる。（公共）サービス労働の商品化の中で、労働者がこれに自律的・主体的にかかわるのか、商品化の力に押し流されてしまうのか、そのような対立軸が底流に存在することが見えてくる。この問題を考えるために再びマルクスを参照しよう。

第2章で紹介したように、マルクスは労働力の商品化によって、労働者は奴隷以上に従属的になることを指摘した。賃金労働者は、自ら進んで資本の一部となって、断片化された労働を遂行する。このことは、今日の「やりがい搾取」に侵された日本社会に顕著に当てはまる。

ただし、これは決して当たり前のことではない。マルクスは『資本論』において、資本主義の存続のためには労働力が商品となるだけでは十分ではなく、商品化に適合した労働文化が不可欠であることを指摘している。資本主義的な生産過程の発展に伴って、「教育や伝統や慣習によってこの生産様式の諸要求を自明な自然法則として認める労働者階級が発展してくる」[19]ことこそが重要なのである。

商品経済の論理そのものからこの関係が十分に再生産されるようになるまでには、近代国家は暴力によって賃労働を強制しなければならなかった。ミシェル・フーコーが名著『監獄の誕生』で精緻に分析したように、近代資本主義社会の再生産は規律権力が支えている。資本主義が発達した今日では、商品経済の論理はすでに広く社会にいきわたり、就職活動や洗脳的な研修などさまざまな回路を通じて商品経済の法則が労働者の自明の文化として再生産され、賃労働規律を強固にしている。そして、その賃労働規律こそが、商品化への労働者の徹底した従属を前提にしたビジネスモデルを可能にしている。したがって、賃労働に労働者が規律化される度合いこそが、「ブラック企業」をめぐる労使の対抗関係の本質なのだ（この点は第9章で再論する）。

熊沢誠が述べるように、資本主義社会の発展とともに、欧米の労働運動は〈労働社会〉を確立することで、労働者が資本主義の論理から距離をとることを可能にした。労働者は相対的に独自の社会的生活・文化を形成することができたのである（本書第2章参照）。もちろん、世界的に見ても〈労働社会〉は危機にある。翻って日本を見れば、資本主義社会の中に独自の労働社会のルールを作り出す力があまりにも貧弱である。このように、「ブラック企業」の震源地にある公共サービス業の労働問題は、労働者の待遇の改善にとどまらず、自律的な労働社会のルールを労使交渉によって形成しなければならないことを明らかにしている。

第Ⅱ部

何が労働者を守るのか

第4章　労働における「コンプライアンス」をどう考えるか？

――〈労働社会〉の規範を作り出す労働運動

　近年労働においても、「コンプライアンス」は重要な問題となっている。コンプライアンスとは「法令遵守」を意味し、企業の社会的責任を問う文脈で広がっている。従来から「労働法は道路交通法と同じくらい守られない」とも言われており、コンプライアンスが意識されることは当然のことであるし、それは正しい方向である。ただし、この用語が本来持っている「法令遵守」という内容については、問題を分節化して考える必要があるだろう。「法令遵守」という概念は、本質的に論点含みだからだ。それは、法令にさえ適合していれば、コンプライアンスは満たされているのか否かという問題である。労働においてはしばしば「正当性」との関係において、「適法性」自体が揺らぐのである。そのため、労働における「コンプライアンス」をとらえる際には、適法性と同時にその背後でこれを規定する正当性の次元との関係を考慮に入れなければならない。そして、この正当性の次元を考慮することは労働運動が形成する〈労働社会〉の規範形成のプロセスを考察することにもつながっていく。

1　労働におけるコンプライアンス

労働法とコンプライアンス

労働における「コンプライアンス」を考えるにあたって、まず参照されるのは労働法であろう。労働法には一般的によく知られているものとして労働基準法や最低賃金法があり、他にも労働契約法や労働者災害補償保険法、労働組合法といった様々な法律がある。これらの法律によって、労働の最低基準が形作られ、使用者に最低賃金や割増賃金支払いの義務、労災保険への加入義務などが課せられている。ほとんどの場合、労働におけるコンプライアンスとは、このような制定法に違反しないことを求めると解釈されているだろう。当然だが、最低賃金を支払わない企業や、職場で怪我や病気が発生した際に労災申請を拒否するといった違法行為を行う会社は、コンプライアンスを遵守しているとは言えない。

ただ、ここで重要なのは、「違法かどうか」という法解釈のラインそのものが常に揺らぐということである。例えば、後にもみるように、パワーハラスメントは二〇一九年五月に法律が改正されたことで「業務上必要かつ相当な範囲を超えた」言動は「行ってはいけない」行為だと定められた。しかし、「業務上必要」の範囲がどこまで許容されるかは、固定的には決定されず、その時々の社会状況に応じて変化する。つまり、法律で定められているといっても、ある行為が正当かどうかは常に社会の文脈にさらされることで揺らぐということである。

労働法の「正当性」

そもそも、労働法とは市民法の一般法（民法）の修正を行う特別法である。市民法の世界において個々人は法の下に対等・平等であるが、実際には、労使の間には重大な力の非対称性がある。そのため、自由な取引が保障されるだけでは、労働者は容易に不利な契約を締結せざるを得ない。また、使用者は契約違反を繰り返すことが多々あるが、労働者側は使用者に契約を守らせることさえ容易ではない。そこで、労働法は労働者側に特別の権利を付与することで、労使の力関係を変化させ、実質的な対等・平等を実現しようとしている。労働法においては、「規制」が「自己決定」を支える関係にあるのだ（西谷 2004）。このように、市民法を修正する労働法は、「社会権」を保障する独自の位置にある。

すでにみたように、労働法においては、割増賃金の支払いや労働時間規制、解雇予告手当の支払い義務など、労働基準法違反が許されないだけではなく、労働組合を結成した労働者に対する不利益な取り扱いができないなど、労使の対等を図るさまざまな法令の遵守が求められる。これらの労働法が市民法を修正する特別法であるとするとき、両者の背後にある「正当性」はどのような種差性を持つのだろうか。

市民法の「正当性」は、その原則[1]においては、自由な（商品）取引の安全の保護下に置かれている。この正当性を裏付けるものは、市場社会によって作り出される秩序と規範意識であることはいうまでもない。市民法の原則論においては、労使の非対称性は考慮されず、労働力商品の取引はそれがいかに労働者にとって過酷な内容であろうとも、国家によって保護（強制）されてしまうのである。これに対し、労使の対等決定を実現するような、社会権を正当化する論理が別に存在する。それは労働市場における、「労働力」という特殊な商品に内在する論理である。

労働力とは、使用者が労働者に時間決めで労働させることを内容とした商品である。かつては、通常の商品と同じように労働力の購入者である使用者（資本家）は、取得した労働力の処分権をほとんど無条件に得ることができると考えられていた。ところが、使用者は労働力を購買すると同時に、彼らに労働させる権利を取得するが、労働力は生身の人間である労働者と切り離すことはできないところに通常の商品とは異なる特殊性がある。実際に、あまりの長時間労働や過酷な労働内容を強いれば労働者の身体を毀損し、労働力商品＝身体そのものが摩耗してしまい、その労働者が労働力商品の販売を継続することを困難にしてしまう。そのもっとも端的な例が過労死をはじめとした労働災害である。

使用者による過剰な労働力の利用と労働者の心身の毀損は、企業間競争に規定され、資本主義社会においては、常に付きまとい続ける問題である。したがって、労働力商品の取引においては、はじめから使用者による労働力の処分権が与えられるという市民法の論理と、労働者側の労働力商品の保存という二つの正当性が対立することになる。市民法が商品という生産物の社会的「形態」から発生する正当性に基礎づけられるのに対し、社会権・労働法は人間という具体的な「素材」から発生する正当性に支えられており、両者の関係は「形態」と「素材」の対立として要約できる。[2] 非常に単純化して言えば、お金に基づく正当性と人間社会の側に基づく正当性の対立だ。

ただし、ここで注意すべきは、労働者側の「正当性」は商品形態の正当性に変えられる市民法の原則には現れていないということである。資本主義社会の正当性が市場秩序にある限り、そこから即座に労働者の身体に対する権利が発生することはない。むしろ、商品化の論理は人間性を捨象する。そのため、労働者の権利は労働運動によって主張されることで、初めて社会に形成される。実際に、マルクスが『資本論』で論じたように、労働者による労働日（すなわち労働時間）に対する闘争は歴史的に展開された。労働時間の正当性をめぐる対立は、素材と形態をめぐる対立のもっとも重要な部分なのである。今日の日本でも労働基準法改正をめぐり、何時間までの労働が正当なのかが争われている。経営団体は国際競争を理由として、労働時間には上限を設定すべきではないと主張し、労働者側は過労死しないだけではなく、「自由（生活）時間」が確保できる水準への規制を求めている。そうした絶え間のない闘争によって新しく生み出されてきた権利こそが、労働における「社会権」に他ならない。

社会権は労働者という生身の人間素材の論理、あるいは社会の再生産という論理に基礎づけられている。いわゆる社会政策が労働力の再生産を基礎づける政策として展開されたのも、企業による労働者の搾取が人間や社会の再生産の論理と衝突するがゆえである。[3] そして、かつて盛んに議論されたように、その「本質」は労働者の団結と抵抗に他ならない。さらに、労働者側の権利要求は、労働者自身及び社会の自己防衛という正当性と共に、労働者の団結を発展させた。それに伴って、制定されたのが労働組合法である。歴史的には労働者の団結は禁止され、労働組合は激しく弾圧されてきた。しかし、労働者たちが自らの身体を守るために団結し、行動することによって新しい共同性を発展させたことで、社会にその正当性がしだいに根付いてきた。労働組合法は、このような正当性を背景に労働組合の団結や争議行為を一定の範囲で保障している。

ただし、労働組合法の正当性も素材と形態という二重の正当性の間で揺らいでいる。法律論的に言えば、労働組合法を含む集団的労働法は、市民法の枠組みを修正しながらも、市民社会の秩序を守るための法的な装置である。したがって、市民社会の秩序を維持するために労働組合の行動を一定の範囲に封じ込め、労働組合の活動の一部を違法化する。その背後には労働者が自己防衛するために形成した団結の正当性と市民法の正当性の間のせめぎあいがある。そして、その線引きは今日もゆれ動いている。労働法が考える「市民社会の秩序」自体が非決定の領域なのである。例えば、コンビニオーナーの労働者性は労働委員会で否定されてしまっており、スト破りを防止するピケッティングも最高裁の裁判例で違法とされているが、それらの適法性は固定的なものではない。労働運動の高揚次第では解釈に変更が起きる可能性がありえる。

このように、実定法は、社会から分離して、国会を通じた立法手続きを通じてもっぱら成立し、私たちを外在的に規定しているわけではない。とりわけ長大な世界の労働者の闘争の歴史の末に日本国憲法に明記された社会権の領域においては、社会運動をはじめとした私たちの諸実践によって法律の解釈が変容し得るのである。このことから、あらかじめ重要な結論が二つ導き出される。それは、労働においては、コンプライアンスはただ現在の法律・判例の基準に従うだけでは満たされない領域だということだ。第二に、労働運動は労働者に有利な労働立法と労働法の遵守を求めるだけでは不十分であり、むしろ、その背後にある正当性を労使紛争の中で社会に根付かせていくことこそが、必要だということだ。

2　コンプライアンスの揺らぎ

以上を踏まえ、今日の労働における「コンプライアンス」の諸相について考えていこう。まず、今日の個別的労働法を考えるうえで、前提となるのは、労働法だけではなく市民法の解釈が重要性を増しているということである。民法には「信義誠実」や「公序良俗」を規定した一般条項が存在し、社会常識に反するもろもろの取引行為は無効となる場合がある。また、民法は七〇九条に不法行為法の規定をおいており、「故意又は過失によって他人の権利又は法律上保護される利益を侵害した者は、これによって生じた損害を賠償する責任を負う」と定めている。この条文の解釈が重要な意味を有している。不法行為の法理は労働に限らず公害などさまざまな社会的領域において、自由市場の論理を修正している。

これらの条項を通じて、民法の解釈においても、今日では必ずしも商品取引に基づく市民法の論理だけではなく、人間としての労働者や社会における共同性の正当性が反映されるようになっている。ただし、繰り返しになるが、そのような正当性の論理は立法によって形成されたものではなく、優れて労使間の闘争を通じて表現され、法解釈の中に形成されてきたものである。

パワーハラスメント・セクシュアルハラスメント

今日、新しい正当性を獲得しつつある領域として、真っ先に思いつくのがパワーハラスメントやセクシュアルハラスメントだろう。どちらも労働基準法によって明示的に禁止されているものではないし、いまだに罰則付きの禁止規定は制定されていない。それでも、今日の職場ではこれらを許さない正当性が形成されている。そもそも今日の労働契約の解釈においては、契約書で明示的に記載がなくとも使用者が守らなければいけない義務が生じるとされている。使用者は労働者が安全に働けるような職場環境を作る義務があり、パワーハラスメントやセクシュアルハラスメントなどが職場で発生していれば、使用者は安全配慮義務に違反していると考えられる。具体的には労働契約法第五条の「使用者は、労働契約に伴い、労働者がその生命、身体等の安全を確保しつつ労働することができるよう、必要な配慮をするものとする」という形で最近法文化されたが、それ以前から裁判例によって確立したものである。この条文を根拠として、権利侵害の被害に遭った労働者は、仮に労働法で何らかのハラスメントが明示的に違法とされていなくとも、行為者および使用者の不法行為責任を追及することができる。このように、ハラスメントが正当な労働力の取引に反するという正当性が社会に形成されたために、民法の解釈が変更されたのである。

また、二〇一九年五月、政府は深刻化するパワーハラスメント問題に対処するために、いわゆる「パワハラ防止法」の制定、正確には労働施策総合推進法などの改正を行った。この法律によって、日本で初めてパワーハラスメントは「行ってはいけない」行為だと政府が認め、その定義が法律で定められた。具体的にパワーハラスメントとは、「業務上必要かつ相当な範囲を超えた」「職場において行われる優越的な関係を背景にした言動」によって「労働者の就業環境が害されること」だと定義されている。そのうえで、相談窓口の設置や社内調査の実施、パワーハラスメントを行った加害者に対する罰則を定めるといったパワーハラスメントを起こさないための防止策を企業が講じることが義務付けられた。

ただし、この法律の最大の欠点は、パワーハラスメントが発生した企業に対する罰則が一切ないという点である。法律が作られる過程において、パワーハラスメントが定義されているにもかかわらず経営側が「なにがパワーハラスメントか線引きが難しい」と主張したことで罰則の導入は見送られた。またこの法律が定める唯一の社会的制裁となりうる企業名公表は、パワーハラスメント防止措置を講じなかった場合にのみ適用されるため、極端なことを言えば相談窓口などさえ設けていれば、パワーハラスメントがどれだけ職場で蔓延しようとも、少なくとも「パワハラ防止法」では「違法」にはならないのだ。

とはいえ、労働運動の結果、社会に根付いた正当性が民法や労働契約法に法文化され、さらにはセクシュアルハラスメントに加え、パワーハラスメントも行政が積極的に対応しなければならない問題となったことの意義は大きいというべきだろう。

過労死

法律とコンプライアンス、そしてその正当性を考える上で過労死問題は欠かすことができない。過労死とは一般的に、過重労働による脳・心臓疾患を原因とした死、および長時間労働やハラスメントに起因する精神疾患による自死（過労自死）のことを指す。[4] 遺族が労働災害を申請し国が認定すれば公的に過労死と認められるが、毎年二〇〇人程度しか労災認定されておらず、国が把握している案件は氷山の一角である。

そもそも、過労死を引き起こしたとしても即座に「違法」とは評価されない。労働者が過労により死亡した場合に勤務先企業を罰する法律は存在しない。過労死に関する法律として、「過労死等防止対策推進法」が二〇一四年に、長年にわたる遺族や弁護士、労働組合などの支援者の運動により制定されたが、経営側の反発によって過労死の起こった企業に対する罰則や労働時間の上限を設けることなどは含まれていない。過労死が発生したことによって遺族に生じる権利は、労働契約上の安全配慮義務違反または不法行為に基づく損害賠償請求を使用者に対して民事的に提起することである。

過労死かどうかを判断する際に決定的であるのは、企業が労働者に対して負う安全配慮義務の範囲がどの程度であるのかということだ。現時点では、労働時間に関しては一ヶ月あたり八〇時間から一〇〇時間の残業が一つの基準となっており（いわゆる「過労死ライン」）、さらに精神的に負荷がかかる業務命令があったかどうかなどを国が調査し、労働災害としての妥当性を判断することになっている。企業を訴えた民事訴訟でも、この基準がベースとなって民事上の責任の有無が検討されている。

とはいえ、このような基準は立法によって定められたものではない。そもそも労災認定基準は厚生労働省令によって決められているが、これは従来の基準で労災が不認定とされたことに対して不服を申し出た過労死遺族が、労災不支給認定の取り消しを求めて提起した行政訴訟によって国側が敗訴し続け、基準を改定せざるを得ない状況に追い込まれたからである。例えば、過労自死は、一九九八年までは多くても年間わずか三件しか認定されていなかった。これは当時の労働省が、「正常の認識、行為選択」または「思いとどまる精神的な抑止力」が著しく阻害されている精神状態で起こった自死のみを過労自死と判断していたことによる。労働省は過労自死をあくまで「例外」だと考え、遺書があれば本人は文書を作成する「正常な認識」があったと判断されるなど、ほとんど労災認定は認められなかった。

精神疾患と自死の労災認定が現在の水準に変更されたのは一九九九年九月に出された通達に基づいているが、これは電通で働きはじめた一年五ヶ月後に過労自死した大嶋一郎氏の遺族が電通の企業責任を問う民事訴訟を提起し、一九九六年三月に下った東京地裁判決が一つの契機になっていると考えられている。この事件は、「過労自殺に企業の損害賠償責任を認めた史上初めての画期的判決」（熊沢 2010）とされており、また、その後も続いた自死をめぐる裁判で、企業の安全配慮義務違反に基づき企業の責任を認める司法判断が続き、国も認定基準を修正せざるを得ない状況に追い込まれた。

国が過労死だと認める労働時間の水準も変化している。現在は、過去六ヶ月間において一ヶ月あたり八〇時間ないし一〇〇時間以上の時間外労働があれば一般的に過労死だと認められるが、一九八七年に定められ一九九五年に現行基準に改定されるまでの認定基準では、一週間にわたり一日あたり通常の二倍以上の労働を一日の休みもなく行った場合にのみ認定するとされており、現在のように数ヶ月間にわたる長期的な疲労の蓄積は一切考慮されていなかった。この全ての規範の変更の背後で遺族らの懸命な闘いがあったのである。このような経緯からは、なにが過労死かという水準自体が可変的だということがわかる。労働者が一ヶ月間に働く労働時間の上限がどこまで許されるのか、精神的に負荷がかかる業務をどこまで命じることができるのかは、常に揺らいでいるのだ。

顧客からのハラスメント

労働とコンプライアンスの興味深い論点としては、顧客によるハラスメント（いわゆる「カスタマーハラスメント」）も挙げることができる。近年、労使関係に消費者の行動が大きく影響を与えている。その負の影響は、取引先からの労働者へのハラスメント問題が典型的だ。例えば、取引先からセクシュアルハラスメントの被害に遭った場合、その問題は被害者と取引先の加害者との民事上の関係と考えられるかもしれない。しかし、被害者は業務の一環として取引先との関わりを持っているため、本来であれば、被害者を雇用する使用者が、いかなる取引先や顧客と関わる場合でも、自身の雇用する労働者が安心して安全な状況で働けるようにする義務を負うべきである。

実際に、取引先や顧客を失うことを恐れて、ハラスメントの訴えが労働者からあったとしても労働者に我慢を強いる企業が少なくない。被害者の雇用主が、加害者が所属する企業との取引関係を守ろうとして、セクシュアルハラスメントをもみ消そうとすればセカンドレイプにあたり、深刻な問題だ。このような関係においても、ハラスメントを許さない労働運動によって、責任の範囲を広げていくことが可能になるだろう。

AI・プラットフォーマーに対する権利

さらに、今後はAIやプラットフォーマーによる労働者の情報管理に対して新しい権利の確立が必要になる。二〇一九年には、就活情報サイト「リクナビ」を運営するリクルートキャリアが、就活生のサイトの閲覧履歴などをもとにＡＩによって予測された「内定辞退率」を企業に販売していたことが波紋を呼んだ。当該のサービスでは、過去の内定辞退者が「リクナビ」を閲覧した履歴をＡＩなどで分析し、その結果を踏まえて、就職活動中の学生が内定を辞退する確率を五段階で推測し、志望先の企業に販売していたという。

『朝日新聞』の報道によれば、二〇一八年三月以降、三八社に販売され、価格は一社一年あたり四〇〇〜五〇〇〇万円であったとされる。メディアが問題にしているのは、主に個人情報の取扱いや学生からの同意調達の方法である。リクルートキャリアは、学生が「リクナビ」に登録する際に同意している利用規約に基づいてサービスを提供していたと説明するが、利用規約の記載は非常に分かりにくいものだった。政府の個人情報保護委員会からも説明が不明瞭であるとの指摘を受けている。

これと類似するのが、世界的なプラットフォーム企業であるウーバーが、労働者たちへの査定基準を一方的に定めており、公開もされていないという問題である。すでに日本を含め世界的な問題となり、情報に対する権利を求める労働運動が形成されつつある。今後もこれらの新しいデジタル技術による労働者の管理は強まっていくと思われるが、その中で新しい正当性が要請されている（本書第11章参照）。

3　権利を生成する労働運動の必要性

本章では、労働におけるコンプライアンスについて、「適法性」と「正当性」を峻別することを通じ、考察を深めてきた。最後に改めて強調しておきたいことは、法的な権利は、正当性を確立する労働運動によって基礎づけられているということだ。近年、特に気になるのは、ストライキという労働者にとって根源的な権利の一つが、労働法によって与えられ、その枠組みの中でしか実行してはならないものだという転倒した認識が広がっていることである。

例えば、二〇一九年夏に話題を呼んだ東北自動車道路・佐野サービスエリアで働く労働者のストライキに関して、インターネット上で様々な議論がかわされたが、そのほとんどはストライキの合法性（労働組合を結成せずにストライキを行ったことが手続き要件を満たしているかどうか）に終始していた。一部の識者からは、ストライキに際しては行政の許可を得る必要があるなど誤った情報も発信された。歴史的に見れば労働者が団結して企業と交渉することや、ストライキは長く違法とされていた。しかし実質的な労働条件の維持、改善を労働者が求めるのであれば、これらの方法を採用する他なく、労働者の闘争が続いたことで社会的にもその正当性が認識され、法的にも権利として認められるようになった。

つまり、社会的な正当性が先にあり、それを法律が後追い的に承認した。しかし、現在では、歴史的に労働者が闘争を通じて確立した法的権利が、経営側によってあまりに守られなくなってきたために、法律に基づいて自身の要求の正当性を主張しなければならない状況になって久しい。もちろん、労働者が労働条件の維持、改善のための手段として法律を戦略的に活用するというのは正しい。とはいえ、考えなければならないのは、例えばストライキを法律で禁止された場合、「労働者はストライキを打つ権利がない」と言えるのか、ということであろう。

すでにみたように、労働者のあらゆる権利、例えばセクシュアルハラスメントも、パワーハラスメントも、過労死も、法律に定められているから損害賠償が認められたのではない。労働者をまともに扱わなければならないという要求が「正当性」として社会に根付いたから、権利が生成したのである。同じように、どの範囲まで争議行為が権利として認められるべきであるかは、常に労働者側と経営者側の間でせめぎあいが生じている領域であり、労働者側としては、自身の行動や要求の正当性を、社会的な正当性として社会に根付かせるように闘争することが重要である。

法律やコンプライアンスは確かに重要であるし、社会を改良するための武器になるだろう。だが、逆にその枠組みにとらわれてしまっては本末転倒である。法的権利の根本を見失うことのない、社会の正当性をめぐる創造的な権利擁護活動が求められている。

第5章　今日のストライキ、その特徴とは何か？——新しい連帯と権利の創造

自動販売機補充員、保育士、引っ越し会社、教員、図書館などでストライキが相次いでいる。日本でストライキといえば、国鉄や公務員を思い起こさせるが、最近では、そうではない運送業やサービス業で目立っているのだ。また、これまでのような「大きな工場」とか「大きな職場」で多数の労働者が連帯するというイメージとも違い、例えば小さい保育所のストライキなど、小規模・分散化していることも特徴だろう。さらには、保育士の一斉退職や、ワンオペで働く牛丼チェーン店で一斉に休むことが呼びかけられるなど、もはやこれまでの常識では「ストライキ」と呼べないような形態（つまり「法律」の上ではストライキとされないような形態）も目立ってきている。

こうしたストライキの「イメージ」の変化からは、両者が同じ「ストライキ」と考えてよいのかがよくわからなかったり、あるいは両者をストライキだと考えたとしても、「何が新しい」のかを理解することはできないだろう。そこで本章では、今日のストライキについて、その原理に遡り、何が新しいのか、そしてどんな潜在力を秘めているのかを考えていきたい。

1　ストライキの「原理」と諸類型

ストライキの「原理」

まず、ストライキの「原理」を確認していこう。「デジタル大辞泉」によれば、「ストライキ」の意味とは「労働者が労働条件の改善・維持などの要求を貫徹するため、集団的に労務の提供を拒否すること」であると説明されている。この端的な一文を手がかりに、いくつか補足を加えることでストライキの「原理」が理解できるはずである。補足すべきことは、第一に、ストライキは労働市場の取引をめぐる行為であるということ、第二に、ストライキが交渉の手段とされる労働市場は特殊かつ非対称であるということ、第三に、労働者の根源的な交渉資源は労働力商品そのものであるということ、第四に、ストライキは労働力の取引をめぐる意識的行為だということ、第五に、それゆえストライキは「法律で認められた範囲の外」にも及ぶということ、である。

そもそも、ストライキは、労働者が使用者に「労働条件の改善・維持などを要求」するための手段であるが、労働者と使用者の関係は、一般的な人間同士の関係ではない。労働者と使用者が争い、立場を異にしているのは、彼らが労働力を取引する労働市場において、その値段や命令の内容（労働条件）をめぐって交渉する立場にあるからだ。つまり、ストライキとは、単なる圧力手段一般ではなく、何よりも「労働市場での取引」をめぐる行為なのである。とはいえ、労働市場という取引の場で、なぜストライキは重要な意味をもつのであろうか。通常の市場での取引の場合にも、売り手と買い手は交渉によって値段を決めるわけだが、ストライキのような方法が採られるわけではない。一般的な商品の場合には、市場における需要と供給によって変動しながらも、取引の価格はモノやサービスを提供するために必要とされるコストで決定される。原価が安いにもかかわらず、あまりにも高額に商品を売り続けていれば、やがてその商品は市場から淘汰されてしまうだろう。逆に、あまりに安く販売し続ければ、事業そのものが成り立たなくなってしまう。また、ひとたび購入された商品の「扱い方」が問題となることもない。

ところが、労働力の場合には、それが直接の人間である労働者と切り離せないために、一般商品のような「コスト」が定かではない。つまり、同じ市場でも、労働市場では人間と不可分の労働力が取引されるところに特殊性があり、それゆえ、何時間働きどのくらいの賃金を得ることが妥当であるのかは、その社会の文化水準や慣習(労使の力関係)によって決定されることになる。また、労働力商品は購入された後、どのような作業をどの程度のきつさ(スピード)で行うことが求められるのかなど、取り扱いが必ずしも明確ではない。突発的な業務の発生など事情が変わる場合もある。職務が比較的明確であるとされる欧米でさえ、あらゆる業務をあらかじめ職務記述書に書き込むことはおよそ現実的ではないとされており、労働契約は「不完備契約」とも称される。この点でも、通常の商品とは異なり、それを引き受けるのは生身の人間であることが重大な問題となる。企業の事情によってあまりにも過酷な命令を押し付けられれば、労働者は心身を毀損し、最悪の場合過労死してしまう。だからこそ、労働力商品の取引は常に対抗的な場になる。

とはいえ、実際の労働市場を見れば明らかなように、労働者個人と使用者との間には、あまりにも大きな力の格差がある。企業は個々人を失業者たち（そこには正社員になりたい非正規雇用労働者や、働きたいのによい仕事が見つからない「家事手伝い」など多様な人々を含む）のなかからピックアップすることができる立場にある。また、企業が大量の失業者のプールから労働力をピックアップできるのに対し、労働者は常に仕事をしなければ生きていくことができないという窮迫状態に置かれている。奨学金の返済や、病気、要介護の家族を抱えていれば尚更である。さらに、労働者は今日の労働力を販売しなければ、それをストックしておくことはできず無駄な時間を過ごすことになるため、ますます窮迫販売に駆り立てられる。このように、使用者と労働者の間の力の非対称性は明らかだ。

そこで、労働者は労働市場での取引をなんとか有利に進めようとする。そのために、彼らが取り得る手段としてもっともイメージできるのは常識や道徳へ訴えかける方法かもしれない。現在では、「ブラック企業」としてマスコミに取り上げられることを懸念する企業は多い。だが、いくら道徳的に訴えられても、失業者がいる限り、賃金は下がり続ける。それは生きていくことができない水準、あるいは「奴隷的」と形容されるような水準にまで落ち込んでいくこともある。現在の日本の賃金水準も、次世代を再生産する水準すら割り込んでいる。非正規や「ブラック企業」が散々問題になっているにもかかわらず、である。

ストライキは、確かに企業の不当な行為を告発するデモンストレーション的効果を持っている。労働組合はストライキの世論への訴求効果を狙っているし、実際に、世論への「訴えかけ」の手段として機能する。しかし、少なくとも、「原理」の次元では世論への「訴えかけ」はストライキの本質ではない。単なる道徳的な訴えかけとは異なる方法で、労働者たちが賃金の上昇を勝ち取る手段こそが、物質的な基礎をもったストライキという行為なのである。

先ほど労働者は労働力と不可分であると述べたが、これを言い換えれば、彼らは具体的な交渉の資源として、労働力を所持しているということである。あるいは、本質的な交渉資源は、究極的には労働力しか持っていないということもできる。一方で、企業は労働者に働いてもらわなければ、どれだけ高性能な生産設備や事業のアイデアを持っていたとしても、それを実現することはできない。だから、ストライキはこの物理的な影響力を行使することで、交渉手段として絶大な効力を持つのだ。

もちろん、今日ではこうした物理的な力を背景とした交渉手段を行使せずとも、労働法によって最低限度の基準（労働基準法）が定められていたり、不十分な水準ではあるが最低賃金制度が整備されている。あるいは、ストライキそのものが「法律」によって保護されている。しかし、歴史をひもとけば、法律が先に整備されることで、まともな労働条件が実現してきたのではない。実際に先行したのは法律に保護されないストライキの方であった。労働条件に法律の規制が存在せず、ストライキも非合法化されていたなかで、労働者が頼りにすることができたのは、労働者が本質的に保持している労働力という交渉資源だけだったのだ。社会の道徳的な基準や法律は、この交渉手段を行使することで、作り出されてきた。

労働者が労働力の販売を停止すれば、生産が混乱する。これを押さえ込むためにはじめは労働運動を禁圧する戦略がとられたが、ますます事態は混乱していった。そこで、事態を収拾するために、労働条件を引き上げる法律を整備すると同時に、団結やストライキもむしろ「合法化」して速やかに紛争を解決できる方向に動いていった。労働法が整備された背景には、労働者たちが働かないことにはこの社会が運営できないという本質的な圧力が存在したのである。このような意味で、ストライキは法的規範を生成する根源であったと言っても良い。

ただし、労働者がいくら物理的な意味での強力な交渉資源を持っていると言っても、それが有効に発揮されなければ、効果は薄い。そもそも、労働者たちはそれを持っているにもかかわらず、労働市場で劣位に置かれているのであった。そこで、この労働力という資源を意識的にコントロールすることが重要になる。第2、4章で述べたように、市場社会の中で労働者は競争と支配に順応していき、それは彼らの労働条件を引き下げていく。ストライキは、これに対抗する労働者による意識的な共同行為なのである。なお、歴史的には、ストライキはイギリスで発展した。一九世紀半ばまでは、労働者たちは彼らの基準に満たない労働条件の職場を去ることによって、労働条件を維持していた。一九世紀の後半以後は、機械化によって熟練が解体し労働者の力が弱くなるなかで、個別企業との直接交渉の手段としてもストライキが用いられるようになり、デモンストレーションによって社会的な圧力をかけるということも行われるようになった。

機械化が進む以前の労働者たちは、替えがきかないために、みずからの労働力がより強力な交渉資源であった。そのため、直接交渉せずとも、ただ職場を去るだけで、低い労働条件の職場に対抗することができた。そのような条件が機械化の進展とともに失われていった後も、労働者たちはストライキと直接交渉という新しい手法を発展させていったのだ。このような団結の発展は、今日も継続している。

原理からの分析

私見では、政治ストの多くは、経済的なストライキの延長線上に発生する。ストライキは決して第一義的に政治に訴えかけるための道具ではなく、労働力取引の手段の延長線上で、政治的主張に発展する。また、法律や統計上ではストライキ外の形態の多くも、原理的には「ストライキ」と同質であると考えるべきである。ストライキの範囲を政治的か否かや、特定の行為類型に分類・限定する方法に注目しすぎると、その本質が見えにくくなる。今日のストライキを理解するためには、いったん原理に立ち返り、分析していくことが有効であろう。

例えば、最近注目されている「保育士一斉退職」のような現象は、原理的にはストライキの要素を持ちながらも、それが意識的に労使交渉に生かされてはいないという意味で、ストライキに至っていない。「保育士一斉退職」に限らず、「ブラック企業だから辞めてやる」という行動は、一つの「抵抗」のかたちとして広く見られるものだが、現状を見れば明らかなように、それだけでは「ブラック企業」を変えることはできない。また、ワンオペで働く牛丼チェーン店の労働者たちが、ＳＮＳで一斉に休もうとした行為については、労組に加入しておらず法律上のストライキ権の行使ではないことから「ストライキではない」という指摘も目立っていたが、原理的にはストライキであった。すでに述べたように、ストライキは法律の範囲内で「許された」行為ではなく、労働力を有する労働者たちがこれを自分たちの戦略に基づいて能動的に扱う営みである。この点に注目すべきだ。たしかに労働組合法は労働者の武器ではあるが、これに則らないストライキを、「ストライキではない」と理解する必要はまったくない。繰り返しになるが、法律があるからストライキができるのではない。働いているからストライキを行うことができるのであり、そのやり方は歴史的に発展を遂げ、これからも発展していくはずなのだ。

ストライキはなぜ打たれなくなったのか?

では、ストライキはなぜ打たれなくなったのだろうか。世界的には、第三次産業化によって、大規模な工場の画一的な労働が変容し、職場が分散して統一的な行動がとりづらくなったことや、雇用形態の多様化に伴う労働者の要求の多様化が進展したことがよく指摘される。いわゆる「集団性の解体」である。また、消費社会化の進展によって、労働者の敵対性が労働者と使用者から、消費者対企業、あるいは消費者対労働者へと変化したという指摘も重要である。その結果、労使

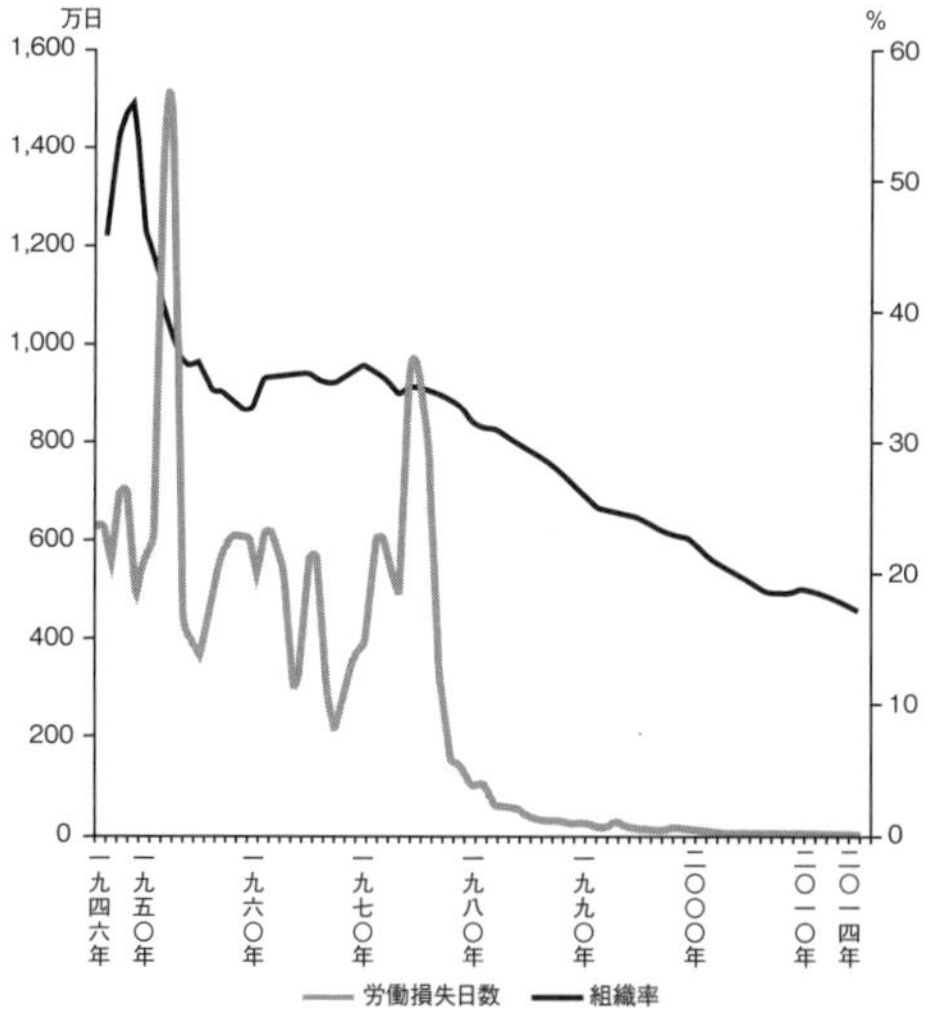

図　ストライキの減少

の敵対性は労働者間（サービスの消費者も、提供者も同じ労働者階級である）へと転移された。

　とはいえ、こうした事情を加味しても日本の場合には、世界的に見て異例なほどストライキが実施されていない。七〇年代後半からは、ほとんどゼロに近い水準で推移している（図）。その要因は、日本の労働組合が企業別組合であることと深く関係している。企業と一体となった労働組合であるために、ストライキが組織されないのである。

2　現代日本のストライキの特徴

　次に、今日のストライキの特徴はどのようなものだろうか。簡潔に示していこう（近年のストライキの動向について詳しくは拙著『ストライキ2・

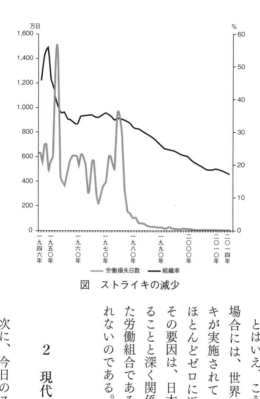

0』を参照してほしい)。

第一に、業種的・職種的な問題が顕著であり、企業を超えて問題化している点である。例えば、私立学校の教員や保育園のストライキが典型的だ。公立も含む教師たちの長時間労働はすでに社会問題化している。また、私学の非正規雇用率は四割に上るともいわれている。そうしたなかで、個々のストライキは個別の学校の問題を超えて、職種的な問題を帯びている。職種的な問題が明白だからこそ、多くの労働者に連帯感が生まれ、次々と同様の職場でストライキがおきているのである。そこには、これまでの企業別組合の弊害を乗り越える要素がある。

第二に、近年のストライキはサービス業に多く見られる。サービス業では労働の対象が直接消費者となる。とりわけ介護・保育・教育などのケア労働ではそれが顕著である。労働者が消費者に直接働きかけているために、労働問題が産業や消費者により直接的に結合するという特徴を有しているのだ。さきほど、ストライキが衰退した要因の一つとして消費社会化が指摘されていると述べたが、それは労働者が消費者のマインドを優先してしまい、自分の権利の主張が困難になる事態や、消費者の要求が労働者を抑圧するような事態を指していた。しかし、近年ではむしろ、労働問題の深刻化がサービスを劣化させ、消費者問題化するモメントがあらわれている。このような状況をストライキによって意識的に、労使交渉へと結びつける努力がなされているのである。実際に、教育の質を守るためには、長時間労働を改善し、非正規雇用を無くさなければならない。このような要求は、労働者だけではなく消費者とも一体となって主張できる。

第三に、現代のストライキは、かつての国鉄・公務員、あるいは民間大企業労組とは異なり、「一般労働者」と呼ぶべき階層によっておこなわれている。非正規雇用や「ブラック企業」の社員の多くは転職を繰り返し、職種内や職種を超えて、同じような労働条件を「経験」している。例えば、自販機ベンダーの労働者たちの職歴を見ると、非正規雇用や「ブラック企業」の社員を経験している労働者も目立つのである。あるいは、図書館でストライキをおこなった年配の非正規労働者は、自分の子ども世代の労働者と、同じ境遇だと共感し合えるという。日本全体で非正規雇用が四割近くに達し、終身雇用や年功賃金が約束されていない社員(周辺的正社員)が増大しているなかで、もはやストライキは組織労働者の特権ではなく、むしろ「一般労働者」が生きるために選択せざるをえない手段として共感されるようになっている。例えば、自販機に商品を補充する労働者たちが、二〇一八年のゴールデンウィークに東京駅でストライキを実施し、売り切れが続出した事例では、以前であれば「迷惑だ」と罵倒されてもおかしくないような状況の中で、六万回もTwitterでの告知がリツイートされ、ほとんどが肯定的な反応だった。非正規や「ブラック企業」に対抗するためには、ストライキは当然といった階層状況を反映した反応が非常に顕著であった。

以上のように、全体としてはサービス産業化の状況の中で、職業的な連帯や消費者との結びつきが強まり得る状況が生まれており、ストライキはこの状況を効果的に活用している。さらにそれが階層性をも帯びることで、ますます世論喚起において効果的になっているのである。

3　なぜ、ストライキが有効なのか

近年のストライキの特徴は右に見るとおりだが、まだまだ新しい動きは始まったばかりであり、成熟は今後に期されるところが大きい。そこで、ストライキがこれからも有効性を発揮し続ける可能性について、先に示した消費者に訴えかける新しい闘争方式に加えて、さらにいくつかのポイントを示しておきたい。

第一に、サプライチェーンの逼迫である。トヨタのカンバン方式に見られるように、今日のグローバル競争のなかで、製造業や流通はますますサプライチェーンをタイトにしている。在庫のストックは乏しく、二〇〇七年の新潟県中越沖地震の際には、一つの工場の操業停止が全国の生産を不可能にしたほどだ。流通業においては、少数の労働者であっても、さまざまな場所で突発的なストライキが起これば、その対応は容易ではない。機械化やシステム構築が大規模に進み盤石に見える産業システムも、「単純労働」の労働者にまだまだ依存しており、極度に体系化されているために、むしろ致命的な弱点を有しているということだ。

第二に、小規模事業所の遍在と自律的労働の増加である。すでに述べたように、小規模事業所の広がりは労働者を分散させ、労働運動の基礎となる労働者の団結を困難にすると考えられてきた。しかし、その一方で、労働者は小規模事業所ごとに自分たちで店舗を運営する機会が増大する。例えば、牛丼チェーン店ではワンオペがおこなわれており、これは労働者に過酷な労働を強いるものであるが、逆に言えば、たった一人で全業務をこなしているのであって、彼／彼女が働かなければとたんに店舗は閉店せざるを得なくなる。同じ構図はコンビニチェーン店や外食チェーン店全般にいえる。一人とは言わずとも、少数の労働者が団結すれば途端に営業が不可能になる。最底辺で酷使されるアルバイト労働者であってもその重要性はかわらない。こうした有利な点を生かすように労働力を自覚的にコントロールしていくことが今後求められてくる。

資本主義経済が工場生産を超えてケアワーク、情報産業などあらゆる生活全般に浸透している今、これを支えるインフラや都市空間全体が企業活動に覆われている。このような中で、ストライキの潜勢力は拡大し続けている。著名な思想家であるアントニオ・ネグリとマイケル・ハートは新しいストライキの可能性を次のように述べている。

このような〔訳注：労働における規律の拒否やアブセンティズム、サボタージュ、逃避などといったすべての伝統的な労働者の闘争の破壊的手法〕手法が、現代の状況にどう適用できるかを考えるためには、第一に、生産がますます社会的な性格を帯びている現象には二重の意味があることを認識する必要がある。協同的生産が社会的生活のすべてを包括するとき、労働時間がわたしたちが起きている時間すべてにまで（そして寝ている時間にまでも）延長されるとき、また、すべての労働者の生産的能力が命令の網に絡め取られているときには、「ストライキに入る」

ために必要である独立した行動のための空間を作り出すことは不可能に近いと一方では考えられている。とはいえ、他方においては、社会的生産および再生産に関わっている労働者は、社会のすべての装置に直接的に関与しているのだ。それ自体が生産システムの一部と化している大都市を占拠し封鎖することや、ソーシャルネットワークの生産的な流れを妨害してウェブサイトを過負荷状態にするといったプロジェクトについて考えてみるがよい。そして、第二に、今のような社会的状況においては、生産活動と再生産活動との境界は失われつつあることを理解する必要がある。（Hardt & Negri 2017 242）

資本主義社会がより深く私たちをとらえるとき、ストライキは逆説的にも、社会生活全般で新たな物質的な力を得るというわけだ。さらに、ストライキはただ生産を止め、社会を混乱させるだけではない。ストライキは新しい社会を作り出すプロセスでもある。従来とは異なる新しいストライキは、新たな抵抗と、創造の可能性をも秘めている。再びネグリ＝ハートを引用しよう。

ストライキは搾取や支配に抗することで生じるが、同時にそれは新しい社会関係を取り結ぼうとする欲求を内包している。（Hardt & Negri 2017 240）

これまでのマルクス主義政党や労働組合、そして理論家は、「生産的」労働を中心に考える態度を頑なに維持してきた。彼らは、社会的再生産過程内部での、また、それに対する闘争は、資本主義的権力の中枢に影響を与えることはできないと主張し続けてきた。このような主張は「第一義的」闘争から白人男性工場労働者以外をすべて排除するための口実として使われてきた。女性、学生、貧困者、移民、有色人種、そして農民は皆、このような主張に基づいた政治的戦略によって排除されてきた。これまで中心的な位置を占めていた産業的生産に代わり社会的生産が中心的となった今、生産活動および再生産活動における闘争は、両者を瞬時に結びつけ不可分なものとした。今日の労働者によるあらゆる闘争は（性的、人種的、そしてグローバルな）分業に対する批判を含んでいなければならず、そして、また、分業に対する批判は様々な形態をとる価値の採取に対する否定を含むものでなければならない。

（Hardt & Negri 2017 242）

今日の日本でも、エッセンシャルワーカーのストライキは、周辺化された「女性的」労働や非正規雇用の価値を見直すことで、新しい連帯や社会関係の創造を実現しようとしている。これからは、同分野で外国人労働者との連帯を模索していくことも重要である。

ストライキが成功するかどうか、発展するかどうかは、何かの「法則」に従って予測することはできない。一見すると、労働者にとって不利な要素も、状況や生かし方次第では有利な点に変貌することもあり得る。労働者や労働組合の創意工夫で新しい可能性がうまれる。すべては未来に開かれた実践の可能性のなかにある。ストライキの原理には、そのような実践の無限の可能性が内在しているのだ。

おわりに――政治主義では日本型資本主義を変えられない

日本社会では権利の主張や「対決」を避ける運動文化が根づいているように見える。自らの直接的な権利の申し立てではなく、選挙を通じた「一票」の権利行使があまりにも重視されている。だが、今日の代議員たちが私たちの真の利害を代表しているとは考えられない。どうして与党の労働・福祉政策は貧弱なのか。また、野党の政治が「労働者の権利」や「貧困の撲滅」でまとまらないのか。それは、代議制だけでは本当の民主主義を実現できないからだ。

政治学者のエレン・メイクシンス・ウッドは、近代における代議制民主主義の源流をアメリカ合衆国に探り、社会的上位者による寡頭制の性質を帯びる政治制度が、民主主義の主たる制度に置き換えられてきたことを示した（ウッド 1999）。すなわち、代議制民主主義はすべての人々が共同的に参画する本来の民主主義の理念を、投票行為という極端に限られた空間に閉じ込めた。そして今日も、民主政治の正当な手段を代議制に矮小化することで、私たちは有力な少数者に自らの支配をゆだねることになる。どの有力者（有名人）を選択するのか、どの支配者（の支援を受けた代議士）を選択するのか、実際の選挙はほとんどの場合その選択にしかならない。これを覆すような選挙情勢は、ストライキをはじめとした「代議制の外部＝社会運動」からしか生じない。

代議制が真に民主主義に寄与するとすれば、代議制外部における権利主張や社会運動が広範に存在する場合だけである。

また、社会運動においても、ストライキのような直接行動は忌避されている。湯浅誠をはじめ、「社会活動家」のなかにおいてさえ、対抗や対決を避け、話し合いや相互理解、「調整」ばかりを重視する風潮がある。あるいは、ナショナルセンターである連合の中心を占める労組には、「ラディカルな組合に組織されるよりも、うちの方が穏健に話し合える」と会社のトップにあけすけな「営業」をかけているものもある。もちろん、相互理解や話し合いが重要なことは言うまでもない。しかし、労使関係をはじめあらゆる社会関係において、どれだけ相互に話し合い、実情を共有しても利害が対立する場面は存在する。現在の日本の労働環境を見れば、どこまでも労働条件が底抜けし、生きていくことさえ困難な状況が「当たり前」にまかり通っている。調整ではなく権利主張による対決があって、はじめて弱者にとって有益な「話し合い」が可能になる。

このような問題提起は、二〇一九年六月に出版された藤田孝典との共編著『闘わなければ社会は壊れる』においても幅広く論じ、世に問うたところだ。「ストライキ」は、まさに、労働者側が権利を行使する手段である。そしてそれは、労働者が持つ最大の交渉資源の効果的な活用法である。その権利行使こそが、労働法を含む、なけなしの日本の労働条件の基準をかたち作ってきた。そして、本当の民主政治や、話し合い、相互理解への道を開くのも労働者の権利行使である。ストライキに対し、政治的解決や協調的な相互理解を対置する論法は、行為の可能性の前提条件を否定するという意味で、背理している。未来に向けて、新しいストライキの方式が発展し、社会を守る新しい「対決と創造」が実現することを希求したい。

第Ⅲ部

何が社会を変えるのか

第6章　「ブラック企業」の源流——ネットスラングから社会問題へ

「ブラック企業」という言葉は、ここ一〇年ほどの間にすっかり世の中に定着した。インターネット発の用語は数多く存在し、その意味では決して珍しくはない。しかし、人々の実感を無意識に表現していた言葉を、社会運動が一つの象徴的な「言説」として措定し社会問題化し、さらにはこれを通じて法改正等による社会政策の拡充が実現するなど、「ブラック企業」という言葉には特別な社会的な意義がある。

私は二〇〇六年にNPO法人POSSEを立ち上げ、主に若者の労働相談に対応してきた。労働相談の現場から見えてきた実態を言説化しようとする試みのなかで、インターネット上に自然発生的に現れた「ブラック企業」という言葉を戦略的に活用してきた。この言葉が、若者の抱える労働問題の実態を告発する上で、さらには社会問題として提起する上で有効だと考えたからである。

結果として、この言葉は、多くの若者が自らの経験や実感を社会に共通する現象として捉え返し、漠然と抱いていた不安や不満に正当性を与えることに役立った。この言葉にエンパワーされ、今日では、具体的に労働者としての権利を行使する労働者も増えている。同時に、「ブラック企業」問題は多くのメディアに取り上げられ、若者の労働実態を社会問題として認識する契機を作り出し、実際に社会政策の対象として認知され、政府が対策を講じている。「ブラック企業」という言葉の広がりによって、労働者の権利を蔑ろにする企業への目線は厳しくなり、労使関係のヘゲモニーは確実に変化した。

本章では、この一〇年間の「ブラック企業」概念をめぐる言説の変遷を概観する。それにより、社会運動が当事者たちの体験を言説化し、社会を変革するという運動戦略について経験的な理解を深めることを目指す。

1 「ブラック企業」現象を振り返る

ネットスラングから社会問題へ

「ブラック企業」という言葉が若者の間に広まったのは今から一〇年ほど前のことである。当初はネットスラング（インターネット上の俗語）であったこの言葉は、次第に「若者を使い潰す、ひどい働かせ方をする企業」を現す言葉として認識されるようになっていった。

POSSEの相談窓口には、二〇〇九年ごろから「ブラック企業」で働いていると思われる若者からの相談が急増した。この時期の労働相談からは、明らかに若年正社員に対する扱いの変化が感じられた。相談を受け続けているうちに、私は、彼らが「使い捨て」と呼ぶにふさわしい扱いを受けているという実感を持つに至っていた。二〇一一年頃には、このような変化を反映し、若者たちの間で「ブラック企業」という言葉がスラングとして広がっていった。まず実際に「ブラック企業」で働く若者たちがインターネット上に書き込みを行い、次いで就職活動を行う学生の間にも広がった。そして、学生たちの不安を各メディアも積極的に取り上げるようになっていった。就職前の学生たちまでもが「ブラック企業」という言葉を使いはじめたのは、正社員として就職しても、すぐ解雇される、あるいは過酷な労働やパワーハラスメントで鬱病になるなどして辞めざるを得なくなる先輩や知人があまりにも目につくようになったからである。

二〇一二年には、拙著『ブラック企業』が刊行され、大きな反響を読んだ。若者たちが体験した数多くの「ブラック企業」の事例が、幅広い世代に衝撃をもって受け止められたのである。翌年には「ブラック企業」が流行語大賞トップ10にノミネートされるなど、社会の注目度が高まったことから、私も厚生労働省や与野党の研究会に呼ばれるようになり、政府や自治体も対策に乗り出すようになった。

事態がこのように急速に進んだのには理由がある。それは、「ブラック企業」問題が、以下に述べるように、産業構造の変化を背景に社会に急速に広がった、客観的基盤を持つ新しい現象であったからである。言い換えれば、「ブラック企業」は特定企業の労働問題に要約されない、「社会構造」を背景とする現象であった。

2 「ブラック企業」はなぜネットから始まったのか?

「若者論」

「ブラック企業」言説の分析に入る前に、その前史として非正規雇用問題の社会運動による言説化について検討しておきたい。「ブラック企業」も若年非正規雇用問題も、はじめは「言説」として問題化し、後にその背後にある社会構造の変化が認識されるという共通する軌道をたどったからである。

若年非正規雇用問題は、当初「フリーター」や「ニート」といった呼称で問題を歪めながら認知されていった。本来であれば「フリーター」は「若年非正規雇用」ないし「若年不安定就業者」と呼称されるべきであった。ところが、「フリーター」と呼称されることで、彼らが選択的に非正規雇用を選択していることが過度に強調され、世論や政策が非正規雇用の増加要因を「若者の意識」に求めることになった。二〇〇〇年代当時、盛んに用いられた「人間力」という用語にはこの思想が強く反映されている。雇用の問題の根源は若年世代の「人間力」、すなわち人間としての能力の劣化にあるものと想定された。

同様に、「ニート」の用語法は、本来「若年失業者」ないし「若年生活困難者」と呼称すべき若者に対し、「働く意思も学業の意思もない者」、すなわち「自己責任で貧困状態にある者」としてのイメージを植え付ける役割を果たした。これらの用語法の主導者がどのような意図であったにせよ、若者の「意識」に過剰に注目し、「現実の企業の労務管理の変化」を第一要因としなかった結果として、雇用・労働問題の所在が「若者の意識」に還元された。こうした言説の趨勢は社会全体に広がっていた。例えば、若者とサル（厳密にはチンパンジーだった）の行動の類似性を指摘した『携帯を持ったサル』が当時大ベストセラーとなったことも、こうした社会の雰囲気を特徴づけている。「サル」と特定の人間グループとの比較が、人種差別的言説において繰り返されてきた事実をここで引き合いに出すまでもないだろう。

非正規雇用の実態とはどのようなものだったか？

では、自由できままな働き方のはずだった「フリーター」＝非正規雇用労働は、実際にはどのような労務管理の下に置かれていたのか。当時、私はＮＰＯ法人「ガテン系連帯」と協力し、派遣労働者の実態調査を行った。(1) 二〇〇〇年代に急速に増大し、後に「派遣村」の元凶ともなった製造業派遣・請負労働の実態は次のようなものだ。

まず、派遣・請負労働者の多くは地方出身者であった。そして実は、中高年も多く、前職が正社員であった者も少なくなかった。小泉構造改革の下、公共サービスの民営化などを推し進めた結果、流通業などを中心に、地方の多くの企業が淘汰された。また、規制緩和によって運輸業の労働者の賃金は著しく低下した。そうして、就職できなかった若者に加え、解雇された地方の労働者や低い賃金にさいなまれた労働者が派遣労働者への道を選んでいた。直接的にはハローワークに設置された求人広告や「県外就労窓口」で派遣会社のリクルーターから説明される「月給二五万円以上可」との好条件が彼らを誘引した。中には「派遣」の意味を理解しないまま、遠方から就職した者や、「正社員になれる」という言葉を信じている労働者も少なくなかった。だが、時給制の賃金は決して高いものではない。比較的賃金が高い自動車の組み立て工程であっても、一一〇〇円前後が相場である。この時給単価で「二五万円以上」になるには、多大な残業を念頭に置かれなければならないのである。

一方で、彼らの就労の動機の大半は「親元からの自立」だった。派遣就労前、失業や低賃金で親元での生活を余儀なくされていた労働者が大半だったからだ。そのため、派遣会社に「寮」があり、親元から「自立」できることは就労上の魅力だと多くの労働者が感じていた。業界大手の派遣会社では、半数以上がこうして全国から集められて寮に住んでいた。ところが、その「寮」の実態もまた劣悪だった。全国から集まった見ず知らずの三人が、３ＤＫのアパートに住まされる。個室には鍵もついていなかった。派遣会社の社員が頻繁にのぞきにくる。盗難事件も後を絶たない。しかも、一軒七、八万円程度の借り上げ物件にたいし、一人四万円前後も「寮費」を支払わせる。寮は福利厚生ではなく、それ自体搾取の道具だった。

自然現象ではない「言説」の生成

はたしてこのような派遣労働が、自由な働き方を求めた「選択」の結果膨大に広がったといえるのだろうか？　いくつもの調査で派遣労働者の正規雇用転換の要望が高いことが示されていながら、非正規雇用問題は長く「雇用の問題」ではなく、「労働者の意識の問題」に還元され続けた。雇用・労働問題を若者の意識から労働問題に転換させたのは、労働組合や貧困支援者たちによって取り組まれた「派遣村」の社会運動に他ならない。

二〇〇八年秋以降のリーマン・ショック後に、およそ一〇〇万人もの製造業派遣・請負労働者が解雇された。あまりに膨大な離職者の中には貯蓄の乏しい者も多く、路上生活を余儀なくされる者も少なくなかった。彼らは「自立」のために派遣会社の寮に依拠していたからである。この実情に対し、支援団体は厚生労働省前に「派遣村」を急遽設置した。これが、彼らの実情を暴きだした。「派遣村」の衝撃は、その後の民主党への政権交代の原動力ともなった。私がここで強調したいのは、これだけ問題含みの派遣労働の在り方が、自然と認知され、労働問題や貧困問題として社会を揺るがしたのではなかったという事実である。「派遣村」に象徴されるように、優れて支援団体である労組、弁護士、市民団体等によってその実情が表現されたのだった。

社会統合の危機

歴史的に考えればこれは非常に大きな転換だった。これまでの労働問題の中心を占めてきた非正規雇用は、あくまで周辺的存在として扱われた。労働政策の議論においては、非正規雇用の主な担い手は、主婦（女性）や出稼ぎ（農家）、学生等の労働者であったため、「中心的労働力」とは区別されてきた。彼らは農閑期の農家、男性正社員に養われる妻、両親に養われる学生というように、自らの労働で生計を立てる必要がない家計補助型の労働力としてみなされていた。家計補助型であるために、生活できない低賃金や「景気の調節弁」とされる不安定雇用も問題が生じにくいという理屈だ。「主婦」労働力は、世界的に見て高度な教育と勤勉な就労態度であるにもかかわらず、中小企業などで最低賃金で働く。日本の「生産性」の高さは非正規雇用によって支えられているという指摘もある。

ただし、これらの労働類型の中にも「家計補助型」ではない労働者が多数含まれていた。本業の農業を営まない地方からの出稼ぎ労働者は、日本の高度成長の中で最下層に組み込まれ、全国を流動する労働力であった（鎌田 1976）。また、シングルマザーなど家計を自立する女性労働者は、社会政策においても労働市場においても差別され、日本の典型的な貧困問題を形成していた。そしていうまでもなく家族関係などの属性による差別自体が不当である。

二〇〇〇年代には新卒の若者たちが非正規雇用労働者の供給源となることで、右記のような差別の「理屈」は成り立たなくなった。女性、農家といった属性による差別は、「雇用形態差別」

という新たな差別形態となり、社会に普遍化していった。一九九〇年代半ばまで高卒・大卒のほとんどは男女問わず正社員として就職し、中心的労働力として編成されてきた。だからこそ、親世代は子供に「投資」し彼らは激しい受験競争を闘った。その「出口」が閉ざされたのである。日本社会の中心で活躍するはずだった彼らは、底辺の流動的労働市場に閉塞され、そこから逃れることができない。「就職氷河期世代」がこうして形成されていった。それまで地方の出稼ぎや女性労働などを中心に、日本社会の「生産性」を支えてきた底辺労働市場に若者が大量に投入された。これは日本経済にとっては、圧倒的な人件費カットによって「生産性」を一時的に上向かせる麻薬投与のようなやり方であった。

社会のマジョリティーに対しキャリアの道が閉ざされるという事態は、社会統合の観点からも新次元の危機の発生を意味した。そこで登場するのが「若者が好んで非正規を選んでいる」という自発的選択論や、「若者は退化し、人間力を喪失している」という能力衰退論である。それらは、先にみたように「フリーター」論として展開された。今からすれば、どちらもまったく的外れな言説であるにもかかわらず、当時は真剣に議論された。前時代的な体罰を復活させれば若者を規律できるなどという暴論すらまかり通っていた（実際にそのような取り組みが一部で行われ、高く評価された）。つまり、日本社会は新しい社会統合の危機に対し、新たな言説戦略によって、問題の所在を「若者の側」に転嫁することで、財界へと向かう批判の矛先をそらし、社会政策の充実という正面からの対策も忌避したのである。これを反転させたのが、二〇〇〇年代後半に現れた反貧困運動とその延長戦にある「派遣村」の取り組みであった。

共通する「若者への責任転嫁」

「ブラック企業」の問題化は、こうした非正規雇用問題と非常に似た構図をたどった。「ブラック企業」とは、過酷な労務管理によって、若者を次々に鬱病に追い込むような企業である。特にIT、外食、小売り、介護、保育など、労働集約型の新興産業の成長大企業に多く見られる。それらの企業では、「正社員」として若者を採用しておきながら、長期的な雇用は念頭に置かず、短期間に長時間・単純労働に従事させ、心身を摩耗しつくすのである。居酒屋・ワタミの「理念集」に「24時間365日、死ぬまで働け」と記載されていたことは、こうした「使い潰し型」の労務管理の実態をよく物語っている。

例えば、大手居酒屋チェーン店の日本海庄やでは、新卒社員が亡くなる過労死事件が発生している。二〇〇七年四月に入社した二四歳の男性正社員が、入社後わずか四ヶ月で急性心不全のため亡くなった。男性は、平均して月に一一二時間の残業をしていた。毎朝九時頃に出勤し、夜一時頃まで働く生活を送っていたという。通勤時間などを差し引くと、自分の自由に使える時間はほとんどない。行政からは、業務に起因する死亡であることが認められ、労災として認定された。問題の背景には過重労働をシステム化した労務管理の存在があった。

この会社では新卒者の最低支給額が一九万四五〇〇円とされていたが、実際にはこれは八〇時間の固定残業代を含んだ金額であり、本来の最低支給額は、一二万三二〇〇円だった。時給にすると七七〇円程度になる。しかも、こうした給与形態はあらかじめ示されたものではなかった。裁判所の認定によれば、当時のホームページには「月給一九万六四〇〇円（残業代別途支給）」とだけ記載されていた。八〇時間以上残業しなければ残業代は追加されないことや、残業時間が八〇時間に満たない場合に給料が引かれることは全く書かれていない。本人がこの給与形態について詳しく説明を受けたのは、入社後の研修が初めてだった。本来の時給を覆い隠して人を集め、最低賃金ぎりぎりの金額で長時間働かせていたのである。

求人詐欺による「正社員」の大量採用と、過酷労働による大量離職を繰り返す労務管理は、企業の利益を莫大に生み出す戦略として「意図的」に行われてきた。八〇時間の残業代をあらかじめ「月給」に含め、それを明示せずに採用するといった手法が、偶発的・一時的なものであるはずがない。実際に、このような「採用方法」は、弁護士、社労士、労務コンサルタントらによって今日では広く普及している。[2] このような労務管理が大きな要因となり、若年離職者の高い離職率が続いてきた。二〇一二年の内閣府の報告によれば、大卒正社員の離職率は三年以内が三割以上であり、新卒非正規雇用、無業の数を上回るとされた。そして、その高い離職率は産業ごとに異なり、従来型の製造業などでは一割程度にとどまる一方で、サービス業を中心に、五割にも及ぶ産業もある。

それにもかかわらず、「企業の労務管理の変化」は大きな問題にはなってこなかった。メディアによっても行政によっても、あるいはアカデミズムにおいても、使い潰し型の労務管理手法の広がりはまったく「発見」されなかった。(3)「ブラック企業」の被害者は、「弱い若者」であるとか「やる気がないから辞める」などと扱われ、真剣に大量離職の要因が考慮されることはなかった。被害者の行き場のない体験は、ネットに吐き出される。このようにして、ネットスラングとして「ブラック企業」は産声を上げたのである。

すでに広く社会に普及した「ブラック企業」の労務管理は、次々に若者を鬱病や自殺に追い込んでいる。就職活動を行う学生の間では、知り合いの事例などを通じ、「怖い企業がある」「ブラック企業というらしい」という噂が拡散していった。だが、ネットスラングはあくまでも不確定的な情報の拡散に過ぎない。それゆえ、やはりメディアも学術界も真剣に扱おうとはしなかった。「ブラック企業」の語が同紙面に初掲載された、二〇〇七年の『日本経済新聞』が象徴的である。「「ネットシューカツ」は情報過多気味、優良中堅見逃す――SNS情報に動揺も」と題する記事には、ネット上に「ブラック企業」として志望企業が批判されていることで、就職活動に心理的にストップがかかってしまうことを問題視している。「ブラック企業」の存在や、大量離職の背景ではなく、「就職を躊躇する」ことを問題にする。これは、かつて非正規雇用を生み出した企業の労務管理ではなく「若者の意識」が問題とされた構造と同じであった。

3 「ブラック企業」の特徴

改めて、「ブラック企業」とはどのようなものであるかをみていこう。

その最大の特徴は、「大量募集・大量離職」にある。常に大量に採用しておいて、「使える者」だけを残して、それ以外の者は辞めさせる。これによって労働者の選別を行うのだ。選別の目的は、より体力のある者や、サービス残業などの違法行為を我慢する者、能力が高い者を残すことにある。また、こうした選別によって、残っている社員に対して、「次は自分が辞めさせられるかもしれない」という恐怖を与えることができる。このため、選別を行う「ブラック企業」の社内では、常に上司の言葉が絶対であり、時には暴力すらもまかり通る。この生き残り競争のなかで、抵抗できない状況に追い込まれた若者たちに、「ブラック企業」は異常なまでの長時間労働を課すのである。

一方で、「ブラック企業」は、選別の結果、不要と判断した社員に対し、戦略的・意図的にパワーハラスメントを行う。社員をいじめて意図的に鬱病にすることで「自己都合退職」に追い込む。自ら辞めさせることができれば、企業には法律上の責任がないように「偽装」できるからである。さらに、このような選別を乗り越えて「生き残った」社員たちを「使い潰す」ことによって、利益を最大限に高めようとする。「ブラック企業」では、長時間のサービス残業を違法でないように見せかけるために、様々な「工夫」が行われている。「管理監督者」、「固定残業代」、「裁量労働制」などと称し、適法であることを装う。こうした手段を用いて徹底的に「安く、長く」働かせることにより、利益を最大化しようとする。その結果、心身に支障をきたす社員が続出するが、それでもかまわない。再び「大量募集」により補充することができるからだ。こうして、「ブラック企業」では、短いスパンで心身を毀損し、鬱病などに罹患し、退職する若者が後を絶たない。

このように、「ブラック企業」は、「安く、長く、心身を壊すまで」若者を酷使する。過酷な状況に耐えかねて、いざ辞めようと思っても、簡単には辞めさせてもらえない。利益を最大化するために、人員を最小限に絞って人件費を抑えていることが多いからだ。そこで、「辞めるのは無責任だ」、「代わりを見つけてこい」と圧力をかけ、職場に縛りつけようとするのだ。今日まで続く「辞めさせてもらえない」という労働相談が増加したのもまた二〇〇九年頃からであった。

背景にある労務管理戦略の変化

このような労務管理は、企業にとっては、ある種の「合理的な」経営方針である。「ブラック企業」は、ＩＴ、小売、介護など、労働集約的なサービス業に多い。これらの業種において急成長を遂げた企業の多くには、「大量使い潰し」を織り込んだ労務管理のシステムが形成されていたのである。「若者を使い潰すことによって業績を高める」という経営モデルの水面下での広がりだ。「ブラック企業」が増加した背景には新たな労務管理戦略があったということを認識することが重要である。

そして、このような労務管理戦略が有効であるためには、労働過程における「単純化、定式化、マニュアル化」が不可欠であった。例えば、外食チェーン店では、メニューやキャンペーンの内容は本部が企画しており、店舗ではそれらをマニュアルどおりに遂行することが求められる。調理の仕方もマニュアル化され、材料の調達も本部の流通システムによって管理される。このような労働過程の特徴が、社員の育成や労務管理のあり方に反映する。これらの産業では、社員を育成し、魅力のある商品やサービスを提供することによって業績を向上させることではなく、いかに社員を「安く、長く」働かせるかによって利益を生み出そうとする傾向がある。

急激な成長を遂げた第三次産業の労働現場で、新たな労務管理手法が広がり、「ブラック企業」は多くの若者の共通経験になっていた。このことが、「ブラック企業」問題が急速に社会問題化した第一の要因である。

4　共通する「ブラックバイト」の労働問題

「ブラック企業」問題を引き起こした産業構造と労務管理戦略の変容は、学生アルバイトの労働問題をも引き起こした。アルバイト先が学生を「戦力化」し、学生であることを尊重しない「ブラックバイト」問題は二〇一三年に中京大学の大内裕和がFacebookで拡散することで急速に認知されるようになった。

「ブラックバイト」も、外食業、小売業、教育業といったサービス業に集中的に見られる。商業・サービス業においては、以前から非正規雇用が大量に用いられてきた。同業種の非正規雇用率は、製造業を圧倒的に上回っている。九〇年代以降、日本の雇用構造における第三次産業の比率は急速に高まっており、その担い手として学生や主婦が活用されてきたのだ。

今日の第三次産業の労働の特徴は、先ほども述べたように、「単純化・定式化・マニュアル化」された労働だということである。例えば、コンビニチェーン店の営業方法はわかりやすい。コンビニチェーン店では、オーナーはわずか数ヶ月から半年間の研修で店舗の運営を行うことになる。言い換えれば、それだけの期間で基本的な業務に習熟することができるということだ。販売する商品はすべて本部が開発し、価格も決定されている。季節ごとの特別の商品やキャンペーンも本部が企画する。商品の流通ルートも本部が全国を掌握している。店長は独自のルートで商品を集める必要はないし、確実に商品が店舗に並ぶように手腕を発揮する必要もない。ただ、コンピューターに発注する商品、個数、日付などを入力すればよいだけだ。発注は前に見た事例のように、「必ずやらなければならない」という負担はあるものの、業務そのものは学生にもできる。

外食チェーン店も同様だ。メニューもキャンペーンも本部が企画しており、店舗ではそれらをマニュアルどおりに提供することが求められる。調理の仕方もマニュアル化され、材料の調達も本部の流通システムによって管理される。もし、彼らが「独自の味付けを工夫して、他の店舗よりも売り上げを伸ばそう」などと画策しようものなら、どのような意図であれ、懲戒の対象になるだろう。本部もお客も、各店舗に独自の工夫を求めているのではない。いつものチェーン店のブランドの、いつもの味とサービスを求めているのである。

　これに対し、従来の小売業や飲食店の多数を占めた個人経営はまったく事情が異なっている。店主は陳列する商品や提供するメニューを考え、工夫し、その手配の方法を工面し、メニューそのものの開発も行う。どの時期にどんなキャンペーンを打つのか、あるいはどのような客層に根を張るように営業するのか、これらはひとえに店主にかかっていたし、その手腕によって盛衰が規定されていたのである。このような営業においては、学生は必然的に限定的な仕事の補助しかできない。

　このように、チェーン店の労働は単純化・画一化・マニュアル化されている。そこでは工夫の余地は乏しく、短期間に習熟し、予定されたとおりに日々業務を遂行することが求められる。それゆえに、オーナーも社員も、アルバイトさえも限りなく「等しく」労働の中核を担うことができる。チェーン店では、マニュアル化された単純な業務に従事する労働力の充当が、経営戦力そのものなのである。大それた工夫がなくとも、熟年の経験がなくとも、きちんとマニュアルさえこなしてくれれば、チェーン店の経営戦略は成功する。アルバイトは今や、この業務を遂行する

「基幹労働力」を担っている。

「ブラックバイト」の特徴

「ブラックバイト」の下で学生は、あたかも「労働者」のように、学生生活全体がアルバイトに支配される。その特徴は以下のようなものだ。

①自分がいないと職場が回らない

第一に、「ブラックバイト」の職場では、「自分がいないと職場が回らない」から、休むことは許されない。彼らの仕事は決して「高度」ではなかったかもしれないが、「いなければならない」という重要性は、それぞれの店舗にとって切実である。今日、そうした職場はまったく珍しいものではない。個別指導塾をはじめ、飲食店や小売店でも「学生だけで運営される店舗」はしばしば存在する。一人の正社員が数店舗の店長を兼務する場合には、実質的に何週間も学生だけで運営されているような場合もあり、それを加えれば相当数の店舗がアルバイトのみにより運営されていることになる。

②過重な責任

次に、学生のみで、あるいは彼らを中心として職場が運営されている中では、当然学生の業務の「質」に対する責任も増大していく。例えば、個別指導塾などでは生徒の成績への責任が講師である学生にのしかかる。時間外労働で学校のテストの傾向を分析し、指導方法を考える。生徒の生活が乱れていれば、「生活指導」にも心を砕く。生徒が授業を入れたいといえば、自分のスケジュールよりも優先して、それに対応しなければならない（尚、多くの個別指導塾では、授業はすべて学生が行っており、正社員が欠員を埋めることはない）。

③長時間・深夜勤務、遠距離へのヘルプ

学生が職場にとって不可欠で営業に責任を負っているからこそ、彼らに対するニーズはますます高まっていく。その結果、「学生」でありながら、長時間労働や連日の深夜勤務、さらには遠方の他店舗へ出向いての勤務を求められる。例えば、大手居酒屋チェーンで働いていた男子学生の職場では、深夜労働の上に、「他店へのヘルプ」が求められることもあるという。

④急な呼び出し、シフトの強要

学生の生活を「労働者化」する要因は、まだある。「急な呼び出し」と「シフトの強要」である。「シフトの強要」とは、あらかじめ決めるシフトに入る日を、勝手に決められてしまうという問題だ。シフトが一方的に決められてしまえば、私生活の予定（学校も含め）は立てようがない。相談事例の中には、会社が勝手にシフトを作成し、それを通知されるというところさえあった。

また、「急な呼び出し」とは、あらかじめ決めていたシフトがあるにもかかわらず、それを無視して直前に「明日入れないか」などと出勤を命じられるという問題だ。店長やアルバイトが参加するLINEのグループに入れられることも多く、連絡が二四時間いつでも来るというケースも珍しくない。このようにして、学生は「戦力」となり、「学生であることを尊重されない」状態に陥っている。その帰結が「ブラックバイト問題」なのである。

学生アルバイトを酷使する業界の論理

商業・サービス業の単純化・画一化・マニュアル化はアルバイトの基幹化を進めてきたのだが、近年の業態の変化は、これをより加速させてきた。コンビニの店舗数はこの二〇年で二倍近くに増加しているが、その過程では二四時間営業の店舗が拡大する傾向も同時に見られた。このため、急速に「深夜労働力」として学生が必要とされるようになった。また、学生の深夜勤務を増加させている要因に、規制緩和により、大規模小売店の夜間営業が解禁されたことも見逃すことができない。二三時、二四時まで営業するスーパーはこの一〇年で激増した。大手スーパーでも、二四時間営業のところもある。薬局やディスカウントショップも同様である。

開店時間が長ければ、それだけカバーしなければならない時間が増えることになり、その負担は、「主婦」よりも「フリーター」、「フリーター」よりも「学生」へと加算されていく。すき家が社会問題となったように、二四時間営業を学生一人に任せる「ワンオペ」は、深夜営業の過大な負担の象徴であり、労働力を充当できない店舗は、店舗そのものが閉店に追い込まれる事態となった。二四時間や深夜営業の業態は、アルバイトの「基幹化」の意味をいっそう強めていった。

一方で、多店舗展開の商業・サービス業においては、フランチャイズ企業が多数を占めている。フランチャイズを運営するオーナーや、複数店舗を経営するフランチャイズ企業は、本部（フランチャイジー）との間で契約を結び、ファミリーマートや牛角などのブランドを展開する。その契約には店舗が契約者の持ち物件か否かなどにより、いくつかの種類があるが、総じて本部からの締め付けが厳しいことが知られている。

また、フランチャイズ方式を採らない本部の直営店舗であっても「独立採算性」が採られることで、フランチャイズと類似の効果を発揮している。例えば、あるアパレル小売大手は、店舗ごとに予算を割り当て、その範囲内に人件費も含めている。店長には人件費を分配する権限はあるが、その総額を決定することはできない。人員が足りない場合には自らのサービス残業で充当するか、それでも間に合わない場合には、身銭でアルバイト代を支払うか、アルバイトにサービス残業を強いるほかにない。フランチャイズにせよ、独立採算制にせよ、小売業、飲食業など小規模店舗のチェーン店では今日一般的な管理体制となっている。

以上のように、サービス産業化の進展の中で新たな労務管理手法が展開し、正社員・学生アルバイトを比較的単純な業務に長時間、低賃金で充当する戦略が広がっていった。求人詐欺で固定残業代を隠して採用する企業は、労働者について「一時間当たりの賃金」を厳格に計算している。

例えば、過労死事件を引き起こした日本海庄やでは月給一九万四五〇〇円に八〇時間分の残業代を固定残業代として含みこませていたが、これを求人票では隠しており、労働者の一時間当たりの賃金は当時の地域の最低賃金に設定されていた。

学生アルバイトにせよ、「ブラック企業」の正社員にせよ、能力を長期的に開発して生産性を向上させるような労務管理が目指されているわけではない。「使い捨て」の過酷な労務管理が作り出されている。これが「ブラック企業」「ブラックバイト」を社会問題にする共通の構造であった。

人手不足で「ブラック企業」、「ブラックバイト」は減少したのか？

ところで、近年話題となっている「人手不足」によって「ブラック企業」や「ブラックバイト」は減少したのだろうか。実は、「ブラック企業」の相談は減少するどころか増えている。人手不足は「ブラック企業」の労務管理モデルに対立しているのではなく、むしろこのモデルが広がった「結果」なのである。「ブラック企業」の労働に耐えることができず、鬱病になって次々に離職する。この構図こそがこれらの業種における「人手不足」の要因であり、だからこそ、彼らは「正社員」として募集し、なおかつ月収を詐称する（求人詐欺）。そのような採用の手法がますます洗練されているために、多くの若者が使い潰され続けている。

そして、同じ正社員の中に長期的な能力開発の対象となるグループと、使い潰しが蔓延し人手不足が常態となるグループとが並存している。中心的正社員と周辺的正社員の分割は今後もますます進んでいくに違いない。本書第5章で述べたように、周辺化される正社員と非正規雇用労働者が一つの階層として連帯し、下層労働市場に新しい労働運動による新しい共通の規則を打ち立てることなしに、現代の労働問題を解決していくことはできないだろう。

おわりに――「ブラック企業」は差別的か？

「正社員」になるために若者たちは「ブラック企業」に吸引されていった。そして、心身をすり減らし、時に命を奪われるほどに酷使された。だが、それが社会問題化するまでにはスラングとしての「ブラック企業」という言葉が広がるほかに告発の手段がなかった。「ブラック企業」という言葉は、労働問題を社会化し、解決していくために当事者たちが苦しみの中あげた「叫び」の言葉に他ならない。

最近ではごく一部だが、「ブラック企業」という言葉は黒人差別を想起させ不適切だと批判する者もいる。しかし、以上のような経緯を踏まえて、あえて「ブラック企業」という言葉だけを労働者から取り上げることができるだろうか（そもそも日本語の中では「ブラック」は「黒」と同じ意味で負の表現となってきた）？　そのようなことを主張するためには、まず、権利主張が今でも困難な労働者たちの状況に寄り添うことが求められるのではないだろうか？

「ブラック企業」という言葉の背景には、顧みられることのなかった数多くの過労死・過労自殺・過労鬱の被害者たちがいる。彼ら／彼女らは命を奪われ、人生を奪われてきた。彼ら／彼女らにとって「ブラック企業」という言葉には想像を絶する重みがある。他者への想像力を欠いた議論は社会の分断を再生産するだけだ。真に他者性のある議論をするためには、表層的な批判にとどまらず、その言葉の持つ社会的背景、意味を適切に読み取ることが不可欠である。次章では引き続き「ブラック企業」という言説が持つ社会的な意義について考察を深めていく。

第7章　伝播する「ブラック企業」——言説・社会運動から、定義・社会政策へ

「ブラック企業」は二〇一八年一月に改訂された『広辞苑』にも掲載され、いまでは一般用語となった。だが、その広がりは「社会運動」を抜きに語ることはできない。前章では「ブラック企業」問題が広がった社会的背景について分析した。続く本章では、「ブラック企業」問題を社会問題として認知させた、「社会運動」の要因を考察したい。

1　社会問題としての「ブラック企業」問題——「定義」をめぐって

どのような社会問題か？

これまで繰り返し述べてきたように、「ブラック企業」問題は社会問題である。だが、この「ブラック」という言葉からは、それが何についての、どのような社会問題なのかは判然としな

い。あるいは、そもそも本当に社会問題なのかさえ疑わしいと思われてきた。せいぜいこの語感から得られることは、「何らかの違法行為を行っている企業」程度のことであろう。だが、違法行為を行っている企業は何も目新しいものではない。もし、残業代不払いを行う「違法企業」が「ブラック企業」だというのなら、およそ日本の企業はほとんどが「ブラック企業」だということになってしまう。これでは「ブラック企業」問題をあえて取り上げる意味はない。「ブラック企業」が社会問題として認知されていく過程では、まさにその「定義」が重要なカギを握っていたのである。

　現在では、「ブラック企業」は「若者を使い潰す企業」であるということが共通した認識になっている。「ブラック企業」は「正社員」として若者を大量に採用し、過酷な労働や選別のための解雇（その過程ではパワーハラスメントやいじめを伴う）が行われるために、大量離職を引き起こす。その過程で多くの者が鬱病に罹患し、ひどい場合には過労死や自殺にまで追いやられる。この「大量採用→大量使い潰し→大量離職」の過程で、働くことのできない若者が大量に生み出され、税収や社会保障を圧迫し、さらには少子化の要因ともなる。若者の鬱病への罹患は、その後の生活を支えなければならない両親にとっても深刻な問題だ。また、職場に送り出す学校の教師や、社会保障・福祉・医療に関わる人々に対しても深刻な問いを投げかける。さらに、人材の使い潰しは、人材の枯渇を招くので、経済界にとっても無視できない問題である。このように、「ブラック企業」による若者の使い潰しは、日本の将来を危機にさらすと同時にほとんどの人々を関係当事者とする。

二〇一三年八月に発表された厚生労働省の対策では、離職率の高い企業に着目し、長時間労働やパワーハラスメントへの対応を中心的に行うとし、田村厚生労働大臣（当時）は記者会見で次のように述べた。

> 若者の「使い捨て」が疑われる企業ということで社会において今大きな問題となっております……我々も若者の活躍推進というものを挙げておりまして……このような問題が大きくなっていくのを見ておるわけにはいかないということでございまして……この問題を野放しにしておいたのでは、再興戦略どころか、日本の国の将来は無いわけであります。

こうして厚生労働省の対策や調査が行われた結果、同年一二月には「ブラック企業」の「典型的な事例」も示された。

・長時間労働等により精神障害を発症したとする労災請求があった事業場で、その後も、月八〇時間を超える時間外労働が認められた事例
・月一〇〇時間を超える時間外労働が行われていたにもかかわらず、健康確保措置が講じられていなかった事例

・無料電話相談を契機とする監督指導時に、三六協定で定めた上限時間を超え、月一〇〇時間を超える時間外労働が行われていた事例

どれも若者の「使い潰し」の典型例であり、多くのメディアが取り上げた。国が「ブラック企業」の中身を「使い潰し」であると定義し、実際にこれを取り締まることを通じ、社会にそれを定着させたのである。厚生労働省による対策の発表翌日には、『朝日新聞』の社説でもこの定義は踏襲された。「ブラック企業――根絶のために行動を」との題目の下、（ブラック企業は）「体力と気力のあるうちは徹底的に働かせ、心身をこわしたりして「能力不足」と判断したら、退職に追い込む。まさに使い捨てだ」と指摘している。

実は、それまで私は多くのメディア関係者から「ブラック企業は定義があいまいで、報道に適さない」との指摘を受けてきた。『朝日新聞』の社説で定義が与えられたことは、この問題がメディアにとっても変質し、「よくわからないもの」から、積極的に報道すべき社会問題に変わったことの一つの現れであった。こうした国やメディアの動きを受けて、各地方自治体でも急速にブラック企業対策の動きが広がった。神奈川県では二〇一三年にいち早くブラック企業対策に乗り出すことを公表し、県民向けセミナーを私が引き受けることとなった。また、各地方の議員や職員に、自治体ができる対応策について労働者を支援する運動家や弁護士がレクチャーする機会も飛躍的に増加した。

社会運動による「定義」

「ブラック企業」は「違法な企業」という漠然とした出発点から、社会問題として「定義」を与えられたことによって、国・自治体が具体的な政策を打つところにまで発展した。だが、冒頭でも述べたように、こうした「社会問題化」は自然現象のように生起したのではない。背景には、「社会運動」が積極的にこの定義を普及した事実がある。「ブラック企業」の被害者の権利行使を支援するブラック企業被害対策弁護団は、厚生労働省が対策を公表するのに先立って発足した。弁護団の設立趣旨文は、ブラック企業を次のように定義している。

（ブラック企業は）「狭義には「新興産業において、若者を大量に採用し、過重労働・違法労働によって使い潰し、次々と離職に追い込む成長大企業」であると定義できます」。「広義にとらえると、「違法な労働を強い、労働者の心身を危険にさらす企業」であると定義できます」。九月には、この弁護団と労働NPO、労働組合、ジャーナリスト、大学教員らが共同して「ブラック企業対策プロジェクト」を発足した。同プロジェクトでも、「ブラック企業」は、「狭義には「新興産業において、若者を大量に採用し、過重労働・違法労働によって使い潰し、次々と離職に追い込む成長大企業」であると定義されている。発足こそ厚労省の対策と同時期になったものの、これらの運動団体は、従前から「ブラック企業」の被害者を支援してきた弁護士やNPO、労組が主体となって作られたものであり、これらの運動家たちの取り組みなしには、決して今日の「ブラック企業」の定義が社会一般に普及し、社会問題化・政策問題化することはなかっただろう。

2　「言説」と社会運動

「ブラック企業」問題の本質

そもそも、「ブラック企業」という言葉はＩＴ企業に勤める労働者がインターネット上に書き込んだところから広がった（本書第6章参照）。しかし、彼ら自身が「ブラック企業」に明確な定義を与えることができたわけではなく、その時点では抽象的なスラングにすぎなかった。それでも「ブラック企業」は小説や映画に取り上げられるなどして、当初から、一部では広がりを見せていた。内容が漠然としているにもかかわらず、この言葉が世の中に受け入れられていった背景には、正社員に対する労務管理の変化があった。実際に、震源地となったＩＴ業界は従来から「新しい働き方」が取りざたされてきた業界である。正社員雇用でありながら、いわゆる日本型雇用や従来型の労務管理とは異なる働き方が広がっていた。同業界では以前から「三五歳定年」であるといわれていた事実は象徴的である。

その後、「ブラック企業」は就職活動を行う学生の間でも広がった。ＩＴ業界だけではなく、外食や小売りなどで急成長した新興企業では離職率が高く、「使い潰し」が日常的に行われていたからである。「ブラック企業」という言葉がその「内容」をはっきりと定義できていなくとも、現実に問題は生じていたのだ。しかも、その現実に生じていた問題は、二つの意味で広がりと深刻さを有していた。第一に、「ブラック企業」は医療費の増大、税収減、家族の負担増、少子化など莫大な外部不経済[1]を生み出す。この外部不経済は当事者である若年労働者だけではなく、社会のあらゆる層に影響する。

第二に、「ブラック企業」問題は主として大卒正社員の問題であるため、従来の労働問題以上に深刻な階層統合の危機をもたらした。非正規雇用問題はあくまでも「労働社会の周辺」に配置されることで発生する問題であるが、「ブラック企業」の労働者は正社員であり、しかも大学新卒が多くを占める。彼らはむしろ、産業の長期的な担い手として期待され、高等教育を受けた者たちである。これらの労働者が「使い潰し」の対象となれば、「中心部」の労働世界が動揺し、ひいては産業社会の根幹を揺るがす事態となる。また、非正規雇用ではなく「正社員」を目指すことで安定を得られるというキャリアビジョンが根底から喪失する。日本社会では欧米のような同一労働同一賃金原則が成立していないため、正社員に就職できなければ将来の安定した生活を望むことができない。だからこそ、多くの若者が正社員への就職競争を闘い、家族も惜しみのない教育投資をして正社員への就職を後押しする。だが、そうして獲得した正社員としての地位も不安定なものだということになるならば、企業の正社員を中心に形成された日本の社会統合の論理[2]を根底から突き崩すことにもつながる。このように「ブラック企業」における労働問題は、非正規雇用問題と異なった影響を社会に与えており、それゆえ本来的に政府の対策を引き出し、社会の全体の問題となり得る潜在力を持っていたのである。

「言説」の偶発性と潜勢力

しかし、すでに述べたように、「潜在的な条件」（すなわち、問題そのものの事実）があったとしても、自然に社会問題化するわけではない。ネットで「ブラック企業」問題が広がる一方で、当初は「若者の甘えだ」、「パワハラは受け止め方次第」であるとか、「新型うつ」ではないかなどと揶揄されており、要するに「若者の変化」に問題はすり替えられていた。このような若者側のメンタリティーに問題を還元する論法は、正社員の離職率の高さを説明する場合にも、盛んに用いられた。また、たとえ「ブラック企業」が企業側の問題であると告発されていたとしても、それが「違法行為の問題」というように言説化されているうちは、多くの人々にとって重大な関心を持つようにはならなかったことにも注意が必要だ。個々の違法性は、社会的文脈（社会統合の文脈と言い換えてもよい）に置かれることで、はじめてその問題性が位置づけられ社会的ヘゲモニーに作用するからだ。例えば、求人票を偽装する行為は、**「若者の使い潰し→人手不足・少子化」**や**「若者の将来ビジョンの崩壊→子どもに頼られる親世帯の老後不安」**といった文脈に結び付くことで、まったく異なった社会的作用を及ぼす。

このように、ある一つの「事実」は、直接には政治的言語に反映されず、必ず何らかの問いの立て方を媒介しなければならない。そうした「言説」は、多様であり、常に揺れ動く偶発的な地平にある。そして、だからこそ社会運動による「実践的な介入」の余地が存在するのである。実際に、二〇〇〇年代の非正規雇用問題の社会問題化においても、このような「言説」の在り方は大きく作用した。

当時も非正規雇用問題が「出稼ぎ」や「主婦パート」から若年労働者と激変し、社会統合の危機を引き起こしていた[3]。九〇年代前半には一〇%にも満たなかった若者の非正規雇用率が、たかだか一〇年足らずで三割を超えるほどに激増していたのだ。ところが、その現象は「ブラック企業」の場合と同じように、当初、「若者の劣化」や「人間力不足」として理解された。若年不安定就業者は「フリーター」という言葉に置き換えられ、彼らには自由・きままに働く心理的傾向という属性が付与された。また、若年失業者は働く意思のない堕落した人間であるという属性が付与された「ニート」なる言説で説明された。これらの言説の下では、若者たちは、「自分が悪い」、「自分は劣っている」と思い込まされてしまう。また、親や教育者、行政は、若者に心理的なトレーニングを施すことが問題への対応策であると捉え、彼らに対して支配・統制する立場を内面化するだろう。多くの労働組合でさえ、非正規・失業者を排除、敵視する側に回っていた。

だが、二〇〇〇年代中盤に労働運動によって「ワーキングプア」「貧困」という「言説」が普及されることで状況は一変した。非正規・失業の問題は「貧困」の問題に置き換えられていった。フリーターは格差社会の被害者となり、教師や行政は彼らを助けるべき存在となった。そして、「反貧困」という言説の下に結び付き、政治的な勢力にすらなっていった。「言説」が人々のアイデンティティを変容させ、結びつけていったのである。このように、ある同じ事実は言説化のされ方によって、私たちの関係やアイデンティティの構築を大きく変える。言説がアイデンティティを構築し、現実の人間相互の関係や、社会の在り方そのものをも変質させていく導火線ともなる。

実際に、非正規雇用問題において「反貧困」という言葉を作り出したのは、多くの個人加盟労働組合、貧困・労働問題に取り組むNPO、弁護士らの「社会運動」であった。彼らは実践的に言説に介入し、人々のアイデンティティを変容させ、政治的な関係に反映させることに成功した。そしてこのことを通じ、社会運動組織がさらに増大すると同時に、一定の福祉政策の拡充を勝ち取ることで、ある程度の社会変革を成し遂げることができた。「ブラック企業」もまさに、このような意味での「言説」なのである。この言葉の定義が「若者の使い潰し」として定義されることで、多くの立場の人々のアイデンティティが変容し、結びつき、「反ブラック企業」の社会的勢力を作り出したのである。こうして形成された社会的ヘゲモニーは、労使の力関係を大きく変えた。私が日々接するミクロな労働相談の次元においても「私が悪いのですが」という労働者が減少し、「ブラック企業の違法行為を正したい」という労働者が圧倒的に増えた。このような主体性の変容は、社会のヘゲモニーの変容なしには考えることができない。

敵対性の構成

言説としての「ブラック企業」は、問題の構成を社会統合の崩壊に焦点化させることで、人々の情動に訴えかけることに成功した。それは、新しい政治的関係（社会内の敵対関係）を作り出した。この事実は、社会運動を考察するうえで極めて重要である。なぜなら、「ブラック企業」をめぐる議論にも見られるように、政治に対する最近の評論や実践に対する多くの議論は、この視点を欠落させているからである。

「情報さえいきわたれば、ブラック企業に入る若者がいなくなり、ブラック企業問題は解決する」という常套句がある。だが、いくら合理的な選択を声高に求めたところで、職場内や社会の権力関係は変化しない。また、「若者に違法だということを教えればよい」とか、政府が厳しい労働政策をとることが解決策だという主張も根強い。しかし、ただ事実を告発したり違法状態の取り締まりを強化するだけ（それすらほとんど行われていないが）でも社会の権力関係を変容させることはできない。労働者自身が立ち上がり、権利行使をし得るような社会関係の形成がなければ、「労働法の知識があっても、権利が行使できない」という第1章で提起した日本社会の現状を変えることはできないのである。

「ブラック企業」への敵対的な情動の形成に失敗すれば、逆の社会的ヘゲモニーが形成されることもある。例えば、若者の雇用劣化は「解雇規制のせいで上の世代がよい仕事を独占していることの結果だ」とする言説がある。この言説は、強烈に若者の情動をかき立てている。二〇一〇年、早稲田大学の学生たちが雇用情勢の厳しさに反発し「就活くたばれデモ」を行なった際、その要求内容が解雇規制の緩和だったことは印象的である。今日でも、労働・貧困問題を「世代間格差」であるとして人々の情動を駆り立て、世代間の敵対性を形成する言説は社会に根強い。

このように、単なる「合理的」な討論の成熟が漸次的に社会を良くすることもない一方で、悲惨な現状の告発や法的措置の拡大もそれだけでは必ずしも社会を変革するわけではない。

ラディカル・デモクラシー

「ラディカル・デモクラシー」の提唱者の一人として知られるシャンタル・ムフは、この点について鋭く論じている。

昨今の民主主義政治の理論は、利害の合理的計算（利益集約モデル）あるいは道徳的な討議（討議モデル）に依拠するので、「情念」の役割を、政治の領域で作動する主要な力の一つとして認識できず、情念のさまざまな表出に面と向かうならお手上げになる。（ムフ 2008 47）

的を射た指摘である。例えば道徳的な批判を重ねたところで、世代間対立が強まり解雇規制緩和を求める情動が効果的に動員されてしまえば、「お手上げ」である。ただ批判を強めても、「特権者の論理」とみなされ、ますます反発を招くことにもなりかねない。ムフは、人間は現実の社会構造に規定される一方で、「集合的な同一化によって動員される情動的次元」を有するのであり、利害関係や理性のみに従っているわけではないという。そして、この「集合的同一化（アイデンティティ）」を生み出すものは、「敵」「味方」という敵対関係である。あるアイデンティティの構築は、何らかのアイデンティティの否定として成立する。愛国心がその好例であろう。ナショナル・アイデンティティは、事実としての経済的一体性や利害関係から直接に形成されるのではなく、まさしく他者の否定＝「○○人ではない」という関係から生じている。

このように、「敵」「味方」関係によって編成されるアイデンティティはあらゆる文脈において常に可変的なものなのである。だからこそそこに「政治的」領域が成立する。ムフによれば、敵対性は人々のアイデンティティに「等価性の連鎖」を生み出す。多様なアイデンティティをもつ諸個人が、特定の敵対性の下にその価値や要素を結合するということだ。この、人々の多様な、そして揺れ動くアイデンティティに等価性の連鎖を生み出し、政治的権力関係を構築するものこそが、言説である。言説は社会の中の敵対関係を表現し、人々のアイデンティティを構成する。どのように言説が設定されるかによって、政治的な地勢図＝ヘゲモニーが決定づけられるというわけだ。

この言説自体はつねに揺れ動く「空虚なシニフィアン」にすぎない。それは、「反ブラック企業」や「反貧困」にもなりえるし、「解雇規制緩和」や「既得権批判」にもなりえる。だからこそ、言説は社会運動実践の地平にある。「既得権」批判の言説は、人々を「既得権者」への敵対者にまとめあげるだろう。その結果、規制緩和が実行され、職場内の不均等な権力関係は強化され、若者の過労死に対する企業の責任は免罪される。一方で、「若者の使い潰し」と再定義された「反ブラック企業」の言説は、多くの人々を不当な労働への敵対者に再編する。そして、こうした敵対性の再編は労使の力関係を変化させることで、現実の変革を成し遂げる。例えば、残業代不払いは違法であるといくら主張しても、社会の権力関係が変わらなければ、大多数の違法企業は従わない。だが、「反ブラック企業」という敵対関係に社会が編成されるならば、「支払わせる権力関係」が構築されるのである。こうしたムフの指摘は、今日の日本の私たちにとって極めて有用ではないだろうか。

3　ブラック企業対策プロジェクトの試み――「言説」と連帯

すでに紹介した「ブラック企業対策プロジェクト」（以下、「プロジェクト」）の実践は、右記のような意味での「言説」に介入した社会運動である。同プロジェクトは「ブラック企業」問題の広がりを通じ、労働問題への認知向上を図るとともに政府にも対策を迫ってきた。そして、後述するように若者雇用促進法の施行とさらなる改正、過労死等防止対策推進法、職業安定法の改正などの実現にも寄与した。[4] 同プロジェクトは「ブラック企業」問題を社会問題とするために、次のような日本の社会システムへの認識を前提として言説戦略を組み立てることで、さまざまなアクターが連帯し労働問題に取り組むことを可能にした。[5]

日本型雇用システム

まず、「ブラック企業」は日本の雇用システムと無関係に成立したのではない。つまり、「ブラック企業」は日本型雇用の変質の中で生まれた。日本型雇用は、一般的に終身雇用・年功賃金・企業別組合で説明される。だが、ここには一つ抜けている要素がある。それは、企業の絶大な指揮命令権限である。日本の企業は強大な指揮命令権限（従事する業務、残業、勤務地の決定に関する絶大な権限）を持ち、その代わりにその命令権限を活用し、社員を教育訓練（ＯＪＴ）し、雇用を維持してきた。

例えば、人員削減が必要になったとき、従来の日本企業は容易には正社員を解雇しなかった。不要な労働力も抱え込み、再訓練によって別の業務に就かせ、勤務地を転換するなどして雇用維持に努めてきた。この雇用保障を維持するためには、配置転換や残業命令などの命令権限の柔軟さが求められたのである。このため現在も日本の新入社員は、入社時には勤務地も、従事する業務も、実際の労働時間も契約上不明である。いわば「白紙契約」である。これは、海外では考えることもできないような入職の仕方だ。

こうした高い指揮命令権限と、企業の雇用維持・能力開発の組み合わせは世界的に見ても生産性の高い効率的な雇用システムだとされた一方で、日本型雇用は過労死を世界に先駆けて引き起こし、同語を世界共通語（karoshi）にしてしまった。「白紙契約」は労働者に非常に厳しい労働条件を突きつけたからだ。残業や慣れない職場への配置転換や転勤。業務の目標管理も日本の経済成長が滞る中で、次第に厳しいものになっていった。それでも、日本の労働者が「厳しい労働」に従事してきたのは、終身雇用・年功賃金に対する信頼が絶大だったからである。

ながらく続いたこの日本型雇用の下で、日本社会には「厳しい労働」に耐えることができれば、終身雇用・年功賃金が保障されるのだという**企業への強い信頼**と、**厳しい労働を受容する姿勢**が浸透した。つまりは、企業への信頼があるからこそ、海外では考えられないような無理な指揮命令も受け入れてきたというわけだ。

日本型雇用を前提にした社会システム

これと同時に、家族、学校、福祉などあらゆる領域が日本型雇用（企業への強い信頼）を前提に形成されていった。学校は、日本型雇用を前提に編成されたため、あらかじめ仕事の知識を教えることはほとんどない。海外であれば、「仕事」を教わるのは学校である。簿記や工業技術を思い浮かべてほしい。学校では何かの仕事を学び、卒業後、企業にその仕事の空きが出たときに、就職となる。これに対して日本では普通教育が一般的だ。特に仕事を教わるわけではなく、学校は基礎学力の教育に力をいれる。そして、何ができるというわけではないままに、企業に「新規一括」で入社させる。その際に問われるのは、成績評価であって、直接的な仕事の能力ではない。

こうした仕組みを教育学者の本田由紀は「赤ちゃん受け渡しモデル」と呼ぶ。日本の学生は学校と企業を全面的に信頼し、具体的な仕事の取引をするのではなく、就職するのだ。学生は、文字どおり「赤ん坊のように」学校を信頼して、企業に紹介されていくことになる。したがって、その先にどのような労働条件が待っていても、彼らにそれが「不当」だと判断する基準はない。もちろん、労働法についても学校で教わることはない。

家族においても、日本型雇用の下、男性が広汎な指揮命令に対応できるように女性が「主婦」を担い、男性はほとんど子育てに関与しないようになった。男性が勤務地の転換に伴って単身赴任することも一般的だ（これは欧米では離婚の合理的な要件になる）。男性労働者に終身雇用、年功賃金が適用されることを前提に、家族はそれに合わせて編成されたのである。

また、家族は次世代を育成し、学校は教育を注ぎ込む。そして、前述のように「赤ちゃん」のままに受け渡していた。高校や大学の学費など、日本の教育費の多くは家族が負担することになるわけだが、投下する費用が大きければ大きいほど、「能力」が高いとみなされて、報酬での見返りがあった。いわば、「企業への労働力の送り出し基地」として家族が編成されていたといってよい。

福祉制度も日本型雇用を前提に形成された。日本の国家による福祉制度は他の先進国に比べて脆弱である。そして、その分を企業福祉が代替してきたと言われる。例えば、基礎年金制度は満額受給しても生活保護水準を大きく下回る。これを補うために、企業単位で加入する厚生年金、さらには企業年金の上積みがあるのだが、これらは企業の正社員となることではじめて得られる「恩恵」である。

つまり、日本社会では「企業の正社員」であれば十分な福祉を受けられるが、そうでなければ極めて薄い保障しか受けることができない。そのため、「正社員になるための支援」に重きが置かれてきた。現在の自立支援法などを見ても、基本的に企業に就職することが福祉を得る道であることが前提になっている。ここでもやはり、企業への信頼ないし依存が社会システムの根底をなしている。

「共犯者」に仕立て上げられる親、教師、ケースワーカー

しかし、「ブラック企業」の出現によって、日本の社会システムの前提であるはずの**「企業への信頼」がゆらいでいる。**「ブラック企業」の社員は高い雇用保障や処遇に期待して厳しい命令に耐える一方で、その期待は裏切られ「使い潰し」に遭うのである。

このような転換が起こると、これまでは当たり前に行われてきたことが、「ブラック企業」を支える負の役割に転化してしまう。まず、労働者当人の企業に対する信頼と期待はただ裏切られ、彼ら自身のキャリアが蝕まれてしまう。企業への信頼ゆえの「まじめさ」が逆に付け込まれ、キャリアを蝕むのである。

学校も、生徒の将来を思えばこそ「正社員になりなさい」、「正社員になったあとは会社の言うことを聞いて頑張りなさい」と生徒を鼓舞するのだが、それがかえって「ブラック企業」の使い潰しを受けやすくしてしまう。実際に、最近の労働相談では、学校の就職課に掲示された求人や、

就職課が斡旋した企業が劣悪な企業であったという事例が後を絶たない。

家族も、養育し続けた次世代に、従来のような「正社員」になることを期待する。ところが、若者が家族の期待に応えようと「ブラック企業」の正社員になり、被害に遭うことも珍しくはない。労働相談の中では、家族が「ブラック企業」から退職することを理解せず、会社に縛り付けることもある。「頑張っていれば報われるはず」だという親世代の成功体験に加え、客観的にもそれ以外に子供に対する「投資」を取り戻す方法はないのだから、親も必死である。

あるいは違法企業と法的に争うことを「叱る」ということがある。「企業を訴えるなんてけしからん。お前がそういう根性だから、会社でうまくいかないんだ」などとまくし立てる親に出会うことも、労働相談では珍しくはない。当人はより追いつめられて、メンタルヘルスを悪化させるだけだ。最大の理解者であるべき家族が、かえって「ブラック企業」を支えてしまうという残酷な構図である。

福祉の担い手であるケースワーカーも、「ブラック企業」の加担者になることがある。「自立」がもっぱら企業の正社員になることを意味するとすれば、彼らの仕事はとにもかくにも「就職」させることになってくる。だが、「ブラック企業」は生活保護から押し出された労働者を食いつぶすだけだろう（今野 2013b）。

さらに、最近では人事関係者に、積極的に「ブラック企業」の「信頼の悪用」を指南する者が現れている。違法行為を指南する弁護士や社会保険労務士がおり、わざといじめて鬱病にさせ、違法行為に対する請求は一切断ることなどを進言しているのだ。
ある著名な社会保険労務士のＨＰには下記のように記されている。

「会社はすべての法律を守りますと約束する必要なんてありません！」
「健康を維持するのは労働者の責任です！」

このような考えをもった労務コンサルタントに影響されて、経営者や人事関係者が「ブラック企業」の加担者になってしまうことも後を絶たないのが実情である。彼らは積極的に企業への信頼を「悪用」しようとしているのである。

ブラック企業対策プロジェクトの狙い

こうした社会認識のもとに、プロジェクトは当初から二つの明確な目的を打ち出していた。一つは「現場の事実」の発信を個々がバラバラに行っている状況を克服し、さまざまな労組、ＮＰＯ、弁護士が持つ被害の実例を共有・発信することで「ブラック企業」を生み出す日本の社会構造に対抗するような、効果的な対抗言説を構築することだ。第二に、それらの「現場の事実」に基づいて、右にみたような日本型雇用を中心とした社会構造にかかわるさまざまな立場の人々を、「反ブラック企業」の中で結び付けていくことである。

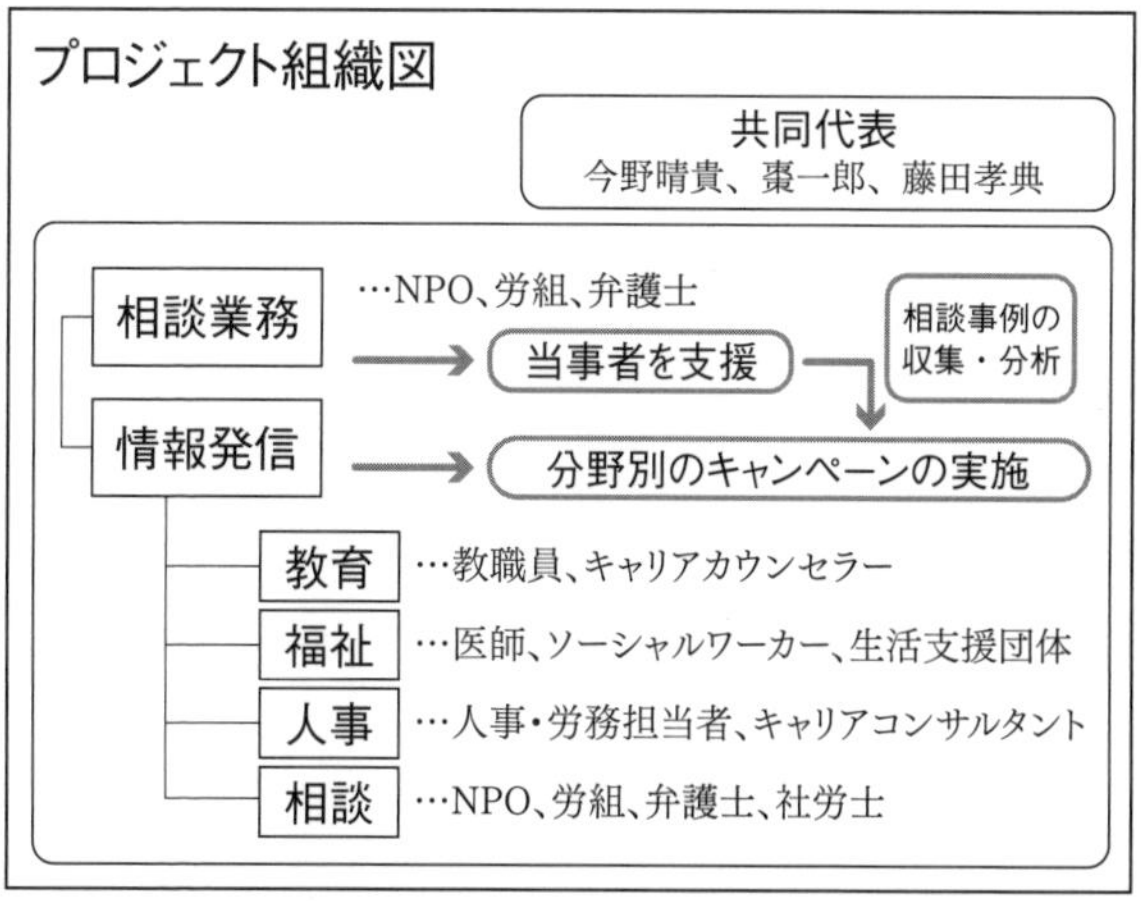

同プロジェクトには、発足時から、教育、福祉、行政、人事の関係者が参加したが、当初から問題になったのが、すでに述べたように、「ブラック企業」をどう「定義」するのかということだった。特定の違法行為を問題にすべきではないかとの意見も出されたが、最終的には前述した社会構造への認識を前提として、「若者（正社員）の使い潰し」を軸にした定義にまとめられた。

若者の「使い潰し」が焦点となることで、「ブラック企業」は教育者にとっても無関心ではいられない問題となった。「企業で頑張れば報われる」という今までの前提を見直す必要や、卒業生を支えるための情報ネットワークの構築が求められていることが、クローズアップされるからだ。単なる「違法行為」の問題として提起されても、その対応は「弁護士や労組の仕事」とみなされただろう。また、福祉関係者にとっては、「ブラック企業」は貧困へと陥る「元凶」として把握されるようになった。働いていた人が鬱病になり、貧困状態に陥り、生保保護申請を支援するNPOの相談窓口に来る。こうしたことは以前から度々話題に上っていたが、明確に「ブラック企業」批判の言説を媒介にして、労働運動の課題と結びついた。さらに、医療関係者は鬱病の被害者に「診察」という形で、最初に接触するアクターであるが、彼らは「ブラック企業」問題を通じて労働災害の被害者を労働問題に結び付ける使命があると、自覚できるようになるだろう。そして、人事関係者にとっても、労働者の使い潰しに反対することは利害にかなっているうえ、労働者を育成する企業が社会的に評価されることで若者が集まるように、政策提言を共同して行うことも可能である。

このように、プロジェクトは定義を媒介して、「事実→各分野での問題提起」というつながりを作りだしていった（組織図参照 同図は発足時のもの）。

4　政策への影響

プロジェクトは、長時間労働や固定残業代をはじめとした求人詐欺問題について、メディア発信等を通じて取り組んできた。ほかにも、求人情報の注意事項などについて啓発する無料冊子を作成し、インターネット上で公開し、さらには政策提言を行ってきた。特に二〇一四年五月には「新規学卒者の採用内定時における労働条件の明示に関する政策提言」を発表し、入社時に賃金や労働時間、特に固定残業代や裁量労働制の適用や条件を明かされる実態を踏まえて、採用内定時にこれらの労働条件を事業主に明示させるよう厚生労働省に提言した。「ブラック企業」の「使い潰し」には、労働市場における求人詐欺が深くかかわっていることが明らかだったからである。実際に、後に私たちの聞き取りに対し、厚生労働省の担当者は、政府として虚偽の求人を出している企業を取り締まっている実例は存在しないと回答した。

こうした提言の影響もあり、二〇一五年に若者雇用促進法が成立し翌年までに施行された。この法律では、応募者等や、求人申込みをしたハローワーク、特定地方公共団体や職業紹介事業者(職業紹介事業者としての学校を含む)または求人の紹介を受けた者等から求めがあった場合は、次の三類型それぞれについて一つ以上の情報提供が義務となった。「募集・採用に関する状況」として、過去三年間の新卒採用者数・離職者数、過去三年間の新卒採用者数の男女別人数、平均勤続年数のいずれか。「職業能力の開発・向上に関する状況」として、研修の有無及び内容などからいずれか。「企業における雇用管理に関する状況」として、前年度の月平均所定外労働時間の実績、前年度の有給休暇の平均取得日数、前年度の育児休業取得対象者数・取得者数(男女別)、役員に占める女性の割合及び管理的地位にある者に占める女性の割合のいずれかである。

また、事業所が労働基準法や最低賃金法について、一年間に二回以上同一条項の違反について是正勧告を受けている場合、違法な長時間労働を繰り返している企業として公表された場合、賃金・労働時間・休憩・休日・有給休暇などの違反により送検され公表された場合などにおいて、ハローワークが新卒求人を一定期間受理しないことを定めた。さらに、新たな指針を定めることで、事業主に対して固定残業代の明記を求めることとした。これに伴い、厚生労働省は二〇一五年一〇月一日から、固定残業代に関する新たな指針を適用した。この指針によって、事業主は労働契約締結時ではなく募集段階で固定残業代について明示することを求められ、固定残業代にかかる労働時間数および金額等の明示事項が明確化された。

これらを受けて、プロジェクトは、二〇一六年二月に募集段階における固定残業代にかかる労働時間数および金額等の明示について、厚生労働省に対して積極的な周知啓発等を求める政策提言を行った。そして二〇一七年には、職業安定法が改正され、二〇一八年の施行により、求人票や募集要項等において、次の内容を明示することが義務付けられることとなった。試用期間の有無（ある場合は期間）、裁量労働制を採用している場合のみなし労働時間、固定残業代を支給している場合の「基本給」「手当名と金額」「△時間を超える時間外労働についての割増賃金の追加支給の旨」、求人募集者の社名または名前などだ。さらに、求人段階において当初明示した労働条件が、労働契約締結時までに変更される場合は、変更内容について明示することが義務付けられた。

一方、過労死遺族や弁護士、医師、研究者らの支援団体による社会運動を受けて、二〇一四年には過労死等防止対策推進法が成立し、同年施行された。過労死はまさに「使い潰し」の結果であり、「ブラック企業」問題と等価な地平にある。そこで、私たちは過労死防止法の制定の過程で過労死問題と「ブラック企業」問題の広がりを積極的に結びつけ、社会問題化する取り組みを行った。同法は過労死等を「業務における過重な負荷による脳血管疾患若しくは心臓疾患を原因とする死亡」「業務における強い心理的負荷による精神障害を原因とする自殺による死亡」「これらの脳血管疾患若しくは心臓疾患若しくは精神障害」と定義し、国に過労死等の防止のための対策を効果的に推進する責務を定め、過労死等の防止のための対策に関する大綱を定めること、過労死等の防止のための調査研究の実施、過労死等防止対策推進協議会の設置などを規定した。また、事業主に対しても過労死等の防止のための対策に協力するよう努力義務を定めている。

以上のように、「ブラック企業」の言説を通じて、社会運動は労使の力関係を変化させると同時に、国家による具体的な政策をも実現してきたのである。

5 「ブラックバイト」問題への「伝播」

「ブラック企業」言説は、過労死から、さらなる労働問題へと連鎖している。「ブラック企業」が社会問題として認識されたことに影響を受け、新たに社会問題として措定されたのが「ブラックバイト」問題である。学生であるにもかかわらず、職場のなかで「戦力」として過剰に期待され、長時間労働や深夜残業、休日出勤が当たり前のように要求される。多くの学生が「自分がいないと職場が回らない」というような状況で、過剰な責任を負わされる一方で、あくまで「学生」として扱われ、「安く、従順な労働力」として活用される。これが「ブラックバイト」問題の核心である（今野 2016a）。

「ブラックバイト」問題は二〇一三年に急速に浮上してきたが、その背景には、学生の置かれる経済状況に大きな変化があった。二〇一四年にプロジェクトが行なった調査では、大学生がアルバイトをしている理由として、「生活費を稼ぐため」が四三・六％、「学費を稼ぐため」が一五・九％であった。もはや学生にとってアルバイトは小遣い稼ぎの手段ではなく、生活のための一部となっている。このような学生側の事情につけ込み、学生であることを無視して過剰な責任を担わせ戦力化していったのだ（本書第6章参照）。

「ブラック企業」言説の影響

ここでも、問題提起を行ったのは社会運動である。プロジェクトでは、「ブラックバイト」を「学生であることを尊重しないアルバイト」と定義し、様々な取り組みを行なった。ただし、その定義の過程では、言説戦略をめぐる議論があった（『POSSE』22号）。学生アルバイトの問題は、既卒の「フリーター」と同一線上の「非正規雇用差別」の問題として打ち出していくべきなのか、それとも「学生の労働問題」として「ブラック企業」や教育問題との連関を強めて打ち出していくべきなのか、という点でかなり問題の印象が変わってくる。「フリーター」問題を軸とした等価性の連鎖を考えた場合、それももちろん実現可能な戦略ではあるが、学生が労働者として働くことを前提に置くことになってしまう点で違和感が残る。これに対し、学生の「使い潰し」として考えれば、学費の高騰や奨学金制度の不備の問題、労働者の「使い潰し」という「ブラック企業」問題と連続した地平に措定され、学生当事者だけではなく、親世代や学校関係者全体と連帯する問題構成となり得る。もちろん、職場における非正規雇用同士の連帯も実践的には模索していくべきだが、言説戦略としては、学生アルバイトの問題を全面的に打ち出す方向が良いものと思われた。いずれにせよ、社会運動におけるこのような議論の背景には、「ブラック企業」以降の言説戦略の重要性への認知の高まりがあった。

一方で、当事者である学生たちの取り組みも目立った。「ブラックバイトユニオン」、「札幌学生ユニオン」、「首都圏学生ユニオン」など、学生たちが主体となり、職場の改善に取り組んだ。学生が打ち出す視点も「ブラック企業」との連関がみられ興味深いものであった。学生たちは、職場で「ブラック企業」の正社員とともに働いている。自分が頑張らなければ正社員が過労になり、正社員が過労だから学生たちに無理をさせる。こうした構図が明瞭なのだ。だから、学生たちにとって「ブラック企業」問題は自らと無関係なものではなかった。むしろそれは「ブラックバイト」と同時に解決されなければならないような、職場に同居する問題だったのだ。

社会の関心の高まりを受け、厚生労働省は、二〇一五年に、学生アルバイトの多い業界団体に異例の要請文を出した。その内容は「学業とアルバイトの適切な両立のためのシフト設定」への配慮を求めるといったものであり、社会運動が提起した問題構成に呼応するものであった。これもまた、社会運動が概念化・言説化した「ブラックバイト」問題が、政策的対応へと結びついていった事例だといえる。

労働問題をめぐるヘゲモニーの変化

以上のように、「ブラック企業」という言説を基軸に様々な社会運動が形成されたことにより、労働をめぐるヘゲモニーを変容させるとともに、若者の労働問題を社会政策的な課題に引き上げた。労働相談の現場でも、そのようなヘゲモニーの変化は実感される。私たちが「ブラック企業」問題に取り組みはじめた二〇一〇年代前半には、過酷な労働を課せられながらも、「能力がない自分が悪い」と思い込まされて相談に来る若者が多かった。若者のほとんどが「自己責任」を内面化していた。私たちは、「あなたが悪いのではなく、違法な働き方を強いる会社に責任がある」と相談者を奮い立たせ、権利行使を促してきた。

近年は、それとは対照的に、当初から「何とか企業に責任を取らせたい」、さらには「職場の状況を変えるために行動したい」と強い意志を持って相談に来る若者が増えている。ここには、明らかに労働問題をめぐるヘゲモニーの変容がみられる。彼らが自身の主張に正当性を感じることができるようになったのは、社会運動が進めてきた言説戦略の成果であるといえるだろう。

おわりに――ヘゲモニー実践の限界

本章では言説を通じたヘゲモニー実践の意義について述べてきた。最後に、ヘゲモニー実践の限界についても指摘しておかなければならない。確かに、優れた言説は社会の敵対性を変化させることができる。「反貧困」、「ブラック企業」や「ブラックバイト」に加え、最近では、例えば斎藤幸平の「SDGsはアヘンである」（斎藤 2020b）との言説が、資本主義社会に対抗する新たな環境運動のヘゲモニーを構築している。資本主義社会の枠内で、経済成長と並行して追求される環境戦略は、問題から目をそらす「アヘン」に他ならないというのである。同氏の『人新世の「資本論」』は新書とはいえ、人文書としては異例の四〇万部を突破する大ベストセラーとなっている。

だが、それにもかかわらず、日本政府の環境政策は世界の後塵を拝し続けている。同じように、「ブラック企業」言説の成功にもかかわらず、労働組合運動の前進はこれに追いついていない。本章で述べてきたように、人々のアイデンティティは偶発性の地平にあるため実践的に多様な介入が可能である。しかし、ヘゲモニー実践はあくまでもその時々の社会の結節点を変更し、それによって社会を変革するという性質のものであり、社会そのものを直接に変革するわけではない。むしろ、ヘゲモニー戦略は実際の社会の在り方にも強く制約されるのである。

では、ヘゲモニー実践を規定する実際の社会の在り方とは何か。それは、第2章で詳論したような自治的社会構築の実践に他ならない。労働問題においては〈労働社会〉を形成するような労働組合の実践がこれにあたる。日々の組織化の実践の積み重ねが労働者間の自発的結合＝アソシエーションを形成し、物象化に抗する規制力を生み出す。ヘゲモニー実践はそうしたアソシエーション実践を促進する役割を果たすことで、はじめて社会変革に寄与することができるのだ。このような制約を見定めることで、社会運動における「言説戦略」はますます発展させていくことができるだろう。

第8章　新しい労働運動が社会を守り、社会を変える

今日の労働運動には、停滞と新しい胎動が同時に現れている。停滞というのは、連合をはじめとする「旧来」の労働組合運動が、決定的に機能不全に陥っているということだ。日本最大のナショナルセンターである連合は、五年間続く「官製春闘」に加え、二〇一七年三月一三日には、「時間外労働の上限規制等に関する労使合意」を結んだ。ところが、その内容は「単月は一〇〇時間を基準値」という極めて低劣なものであった。また、連合中央本部は、残業時間に賃金が支払われないため、過労死促進法として悪名高い「高度プロフェッショナル制度」の導入も一時容認する姿勢を見せていた。

もちろん、これらの動きには連合内部からも批判が噴出し、後者については撤回に至っている。だが、連合が多くの労働者を失望させたことは明らかだ。社会からの批判は労働組合関係者が想像するよりもずっと厳しいものだ。そもそも、三六協定で長時間労働を容認し、過労死を促進してきたのは協定相手の企業内組合ではないか、という意見が社会に広く見られた。筆者に対して

も、SNS上で「労働組合を擁護することは過労死を容認するのと同義である」という趣旨の厳しい批判がたびたび寄せられている。さらに、日本最大の企業であるトヨタで春闘における賃金要求額が開示されない事態ともなった。これまで日本の主要労組の最大の存在意義ともいえる、春闘による横断的な賃上げの機能が完全に喪失したのである。

このように、旧来の労働運動がその存在意義を決定的に失う一方で、これらとはまったく異なる「新しい胎動」が現れている。春闘による賃上げだけを求めるのではなく、非正規雇用の差別・格差問題や、過重労働、違法行為などを問題化し、ストライキ権をも行使する、本来の「ユニオニズム」の精神を取り戻した社会運動的な労働組合が台頭している。

このような新しい労働運動の台頭は、格差が拡大し、労働者が貧しくなったのだから、「当たり前」の動きだと思われるかもしれない。確かに、格差の拡大は労働運動が台頭した一つの要因ではあるだろう。しかし、今日の新しい労働運動は、その要求や組織形態などにおいて、これまでとは一線を画する「新しさ」を宿している。ただ「貧しくなったから運動が盛り上がっている」だけではない。この新しい運動は旧来の労働運動よりも格差を縮小させることができるだけではなく、社会を守り、社会を変えることさえもできる可能性を秘めている。この運動の「新しさ」を読み解くことは、私たちがこれから主体的に、何にどう取り組むべきなのかを考えるカギになるだろう。その「新しさ」は、①交渉戦術、②労使紛争の職業・産業的な属性、③労働者の階層性という相互に関係する三つの点から分析できる。

本章では、今日の労使紛争の分析を手掛かりとして、これらの新しい労働運動の可能性について考えていきたい。

1　変化する労働運動の「対抗軸」

変化の「過渡期」としての年越し派遣村

今日の変化を考えるうえで、二〇〇〇年代後半に現れた「反貧困」の社会運動と結びついた労働運動を抜きにすることはできない。とりわけ二〇〇八年末に行われた「派遣村」は、今日の新しい労働運動へと架橋する過渡的な性質を帯びていた。まず、若い読者のために「派遣村」について簡単に述べておこう。「派遣村」とは、行き場のない失業者たちが、日比谷公園の厚生労働省前にテント村を作り、湯浅誠が村長となって、一時的な生活の場を形成した労働運動である。二〇〇八年秋、リーマン・ショックを契機として、世界的な不況に陥り、電機・自動車工場で働く派遣・請負労働者たちに対する大規模なリストラ（これは当時「派遣切り」と呼ばれた）が行われ、大量の失業者が発生した。しかも、派遣・請負労働者たちの多くは全国を転々とする住み込み労働者であったため、この大リストラの嵐は大量の「ホームレス」までも生み出した。(1)

そもそも、二〇〇〇年代後半当時は、派遣に限らず非正規雇用の急激な増加を主たる背景として「反貧困」が叫ばれ、日本社会に溢れる貧困者の問題が大きな社会問題となっていた。九〇年代末から非正規雇用は急激に増大し、それにともなって「働く貧困層＝ワーキングプア」が社会に蔓延しはじめていた。そうした中で、製造業派遣・請負労働者は企業からいつでも解雇できる低コストの労働力として利用され、違法な「偽装請負」も繰り返されていた。そのうえ、政府は偽装請負そのものを合法化する派遣法の改正を行うなど、政策的・意図的に派遣労働の拡大を図っていた。こうしたことから、製造業派遣・請負労働は、リーマン・ショック期の以前から、「貧困問題」の象徴的な存在だった。

非正規労働者たちの窮状をあらわにした「派遣村」の様子は、二〇〇八年から二〇〇九年の年末年始にかけて連日報道され、日本社会に貧困・労働問題の存在を強く印象付けた。それは、反貧困運動と結びついて成長した非正規労働運動の、「到達点」とも言える出来事だった。そして、「派遣村」を契機としてついには民主党政権への交代をも引き起こしたのである。労働運動がかつてなく日本社会に影響を与えた瞬間だった。では、「派遣村」は労働運動という観点から見た場合、何が新しかったのだろうか。

①労働者自身による権利主張

第一に、「闘う労働者」の姿が前面に押し出されていたことである。それまでの労働運動の多くは職場内の「見えない」労使交渉や制度批判、国会議員の選挙運動などにとどまっていた。労使交渉は、どこかの遠い企業で起きる無関係の人たちの出来事にすぎず、春闘や選挙活動も、具体的な急進性が見えづらいために共感の広がりは薄れていった。あるいは、当事者の闘いをメディアが大きく取り上げる機会は少なかった。

これに対し、当時の反貧困の労働運動は、組合員の労働者たちがメディアに登場し、自分たちの状況や社会の問題を訴えかけていた。文字どおり、彼らを使用する製造企業や、彼らを雇う派遣会社、そして、非正規化を促進する財界に対し、労働者自身が具体的な問題に抗議し、交渉を行っていた。ただし、もちろん、当時の派遣労働者たちだけが当事者性を押し出した闘争を行っていたわけではない。それ以前から、コミュニティ・ユニオンによる権利主張、例えば管理職ユニオンや首都圏青年ユニオンでは、多くの当事者が声を上げる取り組みを行っていた。二〇〇〇年代後半の製造業派遣労働者たちの運動は、そのような労働者自身による権利主張の運動が発展し、全面化したものであった。派遣法という国政レベルの問題に対しても、労働者自身が中心となった運動が企業や労組を超えて展開された。政党やナショナルセンターといった代表組織だけではなく、労働者たち自身の問いと訴えが法的・政治的問題に対する世論を動かしていた。

②個別の企業を超え、非正規雇用の社会的不公正を問題とした

第二に、製造業派遣・請負労働者たちの運動は、個別の企業内での個別の労働者たちの利害関係を超えた問題を提起していた。それまでの労働運動の闘争課題の中心は、「解雇問題」（あるいはベア）であった。企業別労働組合は、今日では大きな問題となっている長時間労働・過労死や非正規雇用問題にはほとんど関心を示さなかった一方で、「正社員の解雇」（つまりは、リストラ）に対してだけでは頑強に抵抗した（ただし、九〇年代末から二〇〇〇年代前半にかけて、大企業の組織労働者たちでさえ、雇用が保障されなくなっていった）。ところが、個別の企業の一部の正社員労働者たちの解雇問題は、あくまでも特定の労働者の問題にすぎず、多くの人にとって「他人事」にすぎない。ほとんどの労働者にとって、どこか別の企業で行われるリストラは、自分の関心事にはならない。それどころか、それが大手の高賃金企業であれば（企業別労組がある企業は大半の場合大手企業である）、リストラされる労働者たちに対し、「そもそも給料をもらいすぎなのだ」という感想さえ抱くかもしれない。下請け企業や非正規労働者であれば、なおさらこのような反発は強い。

しかし、「派遣村」は多くの労働者にとっての関心事となった。それは、彼らの労働運動が、単なる個別労働者のリストラ問題や待遇改善の問題だけではなく、派遣労働者全体、あるいは非正規雇用全体の問題について訴えていたからである。これについても、一九七〇年代の国民春闘など、以前から取り組まれた企業を超えた労働運動が、そうした経験とは直接に結び付いたものではないが、新たに発展した形で展開されたのである。

③企業の利益とは切り離された「権利主張」

第三に、派遣村の労働運動は、個別の業績（生産性）の上昇に対し、成果を分け合うという二〇世紀型の労使交渉の枠組みを超えていた。二〇世紀型労働運動においては企業の生産性の向上に寄与し、それによって得られた収益の分配を交渉するという「生産性＝賃金」の取引を行うことが、労使交渉の中心を占めてきた。このような趣旨で賃上げを実現する回路が、日本の場合には春闘である。ただし、後述するように、労働運動の課題は生産性を高めることに貢献し、それに応じた賃金を要求するということにとどまるものでは決してない。むしろ、労働運動の長い歴史の中で、そのように矮小化した労働運動は二〇世紀に特殊な形態であったといってよい。

だが、企業別労働組合は企業の収益が劇的に増加しない限り、労働者は賃上げを要求してはならないという自己規制の論理にはまりこんでいる。二〇一九年の春闘でも、トヨタ労組の西野勝義執行委員長は、「危機感についてトップとの間で少し隔たりがあり、我々の主張が会社の期待するレベルに達していなかった。競争力強化に向けて何をすべきか、職場と一緒に取り組みたい」と述べ、労組側の要求に経営側への配慮が足りなかったことについて反省の弁を述べている。この言葉に端的に示されているように、現在の労働運動の主流は「企業の期待に応えてはじめて報酬が分け与えてもらえる」という論理に閉塞され、それゆえに、社会的な広がりも、企業に蹂躙される非正規雇用の組織化もまともに行わないのである。

これに対し、派遣労働者たちの運動は、企業の業績からは独立した、自分たちの生活・生存に対する「論理」を持っていた。不当な差別、低賃金、「使い捨て」への抵抗は、これまでの労働運動を根底から覆す論理を胚胎していたのである。反貧困運動における「生きさせろ」というスローガン（雨宮処凛のベストセラーのタイトル）はその象徴であった。企業の業績はどうあれ、「生きる権利がある」というこのスローガンは、まさに二〇世紀的な労働運動を超克している。当然、これは②で述べた個別企業の論理を乗り越えることと強く連動していた。派遣労働者たちは、グローバリゼーションの中で生産性と賃金の両立がもはや成立せず、一方的に賃金の切り下げ（使い捨て労働）が跋扈する中で、企業の生産性の論理とはまったく異なる論理を立てざるを得なかったのである。

④「社会運動」としての性質

第四に、派遣村の社会運動では、市民、消費者への訴えかけが広範に行われ、また、産業のあり方そのものをも問うていた。すでに述べたように、「派遣村」は個別企業との賃上げ交渉を超えた、社会への訴えかけによって事態を打開しようとした。派遣労働者は彼らを実際に使用し、解雇の実質的な権限を持つ派遣先企業に対し、労働法上の権利を有していない。(2) それにもかかわらず、彼らは社会運動の力によって、労使交渉と権利の実現を獲得した。(3)

例えば、派遣労働者の労働運動は、当時東北楽天ゴールデンイーグルスの本拠地のあった「フルキャストスタジアム宮城」に対し、命名権を持つフルキャストセントラルが引き起こしている労働問題を訴える行動を市民に向けて行った（同スタジアムの名称はその後変更された）。また、リーマン・ショック後の二〇〇九年一月には、経団連の新年祝賀会に「派遣村」の関係者が申し入れを行い、メディア・世論の大きな注目を集めた。多くの労働者が失業し、ホームレスになる中で、問題を引き起こしている財界の面々が新年を祝う姿が、世論に反感をもって受け止められた。

そして、社会的な世論を背景として、リーマン・ショック期以後、派遣労働者たちの運動は大手企業との労使交渉において、多くのケースで派遣先企業（大手電機メーカーなど）に対し、解雇についての和解金（解決金）を勝ち取るなどの成果を収めた。こうした世論に訴えかける社会運動としての性質は、すでに述べた諸特徴（①〜③）とも深くかかわる。①労働者が声を上げ、②企業を超えた社会的問題を提起し、③世論が労働者の主張を後押しすることで、労使交渉が進展するということである。

例えば、全国的大手企業に派遣労働者全体の待遇改善を要求した「日研総業ユニオン」は、全国の派遣先で働く日研総業の労働者全体の待遇改善（寮費の値下げなど）を実現しているが、このような成果が実現した背景にも、労働者の社会への訴えかけの結果、強い世論の後押しがあったことが読み取れる。

⑤階層政治の転換

第五に、派遣村の運動は、それまでの政治的なヘゲモニーを一新した。それは、彼らが自分たちの「階層性」を明確に表現する社会運動であり、なおかつ彼らの「階層性」の表現こそが、日本社会を改革する普遍的な位置を占めていたからである。この点はとりわけ重要であるので、やや詳しく解説する。

日本社会では、戦後の労働運動によって多くの労働者に正社員として終身雇用・年功賃金が適用されてきた。その一方で、家計を支える男性正社員が終身雇用・年功賃金であることを前提として、政府による社会保障政策は極めて脆弱であり続けた。そのため、日本社会では以前から、企業の年功賃金や企業福祉が適用されない失業者や非正規雇用労働者は、たちまち貧困に陥るという構造を有していた。実際に、九〇年代には「主婦パート」の労働者が増加したが、彼女らは男性正社員の配偶者を持つことが前提とされており、極めて低賃金である。[4] 離婚などによってシングルマザーとなれば、極端な貧困状態となることが、当時からすでに社会問題となっていた。

こうした背景が解消しないまま、二〇〇〇年代にはいると貧困者は急激に増加した。一九九八年、二〇〇四年に正社員の大規模なリストラが行われたことに加え、新卒者の正規採用も抑制されたことで、家計を自立する若年非正規雇用(家計自立型非正規雇用)が増加したからである。彼らは九〇年代までに増加していた「主婦パート」とは異なり、すでに紹介した製造業派遣・請負労働者のように、自ら家計を自立しなければならない労働者たちである。一方で、財界は自ら非正規雇用を増大させたにもかかわらず、主婦パートに対しては、「夫に養われている二流の労働者」、若年非正規雇用に対しては「自立する気がなく、自由気ままな労働者(「フリーター」)」であると表象することで、差別を正当化した。非正規化する若者は知能が低い、人間力が乏しいなどという、レイシズムに類するような「若者バッシング」が吹き荒れた。ところが、主流労働組合の大部分も企業の雇用差別戦略や、これと連動した「若者バッシング」、さらには貧困者へのスティグマに抵抗できず、むしろ加担さえしてきた。

そもそも、主流の労働組合は、長い間非正規雇用を正規雇用と同等の労働者とはみなさず、彼らの差別賃金を容認し、財界や政府と同じように、差別的にあつかってきた。また、終身雇用・年功賃金を要求する日本の企業別組合を中心とした労働組合は、税による再分配について、非正規雇用・貧困者をも含んだ普遍的な社会サービスの充実ではなく、年功賃金を支える企業の成長戦略に振り向けるように望んできた。つまり、日本の主流の労働運動は非正規雇用や貧困者たちの利害を代表してはいなかったのである。

すでに、非正規雇用が労働人口全体の三割を超え、正社員の世界にも「ブラック企業」が蔓延している。終身雇用・年功賃金が保障される、年功的な労使関係の枠内にいる労働者は社会のマジョリティーではなくなっていった。これでは、労働運動への期待が社会から消え失せるのも無理はない。このように、非正規雇用と失業者・貧困者が増大する中で、「派遣村」の運動は、「非年功的労働者」としての自らの階層性を明らかにすることで、もはや年功賃金に依存することができない多くの人々の存在を社会に示し、同じ境遇に置かれている人々の共感を得ることに成功した。つまり、これまで日本の労働運動が「代表」してこなかった人々の利害関係を代表する運動だったのである。

また、「派遣村」の運動は、福祉政治においても、貧困者と労働者が連帯する道を開くと同時

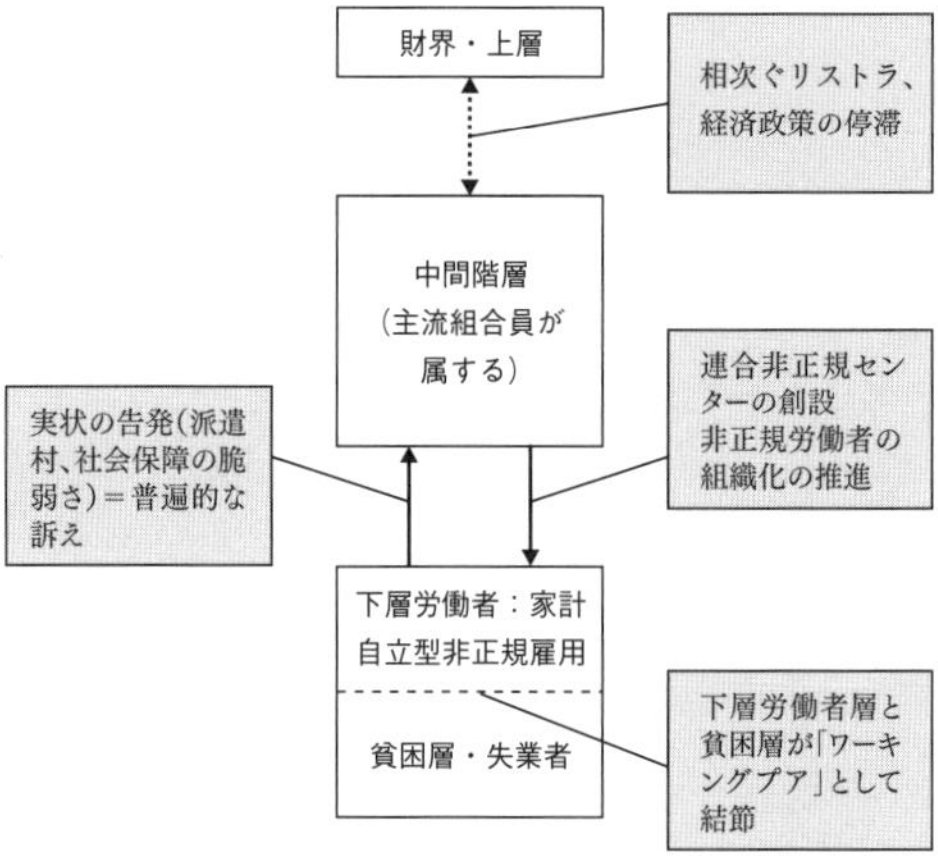

図１　「反貧困」時の階層・ヘゲモニー構成

に、年功賃金の枠内にいる中間層からの理解をも獲得した。それが可能であったのは、彼らが「ワーキングプア」としての属性を有していたことと関係している。企業社会の下では、貧困者は「働けない」、「特殊な」、「救済すべき」存在として表象されてきた。しかし、働いても貧しい家計自立型非正規雇用の運動は、福祉全般の不足を問題化する社会運動へと発展した。「ワーキングプア」問題は、働けない人々はもちろんのこと、働いていても貧困となり、中間層であっても福祉のニーズが存在することを露わにするからである。だからこそ、福祉制度の要求を家計自立型非正規雇用労働者と、貧困支援者が連帯して権利を主張することで、不安定化しつつある中間層もこれに突き動かされ、政権交代を実現する世論を形成し得た（図1参照）。

「ワーキングプア」問題が主軸となる福祉要求は、「年功的労働者の外側」を「包摂」するという個別救済型の問題設定から、階層を超えた「普遍的な福祉」の要求へと社会政策の焦点を移していった。このように、派遣村の社会・労働運動は「非年功的」階層属性の利害を表明し、貧困者と労働者を連帯させ、さらには年功的労働者（中間階層）の同意をも取り付けることで、政治社会のヘゲモニー(5)をも再構成した。実際に、派遣村の労働運動によって労働者の階層的な利害が明白になると、リストラや労働改革にさらされていた中間層の労働者も、切り捨てられる下層労働者に対し一定の共感を持つようになっていった。こうして、「国民の生活が第一」を掲げ、福祉の充実を訴える民主党への支持が集ったのである。

ここで、強調すべきことは、このような社会状況の大転換が、派遣労働者たちと彼らを支援する人々の「闘い」によって引き起こされたということだ。派遣村の成果は、決して知的エリートや政治家、官僚たちによって「上から」施されたものではない。

「派遣村」の限界と「過渡期」としての性質

以上の「派遣村」の運動にも、限界と課題があった。「派遣村」運動の限界と、その後の運動に現れた課題を整理しよう。第一に、闘争の枠組みが非正規雇用労働者や、「製造業」という大くくりの産業の問題にとどまったことである。もちろん、非正規雇用の労働運動には、製造業にとどまらないさまざまな労働者たちが関与していた。しかし、「非正規雇用」という雇用形態の枠組みでは、労働者の職業や問題となっている産業の特性が見えてこない。また、中心的に問題となった製造業は現在も年功的正社員の比較的多い産業であるため、雇用形態を超えた「産業」としての労働問題としてまとまりにくいという限界があった。製造業という産業単位で見ると、企業内の正規―非正規という利害対立（社会よりも企業に目がいく）はあまりにも明白だからである。そのため、「労働者の連帯」の形にいびつさと狭隘さが構造的に存在した。

第二に、社会運動としての継続性を保てなかった。組織された労働者たちはリーマン・ショック後にほとんど全員が解雇されてしまい、彼らの闘争は法廷へと移行した。また、派遣法改正運動が主要課題となったことで、「政治運動」に労働運動のエネルギーが吸収されていった。もちろん、法廷闘争も政治運動も派遣法を改正させ、非正規雇用の待遇改善を勝ち取るために必要不可欠ではある。しかしながら、現場の闘争を喪失した法的・政治的闘争は、必然的に当事者を運動から遠ざけてしまう。事実、裁判の原告となった労働者たちはばらばらの職場（それもほとんどが非正規など厳しい条件だ）へと離散していき、運動の結集軸は裁判だけになっていった。その結果、継続的な労働運動家の輩出も限定的であった。非正規雇用労働者たち、とりわけ派遣・請負労働者は極めて立場が脆弱であり、彼らだけの労働運動を形成するには、あまりにも資源を欠いていたのである。

第三に、第二と関連して、運動が法律的・政治的色彩を強め、労働者の当事者性や、権利闘争の表現を喪失してしまった。このような傾向はその後の労働運動全体に影を落としている。今日でも「働き方改革批判」のような制度論争ばかりが目立ち、「労働運動」の中軸に労働者たち自

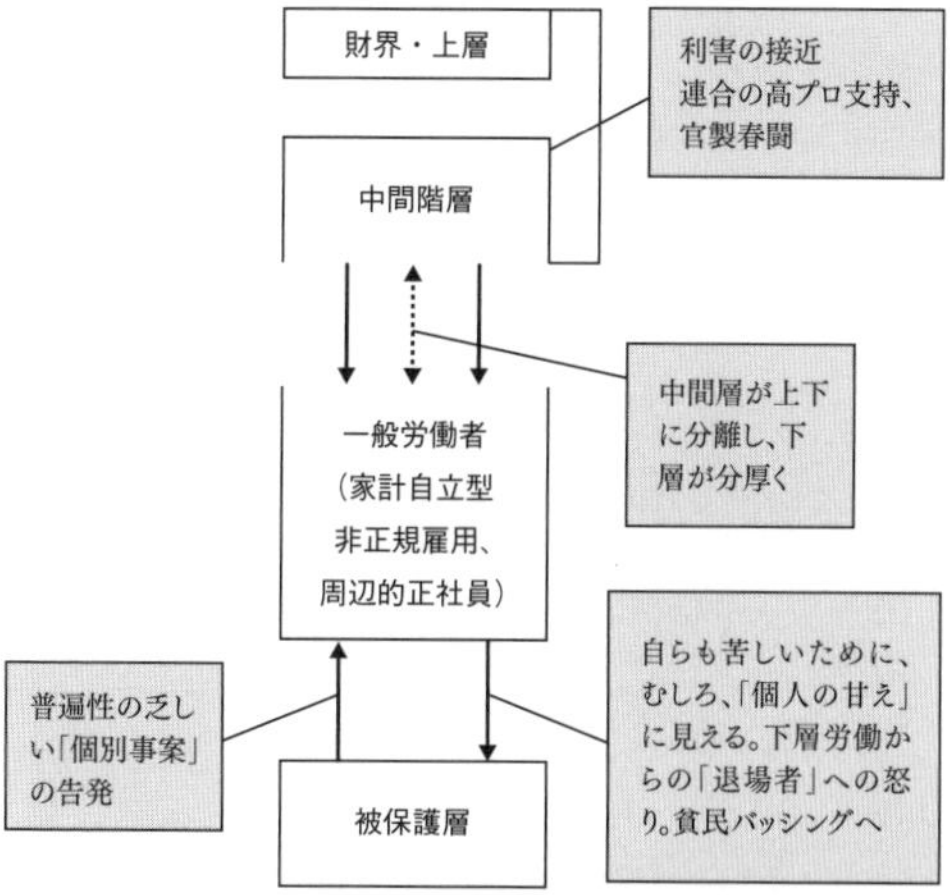

図２　現在の階層・ヘゲモニー構成

身の闘争が必ずしも据えられてはいないように見える。全国過労死を考える家族の会を除くならば、「当事者の見えない制度批判」ばかりが労働運動の中心となり、これが空振りに終わってしまっているのが実情だろう（ただし、繰り返しになるが、制度批判や法廷闘争が不要だと言いたいのではない。労働者たち自身の闘争が表現されない制度闘争は、現実に大きな影響力を持たないのである）。

第四に、現役のワーキングプアの当事者たちが運動の中枢から退場する中で、貧困運動の階層的な表現も、急速に「救済」としての性質が色濃くなっていった。二〇一〇年代にバックラッシュともいえる「貧困バッシング」が吹き荒れることになるが、それは、労働運動と貧困運動が再び分裂し、貧困者の表象が「働かない（働けない）特殊な人たち」へと再度、矮小化されてしまったことと密接なかかわりを持っている（図2参照）。労働運動と切り離された貧困運動は、「悲惨な当事者」を社会に訴えかけるしかない状況に陥り、盛んに「救済すべき当事者」を表現する取り組みを行った。しかし、そのような戦略は裏目に出てしまい、かえって「ブラック企業」やワーキングプアで働く労働者たちからの、「自分たちの方が耐えて働いているのに、働かない貧困者のための税金まで払えというのか」という対立構造を惹起してしまった[6]。

今日では、高まる「貧困バッシング」[7]に押され、社会的な同意を得られる貧困問題は、「子供の貧困」に限定されてしまっている。しかし、子供の貧困問題は、彼らを養育する「大人の貧困問題」にほかならず、ワーキングプア問題の解決なしに、子供の貧困の解決は不可能である。

「派遣村」から「ブラック企業」問題へ

以上が、「派遣村」運動の意義と限界である。これを踏まえ、本章は、「派遣村」運動の課題を、今日の新しい労働運動が乗り越えつつあるということを示していきたい。これを考えるために、本節の最後に「派遣村」から「ブラック企業」問題へと問題の位相が発展したことを指摘しておこう。

第一に、二〇一二年以降の「ブラック企業」の社会問題化は、労働運動が派遣村問題の意義を継承し、新しい労働運動へと連なる流れの中にある。「ブラック企業」の社会問題化も、労働運動による新しい実践によるものであり、決して「自然現象」ではない点で共通している。「ブラック企業」は、主に若年正社員を震源とした労働問題であり（本書第6章参照）、これに対抗する労働運動は、非正規雇用から正社員の下層（周辺的正社員）までをも包含した新しい可能性を切り開いている。

「ブラック企業」の正社員たちは、これまでのような日本型雇用下における幅広い職務を経験するジョブ・ローテーションにもとづく年功的処置を受けてはいない。非正規雇用と同じように、職務が限定され、処遇も「職務・時間給」である。ただし、彼らは非正社員よりも労働時間が長いために賃金が一定高く、比較的長期雇用ではある。低賃金だが、何とか「家族」を持つために「正社員」として頑張るがゆえに、どこまでも際限なく働かされてしまう。それゆえ、過重労働が問題化する。非正規とブラック企業の正社員は、同じ仕事を、同じような条件の下、労働時間が長いか短いかによって区分されているという意味で、同じ土台の上に存在しているのだ。このように職場構造を共有しているために、労働運動は、非正規雇用という限定されたカテゴリーから、正社員も含めた労働問題へと発展する可能性を持っている。

第二に、今日では労使の権力関係が大きく変容している。そのため一〇年前と比較しても、ますます当事者の運動が発展している。私が若者の労働相談に取り組みはじめた二〇〇六年当時から、「ブラック企業」という言葉が社会に広がる二〇一二年までの間、ほとんどの労働相談の当事者は「自分が悪いのですが」とか、「違法なのはわかっていますが、とにかく円満に辞めたい」というところから始まるのが常だった。ところが、今日では様相はまったく異なっている。「この会社はブラック企業だと思う」「なんとか会社を変えたい」。こうした意志を持つ労働者が目立つようになっている。そして、「ブラック企業」問題の告発によってエンパワーされた労働者たちは、今度は彼ら自身の権利主張によって世論に訴えかけている。「ブラック企業」の問題化は、それ自体が、新しい労働運動の発展によって実現し、ますますその可能性を広げている。

2 新しい労働運動の特徴

①「事件」（社会化）としての性質——交渉の力としての、社会的共感

新しい労働運動の第一の特徴は、二〇〇〇年代後半の製造業派遣・請負労働者たちと同様に、彼らの闘争が「事件」として大きく社会に注目されるようになっていることだ。これは、「社会化」とも表現できる。すでに見たように、日本の労働組合が「闘争」するのは正社員の解雇に絡んだ場合である。だが、そうした個別企業の解雇の問題は、多くの人々にとって共感する対象ではなく、「他人事」になってしまいがちなのが実情である。ましてそれが、中上層の従来型正社員であれば、なおさらだ。解雇争議は「事件」として注目を集めるものの、問題が飛び石状に配置されてしまう。

これに対し、新しい労働運動の特色は、労働事件が個別企業内の閉鎖された労使交渉によってではなく、社会的なイシューとして積極的に打ち出されることによって、「交渉」そのものが進

められているということだ。企業内に基盤を持つ企業別組合ではなく、外部の一般労組によってこのような戦術が採られていることも示唆的である。すなわち、はじめから交渉資源に乏しい企業外労組は、経営側の譲歩を引き出すために、組合活動家たちが意図的、意識的にメディアを活用し、交渉を有利に進めるという労使交渉形態を築いてきた。この情報宣伝力の自覚的利用（＝社会化）という点に、近年の労働運動の第一の特徴づけができる。(8)

②「産業問題」としての性質――消費者問題との連続

特徴の第二は、本章第1節に示したように、近年の労働事件の多くが、「産業的問題」＝「社会的・消費者的問題」(9)として表現されているということである。すでに述べたように、企業内に組織基盤を持たない労働者たちが、「事件（社会）」化によって交渉力を獲得しているのであるが、それだけではなぜ「事件（社会）」化が交渉力を高めるのかが明らかではない。なぜ近年の労働組合がメディアを活用して事件化し、交渉力に転化できるようになったのかについて、状況の変化から理解することが重要だ。

まず、階層構造の矛盾の深まりにより、「ブラック企業」や過労死の言説が台頭したことが挙げられるが、それだけではない。他方では、これらの労使紛争が背後に持つ「産業的問題」＝「社会的・消費者的問題」がメディアに扱われていることに特徴を見いだすことができる。例えば、大々的に報じられたヤマト運輸の労働事件は、個別企業の残業代不払いの「事件」であると同時に、アマゾンをはじめとした通販の増加によって、流通が圧迫されている問題がクローズアップされるものであった。同事件は単なる労働事件ではなく、消費者問題と接合する産業問題として構成された。アリさんマークの引越社の労働問題についても、消費者の不評を買ったであろうことは容易に想像できる。サービス業における産業問題は消費者に即座に連結する。それゆえ、多くの人々を関係当事者として構成するのだ。しかも、産業問題は「サービスの質」にも直結してくる。運輸業で言えば、運転手の長時間労働は、高速バスの事故やあるいは一般車両の事故も増加させていることが指摘されている。「サービスの質」に関する問題は、後述するように、介護や保育といったケア労働ではさらに顕著に現れる。あるいは、私立学校教員の労働問題の場合には、教育という社会的問題としても現れてくる。こうして「産業問題」として表現された労働問題は、労働者だけではなく、消費者や社会全体の共感が、「交渉力」の源泉となる。

③「職業的連帯」——労働者の連帯と労働市場規制

産業問題が消費者や社会全体の共感を得る一方で、組合によって表現される「事件」は職種的・職業的な問題の表現としての特徴をも有している。ヤマト運輸やアリさんマークの引越社、ジャパンビバレッジなどは、共通してドライバーの労働問題であるという職種的特徴を有している。あるいは、ワタミ、日本海庄や、ユニクロなどは外食・小売チェーンの店長という職種の過酷さで共通している。仕事の過酷さゆえに、これらの職種では人手不足が共通した問題となっている。低賃金と高い離職率が問題となっている介護や保育も同様だ。このような職業的問題は労働者間の連帯を実質的に形成する要因となっており、それゆえに、交渉力の源泉となっている。

保育士を例に取ろう。まず、ある保育所の問題は、個別の問題でありながらも、職業としての「保育士」の問題として、保育士全体からの関心を引きつけることになる。「ある保育士の事件」それ自体が「ある企業」や「ある保育所」の問題ではなく、「保育士の労働問題」として関心を引きつけるのである。ここに、これまでとは異なる「連帯」の具体性が現れる。

この職種的な性質が労働市場に与える影響はさらに具体的である。職種的共通性があるために個別の「事件」の告発が、同職種内の労働者の関心を引きつけ、結果的に同職種の労働市場への流入を妨げることになる。つまり、職種的な問題が表現されているために、個別事件はその共通性の中で問題化することで、業界内の労働者の当該企業への入職を抑制する。例えば、組合による「あの保育所で事件が起こっている」という情報宣伝は、ただでさえ不足している保育士労働市場において、いっそう当該の事業所が劣位に立たされることを意味する。その圧力が、新たな交渉力の源泉となるわけだ。

このような労働事件の職種問題としての表現は、もちろん業界内における単一の企業との交渉においても有力であるが、企業横断的ユニオンの取り組みや、コミュニティ・ユニオンの連携を通じて「業界全体の改善」を訴えることで、より効果的に企業同士の労働条件向上を競わせることができる。実際に、二〇一四年に長時間労働やマタニティーハラスメントが問題化した、たかの友梨の事件では、エステ業界の職種的問題を表現することで同業者の関心を集めることになった。同社のエステティシャンを組織したエステ・ユニオンが会社と改善の労働協約を結ぶと、同業他社の労働者からの加入が相次いだ。その結果、業界二位のＴＢＣ社とはインターバル規制の導入や全社で有期雇用を撤廃する労働協約の締結を実現している（青木・浅見・後藤 2017）。エステ産業で企業横断的に組織する同ユニオンは、「業界改善」をスローガンに掲げていた。

ＴＢＣ社が協約の締結を受け入れた理由は、エステ業界内で人手を確保するためだったという。まさに、たかの友梨の事件が、同職種の労働市場への人材供給を抑制したからこそ、労働者が業界内で「よりましな企業」を探す行動に出たのであり、ユニオンはこれを効果的に利用し、企業同士を競わせながら交渉を進めたことになる。

ユニオンによる事件の職種的表現は、労働者の職種内における連帯意識（利害の共通性の理解）の形成につながり、ユニオンはこれに依拠して労働市場へ介入した。こうしてユニオンは新しい組織化と交渉の可能性を獲得し、実際に業界内で複数の大手企業との労働協約の締結が実現したのである（その後、ここで挙げた大手二社以外との交渉・労働協約締結が進んだ）。つまり、事件の職種問題化は労働者の連帯を形成し、ユニオンはこれを戦略的に「交渉力」に転化することができる。

また、運輸業界に関しても、ヤマト運輸がアマゾンと無理な配送契約をしたことで業務量が激増し、労働者への負担が高まっていることが大きくクローズアップされたが、これも、職種内の労働者たちの意識的な行動を引き起こしたと考えられる。アマゾンと契約していない同業他社の方が、労働条件がましなのではないか、という意識と行動である。結局ヤマト運輸はアマゾンとの契約条件を見直し、社内の労働条件改革を（実際にはまったく不十分なのだが）進めざるを得ない事態になっていった。

こうした労働市場における職種的連帯の可能性は、新しい運動の広がりの中で高まっている。紙幅の関係で詳述はできないが、私が共同代表を務めるブラック企業対策プロジェクトでは、弁護士や労働組合らと政府への要望を続け、職業安定法の改正を求めてきた。その結果二〇一八年から適用された改正法によって、求人情報への規制が強まり、法的な告発を通じて職業安定所での求人不受理の強制もできるようになった（二〇二〇年四月に施行）。新しいユニオン運動の広がりが、政府の改革を促し、新しい法政策によってますます職種内連帯は労使交渉において重要な資源になっているということだ。

職種的連帯の新しい基礎

ところで、なぜ、目新しくもない「職種」というカテゴリーが、かくも急激に重要性を増してきたのだろうか。ここで近年の職種的連帯の高まりの背景である、産業構造の転換が与えている影響について指摘しておきたい。そもそも、労働組合運動は発生の当初から職種的・職業的な存在であった。同業者たちの間で賃金等の労働条件を取り決め、使用者たちに強制させることがユニオンの本源的な機能である（木下 2021）。

ところが、二〇世紀にはいると、膨大な労働者を独占的に雇用する大企業が登場し、労使関係は職業的なフィールドから、企業内的なフィールドへと変容していった。大企業における長期雇用が、職種的連帯を分断する企業内の労務管理システムを作り出したのである。それまでは「職種（トレイド）」としてまとまり、労働市場で共通性を持っていた労働者たちは、職種を細分化して編成された「職務」に従事するようになった。「職務」の編成は企業ごとに異なり、その内容も評価方法も、企業によって管理される。このようになると、労働者たちは感性的にも実態的にも、労働市場での共通性を失ってしまったのである。

これがもっとも極端に進んだのが、企業別労組によって労使関係が組織された日本の大企業である。日本の大企業においては、職種はおろか職務すら明確ではない。労働者たちは、「〇〇」という職種（あるいは職務）に就いている労働者としての自覚よりも、「〇〇社」に勤める労働者としてのアイデンティティを持つようになった。こうして日本社会では、「就社社会」といわれるほどに、企業属性のアイデンティティが労働者の中心を占めるようになった。例えば、営業のスペシャリストが突然、社内対策の総務に転属させられる。あるいは、総合職で就職した労働者が、配置転換で若手社員寮の「寮長」に転属を命じられても、従うしかないということが起こる。まさに、どの「職務」に従事することも、人事の命令次第なのである。このような労働契約は「空白の石版」とも評されている（濱口 2009）。

しかし、近年は、客観的にこの構図が逆転し、サービス産業化や大企業の分社化が進む中で

「再トレイド化」とでも呼ぶべき現象が起きている。[10] まず、サービス産業化の進行によって、介護、保育などの完結した業務を担う職種が労働市場の重要な位置を占めるものとなってきた。特に、ここ五年で見ても、労働需要の伸びは、圧倒的に「医療・福祉」に依存している。産業別の労働者数の増減を見れば、この傾向は一目瞭然である（この傾向については本書第3章を参照）。

これらの業種では企業内の「職務」の細分化に限界があり、労働者たちの職務はそれ自体、職業的な属性を持っている。端的に言って、「介護労働者」や「保育労働者」は、会社員であったとしても、小規模事業所で働き、その職業の階梯にしたがってキャリアを積むことになるのであり、企業内の同質性よりも、「介護労働者」や「保育労働者」としての属性に強くアイデンティファイしている。保育士・介護士は職種内労働移動も頻繁である。

また、労働過程のマニュアル化と人員の絞り込みによって、小売りや外食でもすべての職務を統合的に担う「店長」という共通する職種が現れたことも指摘できる。流通会社の中で細分化された一つの「職務」に就くのではなく、小売店の「店長」として採用される、あるいは、飲食業界の巨大企業の中の一つの「職務」ではなく、こちらもあくまでも店舗の店長として採用されるというケースだ。流通や飲食業の労働過程が高度にマニュアル化される中で、彼らは交換可能なアルバイトへのマネージメント業務と、全てのマニュアル労働を一手に引き受ける担い手として、共通の属性を有する存在となっている。マニュアル遂行業務としての「店長」が深夜労働を含む長時間・低賃金労働の共通性を有することは、昨今のコンビニオーナーや居酒屋店長の過労問題に端的に現れている。

さらに、それまであらゆる産業を抱え込んでいた巨大グループ企業は部門ごとに分解していき、例えば、ＩＴ産業などはほとんどの企業が独立した別会社となった。また、限定正社員の拡大により、当初の契約によって地域や職務が限られた労働者も現れている。こうして、日本の労働者も企業内の「職務」のローテーションを担うのではなく、より「職種」やこれに明確に関連した「職務」が意識される状況となったのである。

このように、客観的に「再トレイド化」の状況にあるからこそ、新しい労働運動において、職種問題がより明確に意識されるようになった。また、労働者はその同質性を意識している。欧米においては数百年の歴史の上に守り抜かれた職種（これを引き継いだ「ジョブ」）の連帯[11]が、日本では新しい条件のもとに再生している。

特にここで強調すべきことは、新しい職種的な連帯の原理は、「再トレイド化」を背景とする職業的な共感と連帯意識として、すでに労働者たちが感性的に獲得しているということだ。保育士や介護士らは、多くの事業所で共通する労働問題に直面してきた者が少なくない。労使交渉に立ち上がる労働者たちの背後には、彼らの眼前で繰り返されてきた問題を労使交渉で解決するしかないという決意がある。だからこそ、今日の新しい労働運動が、「事件」を通じて労働者たちに広く共感され、その感性を規制力として労使交渉を行うという現実が、すでに出現している。職種は新しい労働者の対抗の拠点であり、ユニオンはこのような連帯意識を効果的に労使関係における「交渉力」に結びつけることができる。

本節の最後に、産業問題＝社会的・消費者的問題と、職業問題の関係について述べておこう。上述したように、産業問題を通した事件化は、労働組合の新しい交渉力の源泉となっている。だが、労働組合にとってより重要な交渉力の源泉は、労働組合本来の機能と直接に結びつく、この職業的連帯にある。ユニオン本来の交渉力が不在であるために、これを補完したものが、世論の後押しにつながる「産業問題」であると考えられるだろう。職業的連帯の獲得とこれに基づく交渉、そしてその事件化によってさらなる共感と連帯の形成を促すことは、より本質的な意味での労働運動の再生へと続く道である。

④階層的な一体性──「一般労働者階層」の形成

職種的な連帯の実在性は、職種を超えた新しい連帯の実在性とも不可分に結びついている。産業や職種、雇用形態をも超えて、「階層的な一体性」が形成されつつあるのである。かつて木下（2007）は、新しい労働運動の担い手たちは、「家計自立型非正規雇用」および「周辺的正社員」からなる階層であると分析した。[12] 彼らは共通して日本型＝年功型の労務管理から排除されており、両者を横断する「一般労働者階層」が形成されている。彼らは上層の労働市場に参入する可能性が閉ざされており、実際の職歴から見ても、職種・雇用形態をも超えて同程度の処遇の労働市場を流動している。また、「よりよい仕事」を目指して転職を繰り返すことで、同じ職種には同じような労働条件が適用されており、職種を超えて転職したとしても、やはり同じような労働条件しか存在しないということを経験的に学習している。しかも、この市場では「求人詐欺」によって入社するまで本当の労働条件はわからず、希望をもって転職し、だまされ続けることでこの現実を学ぶのである。例えば、「月給三〇万円」の求人に、五万円分の「固定残業代」が含まれていることが入社後に明かされるといったことが当たり前に横行している（今野 2016b）。

彼らは今日の「多数」を占める労働者層であると同時に、個別企業の年功的処遇に服していない点において「一般的」である。すでに述べたように、一般労働者の労務管理上の特性は「職務・時間給」にあるが、それは職域を超えた企業内昇進や従来型の年功処遇の対象ではないことを意味している。そのため、彼らは長期にわたって個別の企業に服属せず、下層労働市場（非年功的労働市場）を渡り歩く労働者層である。しかも、そこではしばしば職域を超え、転職を繰り返す。それゆえ、彼らは企業を超え、職種をも超えるという意味においても一般性を有する労働者層である。彼らは、その職業・転職経験から「労使交渉以外に地位の向上を目指す方法はない」ことを悟らざるを得ない。今日の労使紛争がこの階層に集中していることは決して偶然ではない。実際に今日の労働組合で産業的職種的に闘う労働者の職歴を挙げてみよう。

ここで紹介する労働者は、サントリーグループ傘下のジャパンビバレッジの労働者として、自動販売機の充塡作業に従事している。彼らの年齢給は三五歳までしか上がらない。休憩がとれず、残業代も不払いだったうえ、労働基準監督署の勧告後は残業代の請求をしない旨の同意書へのサインを迫られた。総合サポートユニオンに加入した彼らは、もっとも回転率の高い東京駅の自販機で、「順法闘争（休憩をとる、定時で帰宅するという形式のストライキ）」を決行した。東京駅の自販機は売り切れの赤いランプばかりとなり、その光景の画像がインターネット上のSNSを介して拡散し、大きな反響を生んだ。彼らの闘いは、まさに流通における「産業問題」としてのものであり、消費者の関心を呼んだために、ネットで多大な注目を集めたのだ。

立ち上がった労働者たちの職歴を見てみよう。

【労働者A】三二歳、男性。大卒、妻子と三人世帯（専業主婦）。初職はリーマン・ショックによって内々定取り消しから情報通信事業のクレーム処理の企業へ就職した。当時の給与は入社三年目で、一五万円＋「固定残業代」九万円である。「長時間労働とこの給料では家庭を持てないこと」から離職し、現職へと転職した。「家庭を持っていくためには、ちゃんとした給料が出るところにしなければ」と思ったことが前職を辞めた理由である。そして、「企業の規模を重視して」ジャパンビバレッジへと転職した。

【労働者B】高校卒業後、飲食店で調理師として働いた。寮住まいで自由がなく、仕事も忙しく、「遊ぶため」に退職。月給は一六万円程度だった。その後は製造業派遣大手の日研総業から自動車工場に派遣され、のちに直接雇用され、同工場の期間工として勤めた。ところが、これもリーマン・ショックで解雇されてしまう。その後は、太陽光パネルの営業、友人の廃品回収の手伝いなどを経て、ジャパンビバレッジへとたどり着いた。

どちらの労働者も下層労働市場を渡り歩いてきたこと、同じような階層の仕事を転々としながら、リーマン・ショックに翻弄された姿が浮かび上がる。Bは自動車工場で「派遣切り」が横行した時代を経験しているが、工場では当時、外部の労働組合が争議を行い、派遣の期間工化（直接雇用化）や時給の賃上げを勝ち取っていた。そうした経験もあって、ついに、自分自身が立ち上がるに至った。一方で、ジャパンビバレッジの争議の後、同業他社の中堅企業でも労組が立ち上がり、類似の労働問題について争っている。彼らの職歴は下記のとおりだ。

【労働者C】四六歳、高卒、単身。初職は製造大企業の事務であったが、「面白くなかった」ので辞めた。第二の職はシステムエンジニア（SE）であり、月給四〇万円、残業時間は五〇時間であった。「経営者との対立」から離職した。第三の職もSEであった。月給三〇万円、残業時間は五〇時間であったが、「仕事・家庭に疲れて」退職した。その後現職。

【労働者D】三〇歳、高卒、妻子と三人世帯。初職は小規模の和食店の調理師であった。月給一八万円、月残業時間一七〇時間に加え、残業代不払いであった。「会社は使うだけ使って辞めさせると、先輩の労災を機に考えて」退職した。第二の職は、ホテルのレストランの調理師であった。こちらでも月給二二万円、月残業一五〇時間で残業代不払いがあった。第三の職は老人ホームの調理師であった。月給二五万円、残業時間六〇時間で残業代は支給された。しかし「先が見えないという思いがあり、調理部の外注化を機に、料理関係を辞めることにした」。第四の職はパチンコ店員（アルバイト）であり、月給二五万円程度だった。この仕事は「つなぎ」として働いた。その後現職。

彼らの経験には、職種を超えた、階層的類似性が現れている。自らの体験が、労使交渉をするしかないのだという意識を喚起すると同時に、自分たちに共通の利害があることをも感受させる。それゆえ彼らの労使紛争は、それ自体が階層的な利害関係を浮き彫りにする。実際に、東京駅の自販機闘争を支持したSNS上の書き込みには、彼らの処遇に対する「怒り」への共感が幅広く見られた。同じような経験をした人々が、日本社会に多数存在することが改めて示されたのである。

こうした権利主張の表現は、労働者たちの連帯を強めると同時に、自らの社会・政治的利害を表現することで、「派遣村」で顕現したような、日本社会のヘゲモニー転換の起点となり得るだろう。彼らの社会的・政治的利害とは、下層労働市場の労働者たちが、普遍的な福祉制度なくしては生存することができない状況に閉塞されているという事実である。繰り返しになるが、こうした階層政治の潜在力は、かつての「派遣村」の社会運動において現れていた。家計自立型非正規雇用に加え、周辺的正社員をも含みこんだ「下層労働市場」全体のワーキングプアとしての階層性が労働市場において表現されるならば、「派遣村」の課題と限界を超えたさらに持続的な運動が可能となる。つまり、一般労働者の階層性を表現することは、新しい「福祉政治」をも可能にするはずだ。彼らは非年功的なワーキングプア労働者層であるために、普遍的な福祉政策の利害を代表する存在なのである。

3 今、どのような労働運動が必要か?——広がり続ける新しい労働運動

二〇一〇年代終盤には、新たな労働運動が次々に新しい成果をあげていった。コンビニオーナーたちが団体交渉権を求める闘いに立ち上がり、私立学校でも非正規教員たちが四年一一ヶ月での雇止めに闘うために相次いでストライキに乗り出している。

これらの闘争も、すでに本章で述べてきた新しい労働運動としての特徴を備えている。例えば、横浜・橘学苑では、六年間で教員七二人が退職させられたことについて、ユニオンが「非正規使い捨て」であると非難している他、いくつもの高校で争議・ストライキが勃発している。非正規教員の使い捨ては、教育の質に直結することはいうまでもない。これらの争議には、生徒や保護

者も署名活動や申し入れにおいて関与し、行政も対応に乗り出している。つまり、「産業的」＝「社会的・消費者的」問題として打ち出されることで世論の支持を受け、これを交渉力としているのである。同時に、教師たちの闘争は、正規教員も含め、個別の争議が報道されるたびに新たな職場の闘争が積み重なってきた。職種的な連帯が力を発揮していることは間違いない。

コンビニオーナーたちの問題も同様である。この問題の背後にあるのは、過剰出店による収益率の低下をさらなる多店舗経営によって打破する構図である。一店舗当たりの利益の縮小を顧みず、とにかく販路を拡大することで本部だけが利益を上げている。これに対し、コンビニオーナーたちの闘いは、労働力不足を労働組合の「職業的」、「産業的」＝「社会的・消費者的」な闘いに結びつけた。コンビニ加盟店ユニオンが刊行した『コンビニオーナーになってはいけない』という著作の表題に、そうした戦略が表現されている。労働組合は「コンビニオーナー＝店長」という職業的属性を明確にした闘争を行っている。すでに述べたように、店舗運営の「店長」業務は一つの職種として表現されており、それが産業問題＝社会的・消費者的問題として顕在化し、社会から多くの共感を得ている。

また、消費者への関心の広がりもこの闘争を特徴付けている。コンビニ業界は「社会インフラ」としての自己規定を強めており、外国人労働力の充当などさまざまな場面で国家による援助を求めていた。そのような「産業」としての市民生活への浸透と自己規定が、それ故、労働問題を社会的イシューに押し上げるという効果を増幅したのだ。

この運動の今後の課題は、個人オーナーと、多店舗経営企業や本部における「雇われ店長」たちとの連帯をどのように構築、表現していくのかという点にもとめられよう（本書第10章、第11章を参照）。

求められる「言説的アクティヴィスト」

これからの労働運動家にはどのような能力が求められるだろうか。まず、労働事件を個別の隠れた企業内の問題に収めずに（もちろん、会社が適切に労働条件の改善に応じるのであれば、あえて事件化する必要はないのだが、「ブラック企業」ではそうならないだろう）、社会に表現するための能力を持たなければならない。言い換えれば、「言説的アクティヴィスト」としての能力を持つことが、これからの労働運動のリーダーにとって非常に重要になる。それは、書籍や宣伝文の執筆に限らず、近年発達を遂げているSNS、動画などで発信する能力である。

同時に、言説的アクティヴィストには、労働問題の職業的な連帯や、産業的＝社会的・消費者的な問題化の潜在性を交渉力に変えていく知見が求められる。もちろん、それは活動家個人の資質にのみ求められるべきではなく、研究者、法律家、福祉関係者など、多様な分野の専門家の間のネットワークの構築によっても担保される。したがって、そのような労働者の交渉資源を最大化するためのネットワーク構築の能力も、労働運動家に必要な資質となるだろう。もちろん、ここで述べていることの多くはすでに産別やコミュニティ・ユニオン運動における労働運動の先人たちが、私たちに示してきたものでもある。とはいえ今日、これまでの労働運動の経験値を新しい状況の中で洗練させ、「言説的アクティヴィスト」としての像を明確な目標として示すことには意味があるだろう。

おわりに——労働運動が社会を守る

本章で述べてきた労働組合の交渉力、そして新しい福祉政治を実現する労働運動の潜在力は、紛争を通じて初めて実現する。言い換えれば、労働者たち自身の権利主張の闘いが、どのように社会に影響を及ぼしえるのかを検討してきたのが本章である。

本章ではこれを、産業、職種といった要素から説明してきた。この新しい労働運動の発展なしには、「社会を守る」ことはできないだろう。今日、労働者の権利がないがしろにされる中で、少子化が進み、サービスは劣化し、社会の荒廃は明らかに進んでいる。今日の労働運動が闘い守っているのは、社会そのものである。この闘いは、個別の労働問題や利害を通じて表現されるが、そこに社会を守る「普遍性」が内在しているのである。その普遍的な課題は、決して抽象的な政策論を起点として社会に定着することはない。個別の現場からの問いかけをとおして、はじめて社会を守る政策も実現することができる。

派遣村にせよ「ブラック企業」にせよ過労死にせよ、個別の当事者の闘いやこれを支援する労働運動があって、はじめて社会的なイシューとなった。今日ではそれらの問いの普遍性は明らかである。労働運動は権利を闘いとることで、社会を守っていくのである。

第Ⅳ部 ポストキャピタリズムと労働の未来

第9章　日本の資本主義と「アフター・コロナ」――生存権と賃労働規律から読み解く

　日本において二〇二〇年からはじまったコロナ危機で露わになったのは、今日の資本主義経済の矛盾である。マイク・デイヴィスが指摘するように、世界はこの危機の可能性を知りながら、医療体制においても、ワクチン生産においても、手をこまねいてきた。[1] それどころか積極的に医療体制を削減することで、危機の拡大を準備さえしてきたのである。日本においても、保健所が大幅に削減され、感染症の研究体制も削減されてきた。国公労連によれば国立感染症研究所の「研究者は二〇一三年の三一二人から今は二九四人に減らされ、そのうち任期付が四四人で毎年の定員削減のため常勤になれるのは三割程度。ほかに無給の大学院生もいる」(同団体パンフレットより)という。また、新型コロナウイルス感染症の検査や対応を担っている保健所は、一九九二年には全国八五二カ所に設置されていたが、二〇一九年には四七二カ所まで四五%も減少している。一貫して指摘されている保健所・検査体制の不備、ワクチン生産体制の脆弱性、治療薬の不在は、私的生産主体の利益追求に経済活動が制約される資本主義的生産関係の矛盾の現れに他ならない（本書第2章参照）。

日本社会ではこうした世界的な傾向がより顕著な形態をとって現れている。筆者は労働・貧困問題に取り組むNPO法人POSSE代表及び、この危機への対応のために結成された「生存のためのコロナ対策ネットワーク」の共同代表として、コロナ禍の中で労働・貧困相談・支援活動に従事してきた。その観点を踏まえ、日本社会に特徴的な問題として指摘できることは、次の三点である。

第一に、日本におけるコロナ対策が、市場社会に強く依拠するものだということである。それは、営業や外出の「自粛」（決して「禁止」ではない）に象徴的に表れており、後述するように、極端なまでの従属性と賃労働規律に基づく統治戦略だということである。このような市場に依拠した統治戦略は、日本社会において歴史的に形成された社会統合様式の延長線上にある。第二に、一方で、コロナ危機をリーマン・ショック期の危機と比較すると、従来の社会統合の崩壊と新たな階層的特徴の形成を読み取ることができる。非正規雇用の増加と質的変化が、度重なる「危機」の中で、社会統合の在り方の転換を迫っているのである。第三に、それゆえ、今回の危機は、新しい主体と階級闘争を顕在化させている。

以下の行論では、労働・福祉の現場の実態を踏まえ、「アフター・コロナ」における日本社会の統合様式の変容について検討していく。

使用者側の事情による休業	1570
労働者側の事情による休業	230
解雇、雇止め、採用取り消し	346
在宅勤務等の感染防止	498
その他	241

表１　労働相談の内訳

1　労働・福祉相談から見えること

労働相談の内容

はじめに、労働・貧困相談から見える現場の実情を見ておこう。POSSE及びその連携労組[2]は、二〇二〇年七月時点で三〇〇〇件を超えるコロナ関連の労働相談を受けている[3]。両団体の二〇一九年における年間総相談件数がおよそ三〇〇〇件であるから、相当なペースである。休業、解雇、出勤（「3密」対策や時差出勤、テレワークなど）に関するものが多いが、圧倒的多数は休業に関する相談である（表1）[4]。

また、産業については、「小売り・飲食」が六二二件と最多であり、「医療・介護・保育」四〇七件、スポーツジムやエステなどの対人サービスを含む「その他サービス」二四六件、「観光・交通」一八〇件、「製造業」一六八件、「IT関係」一三九件、「専門学校・塾・その他教育関係」が一三〇件、「小中高学校教員」八九件と続く。やはり、サービス業からの相談が多く、営業自粛や時短営業によって休業せざるを得ないという構図が看取できる。問題は、労働者が休業状態に置かれた際に、休業手当が支払われていないか、払われていても生活するのに不十分だという点にある。

そもそも、労働基準法二六条には、「使用者の責に帰すべき事由」による休業の場合に、会社（使用者）が休業手当（平均賃金の六〇％以上）を支払わなければならない旨が定められており、新型コロナに伴う休業要請が出された状況においても企業側がこれを支払わない場合には原則として罰則が適用される。[5]この規定の「使用者の責に帰すべき事由」とは、不可抗力による場合を除き、「使用者側に起因する経営、管理上の障害を含む」と解されている。また、民法上、企業は原則として一〇〇％の休業補償の責任を負っており、労働者が請求する場合には、これも同様に責任を免れないものと考えられる。[6]そのため、新型コロナウイルスの感染が広がり自粛「要請」が出される中でも、企業側の休業手当の支払い義務は必ずしもなくならないのである。

ところが、実際には、休業手当が支払われていない事例があとを絶たない。「自主的」に営業自粛（休業）するのと同様に、休業手当の支払い義務はないものと「自主的」に判断し、支払わない企業が少なくないからである。もちろんこれは労働基準法違反に当たり、国が取り締まる対象であるはずだ。だが、厚生労働省は緊急事態宣言下の休業要請が該当すれば、労働基準法上の支払い義務が消滅するかのようにアナウンスしたため、[7]企業側に「支払い義務は必ずしもなく、手当は自主的なもの」と理解する動きが広がってしまった。また、民事的な請求権については、そもそも労働者自らが司法に訴えることによってしか救済されない。要するに、「営業自粛」が広がる中で、休業手当の支払いは「企業次第」の状況におかれてしまったわけである。

差別される非正規雇用

さらに、労働相談を雇用形態別にみると、正社員は五三五件にすぎず、契約社員（三〇〇件）、派遣（三八六件）、パート（四七七件）、アルバイト（五四七件）、個人事業主（一〇八件）、その他・不明（三一七件）となっており、非正規雇用の割合が極めて高い。「非正規雇用だけ休業手当が支払われない」といった相談が非常に多いのだ。例えば、フィットネス業界ではインストラクターの九割が非正規雇用だが、大手のコナミスポーツでは時給制の非正規雇用だけは、一切休業手当を支払っていなかった。同社に団体交渉を申し入れた総合サポートユニオンの組合員の中には、シングルマザーとして子供を三人育てている労働者もいた。彼女は、有給休暇もやむなく申請したが二週間で使い切り、万が一に備えてあった一ヶ月ほどの生活費もほぼ使い果たした。子供の学費のための貯金を切り崩している状態だった。

非正規雇用に対しては、そもそも「休業させなければならない」という意識を使用者側がもっていない場合が一般的であるとさえいえる。「シフトを減らしたから」と言われたまま、無給状態に置かれているケースも多い。また、非正規雇用の雇止めも深刻だ。非正規雇用は「雇用の調節弁」とされてきたが、今回も真っ先に解雇されている。使用者からただ「しばらくこなくていい」と言われてしまっているケースや、何も言われないまま不安な状態に置かれているケースも少なくない。とりわけ派遣労働者の解雇が目立つ。派遣会社は、労働者派遣契約が解除された場合に次の就労先を見つける責務があるが、派遣先の契約終了とともに、「当然のように」解雇をしている。

「3密」（密集・密接・密閉）労働の横行

一方で、これまで述べてきた休業のケースとは逆に、営業を継続した企業からも労働相談が耐えない。医療・介護労働のようなエッセンシャルワーカーについては、特に小売業界から、防護シールドや混み合うことを避けるなどの感染防止対策がとられておらず、出勤が怖いという相談が特に多かった。「自粛要請」するだけの日本では、感染症防止対策は保健行政も労働基準行政も何ら取り締まる法的根拠がなく、「3密」（密集・密接・密閉）対策を怠った状況で営業している企業に対しても、行政は規制をかけていない。ある相談者は、区役所や労働基準監督署に「3密職場」の問題を告発したが、何の手立ても講じられなかったという。もちろん飲食業界などでは、「自主的」に営業を継続していたケースも少なくなかったが、やはり労働者は出勤命令を拒むことはできなかった。

「3密」問題で特に相談が多かった業界はコールセンターである。例えば、KDDIエボルバでは、高層階のため窓を開けての換気が不可能な環境の下、一フロアに一〇〇人近いオペレーターが密集し、オペレーター間の距離は一メートルほどしかなかった。向かいのオペレーターとの間に仕切りはなく、マスク着用やアルコール消毒は義務化されず、さらにヘッドセットは共有となっていた（なお、後述するように総合サポートユニオンの団体交渉によって、この状況は改善された）。

あるいは、喫茶店大手のカフェ・ベローチェでは、業界全体で営業自粛が進む中で営業を継続し、通常よりも少ない人員でより多くの利用者（他の店舗が閉じているため殺到した）の接客をさせられた結果、衛生管理は普段の水準さえ確保できなかったという。飲食店ユニオン(8)に加盟した労働者たちは、「利益より人命を優先してほしい」と訴えている。いずれの職場も非正規雇用労働者が低賃金で職場を担っている。さらに、「非正規雇用だけテレワークにしてもらえない」、正社員も含め「時差出勤を要請したが、業務に支障などないはずなのに、頑なに断られている」といった相談も多数に上った。ある超大手企業の社員からは、「3密職場」の責任者が部署の在宅勤務を決断したが、「そんなことをしたら出勤したくない社員が増えるから」という理由で上部から一方的に破棄されたという告発が寄せられている。

このように、テレワークや自粛の広がりが喧伝されていた一方で、実は、営業の継続も、その方法も、あくまでも「自主判断」にゆだねられる状況の中で、少なくない経営者が労働者の安全や感染防止対策よりも自社の営業継続を優先させていた。そして、そのような状況下でも、労働者たちは恐怖を抱えながら「自主的」に出勤するしか選択肢がなかったのである。とりわけサービス業では非正規労働者が多く、低賃金で働く労働者たちが、そうした「危険業務」を強いられていた。日本社会では、緊急事態宣言下でも通勤電車はかなりの混雑を見せていたが、労働の現場が以上のようなものであれば驚くには当たらないだろう。

企業の「自主性」にゆだねる政府の労働政策

では、政府はこの間どのような対策を打っていたのだろうか。政府が休業や解雇に対して取っていた政策は、もっぱら「企業への助成金」であった。対策の柱に置かれた雇用調整助成金は、経営不振に陥った企業が労働者を解雇せずに休業手当を支払った場合に、その支払いに対し企業に助成するという制度である。政府は早くからこの制度について新型コロナを理由とする休業に拡大し、その後も助成率を引き上げるなど対策を強化していった。だが、雇用調整助成金は休業手当を全額助成するものではなく、支給には上限もあり、支給までの日数もかかる。その上、書類も煩雑なことから企業はほとんど利用しようとしなかった。しかも、すでに述べたように企業側には休業手当の支払い義務は必ずしも存在しないと喧伝されていた。企業が本来責任のない（と思っている）休業手当を「自主的」に支払い、しかも自己負担、事務経費の負担を背負ってはじめて国から助成されるのである。大半の企業はこの「自主的」な支払いを拒んだことはすでにみたとおりだ。とりわけ非正規雇用に対する不払いは苛烈であった。

政府が助成制度を整え、休業手当の支払いを確保すると同時に、解雇を防ごうとした意図はわかる。ただし、その方法はあくまでも企業の自助努力の支援にとどまっていた。ところが、日本の労働運動は弱く、非正規雇用の立場は非常に不利だ。そのような状況では、企業側にゆだねられた恩恵は労働者にはいきわたらず、「休業手当の支払いや、助成金の申請を頼んだら、雇止めされた」という相談も後を絶たなかった。

同様に、学校の一斉休校に伴う保護者の休業に対する手当の支給も、やはり企業側が休業を認め特別休暇を付与した場合に企業を助成するというもの（「小学校休業等助成金」）であり、雇調金の場合と同様に「企業が支払ってくれない」という相談が殺到した。例えば、外食大手のサイゼリヤでは国の助成金を使用しない代わりに、会社独自の特別休暇制度として、一律に二〇〇〇円を支給するとした。当然、政府の支給する額よりも大幅に低く半額以下である（この事例でも総合サポートユニオンに加入した労働者が団体交渉し、改善した）。

その後この状況は、私をはじめ多くの現場の支援者や識者からの批判を受けて、[9] 二〇二〇年五月二七日に閣議決定された第二次補正予算案で、解雇等を行っていない中小企業の場合、助成率が一〇〇％に引き上げられた。[10] さらに、企業から休業手当を支給されていない労働者が国に直接申請できる「新型コロナ対応休業支援金」が同年七月中に創設された。これらはあまりにも遅い対応であったというほかないが、現場の声を受けて一定の改善が進められた。

ところが、話はまだ終わらない。雇調金の助成率が一〇〇％に引き上げられたのちも、休業手当の支払いを拒む企業があとを絶たなかったのである。特に派遣会社は、こぞって解雇している。派遣先との契約が打ち切られたのちも、次の就労先を探す義務がある。その期間は、中小規模であれば一〇〇％の助成金を得て雇用を継続すればよいはずだが、それさえ行おうとしない。もちろん、大手であってもかなりの割合助成されるわけであるから、雇用を継続すべきはずなのだが。今回の危機においても、自由な市場で効率的な労働移動を実現するはずの派遣会社は、労働者から「中間搾取」をしたうえ、雇用を不安定にさせるだけの存在であった。また、創設された休業支援金についても、非正規労働者が差別されるケースが少なくなかった。申請に当たっては原則として企業による休業の事実の証明が必要であるが、協力を拒む企業が後を絶たなかったのだ。そのため、二〇二〇年九月三日までの支給件数は、九万二四〇五件と予定の一四%しか支給されなかった。

政府の対応が「企業任せ」の中で、労働者は補償無き休業状態に放置された。休業か解雇かもはっきりしない中では雇用保険も適用されない。あるいは、明確に解雇された場合でも従来の賃金の六割（実際にはおよそ四割。本章脚注5参照）の休業手当しか支払われないため、もともと賃金の低い非正規雇用労働者はそれだけで生活困窮状態に置かれた。さらに、解雇されれば仕事を探すほかない。こうして、コロナに感染するリスクを負って仕事を探しに町にでるか、ただ貧困によって生活を破壊されるのか、という「二者択一」が迫られてしまっていた。極端に言えば、多数の日本の労働者が「コロナの危険を承知で仕事を探すか、貧困を耐え忍ぶか」を迫られていたのである。だからこそ、企業が命じるのであれば、「3密」でも出勤するしかない状況も継続した。

なお、ここでは詳述することができないが、緊急生活資金の貸し付け現場や生活保護申請の現場においても、困窮者の扱いは劣悪だった。日頃から「本当の貧困者」のみに支援を行う日本の福祉現場では、コロナ禍でも厳格な申請書類の提出や審査が行われ、申請会場自体が「3密」となったり、そもそも「相談の予約ができない」という理由で放置された。生活保護の窓口では虚偽の説明をして申請者を追い返す「水際作戦」も一部の自治体で横行している。(11)

2　コロナ禍における日本の統治

市場による統治

以上の日本の労働政策におけるコロナ対応は、冒頭に示したように、市場社会に強く依拠するものだということが理解できる。雇用調整助成金や小学校休業等助成金は、まさに企業の自主性にゆだねられた休業手当の支払いを前提とするものであった。また、そもそも営業自粛自体が任意であり、労働者は「3密」出勤を「自主的」に要求される結果となっていた。それにもかかわらず、日本社会では政府や企業に対して大きな批判が出されることはなく、粛々と通勤電車は労働者を満載して走り続けていた。

右であえて「自主的」としたのは、コロナ禍という社会的な対応がいやおうなしに求められる状況下でも、個々の企業や個人の選択、言い換えれば市場の論理が貫徹しているからだ。労働者に対しては、「いやなら辞めればいい」という論理が作動し、「3密」状態でも出勤するしかなかった。もちろん、そのような「自由」は実質的には存在しない。しかし、現実には労働者が

「選択した」という主体性と相互承認の関係が成立していた（本書第2章の物象化論を参照）。企業の営業も非難こそされはしたものの、むしろその矛先は補償のない中で営業を余儀なくされた小規模店舗に集中した。日本では、不思議なほど大企業の営業継続に対しては、非難が向けられることはなかった。国家による補償も取り締まりもない中で、対策の責任は個々人の選択にゆだねられ、零細飲食店への大衆的攻撃という解決不能の敵対構造を作り出したのである。

これを、海外と比較してみよう。表2は、海外においてコロナ禍で起こされたストライキのほんの一部を紹介したものである。大手企業の私的経済活動に対し、労働者が歯止めをかけ、その内容にも強く介入していることがわかる。

日本では企業や国の責任を明確にさせる運動は、後述するように、一部にとどまった。その結果、任意の休業手当の促進が行われたうえに、国の助成金の支給さえ適切に実行できなかった。こうした中で、ますます「市場に依拠した問題解決」が礼賛されていく。従業員を一方的に全員解雇するとしたタクシー会社ロイヤルリムジンの行動が「英断」だとされ、労働者を企業間で融通しあう「従業員シェアリング」が前向きな問題解決方法としてもてはやされていた。五月七日には、居酒屋大手のワタミが、首都圏の居酒屋に勤務する正社員約一三〇人を対象に、ロピアのスーパーで働いてもらうと報道された。また、スーパーまいばすけっとや食品デリバリーの出前館なども外食産業から労働者を受け入れているという。

しかし、ロイヤルリムジンの一斉解雇は、実際には退職強要に近い状況だったことがわかって

時期・国	職種	内容
2020年3月 アメリカ	ゴミ収集作業員	ペンシルベニア州のチームスターズに所属する数百人のゴミ収集作業員（その殆どが黒人）が、危険手当の支給や安全対策を求めて、州法で禁止されているため違法な山猫ストライキに突入。
2020年3月 カンボジア	縫製労働者	カンテランアパレル社で働く衣服労働者約1000人が賃金未払いに抗議してストライキを実施。会社はコロナウイルスの影響で注文を失い、また発注者からの入金が遅れているため支払うことが困難だと主張して賃金を全額支払っていないが、その結果、労働者は家賃や子供の学費の支払いに困窮している。
2020年3月 アメリカ	ギグワーク	インスタカート（買い物代行アプリ）で働く労働者が1日ストライキに突入。手指消毒液、除菌シート、石鹸の支給や、1日あたり5ドルの危険手当の支払いをもとめた。
2020年3月 ポルトガル	コールセンター	感染症対策が不十分であることを理由に、病欠や休暇を申請したり、出勤しても電話を取らないといったストライキを実施。センター内の備品は消毒されずに使いまわされ、消毒液なども不足していた。
2020年3月 スペイン	自動車製造工場労働者	スペインで感染が広がっていたにもかかわらず出勤することを命じられたため、5000人の労働者がストライキ。
2020年3月 アメリカ	倉庫労働者	アマゾンのニューヨーク州スタテン島の倉庫作業員がストライキ。有給の病気休暇や安全対策、危険手当の支給を要求。
2020年4月 ベルギー	小売・販売員	大手スーパーマーケット・カルフール社の運営する10の店舗で、防護対策や賃上げを求めて労働者がストライキ。
2020年5月 アメリカ	飲食	危険手当の支給、有給での病気休暇の保障、安全対策をもとめて、全国20都市以上のマクドナルドで働く数百人が、2020年5月20日に一斉にストライキに突入。店舗では、手袋や手指消毒液が品切れになっており、マスクを着用しない客の接客をしないといけない。マクドナルド本部は2週間の有給病気休暇を保障することを約束していたが、全店舗の90%以上を占めるフランチャイズ店舗は対象外となっていた。
2020年6月 ナイジェリア	医師	公立病院の研修医らは防護服不足の解消や賃金アップ、労働環境の改善を求めて6月15日から1週間、ストライキに突入。「全国研修医組合」はすでに10人の医師が、安全対策が不十分であることによって命を落としていると主張。
2020年6月 ドイツ	倉庫労働者	ドイツにあるアマゾン物流倉庫のうち6箇所で、労働組合Verdiが組織してストライキ。何人もの倉庫労働者がコロナウイルスに感染していることがわかったことがきっかけ。バート・ヘルスフェルトという町のアマゾン物流倉庫では、少なくとも30人から40人の労働者が感染している。

表2　世界のコロナ・ストライキ

おり、労働者が団体交渉や裁判で訴えている。また、従業員シェアでは出向先は労働者が選べるわけではない。雇用を守るためという名目で、感染リスクの高い「3密職場」への出向を命じられ、感染の危険を労働者が負わされることが懸念される。コロナの感染リスクの他にも、長時間労働の職場への出向や、不慣れな仕事や、子育てや介護などの家庭の事情を考慮せずに遠方への出向を命じられてしまうかもしれない。たとえ、それほど酷い職場に異動するわけではない場合でも、不慣れな職場（しかも別業界の他社）への出勤を命じることは、労働者に相当の精神的・肉体的な負担を強いる。実際に、過労による精神疾患や自殺が生じた場合、その原因を評価する厚労省の「心理的負荷評価表」においても、不慣れな職場への異動は強い心理的負荷があるとして、過労自殺の原因として評価される。

「従業員シェア」は素晴らしい仕組みのように喧伝されているが、企業側が一方的に主導する場合には、労働者に著しく負担を強いる仕組みなのである。そもそも、雇用調整助成金が整備された中では、わざわざ労働者に強い負担を強いて「転売」する必要はない（もちろん、希望する労働者は出向すればよいだろうが）。このような行為が礼賛されるのは、日本社会に強烈な賃労働規範が成立していることの裏返しであろう。

企業主義と「統治しやすい者」

戦後日本の社会政策は一貫して企業主義的に編成されてきた。労働者に直接給付する失業手当などは低水準・短期間に抑えられ、企業が任意に雇用を守る雇用調整助成金が雇用政策の中心に据えられてきた。近年は同制度の予算は極端に縮小され、竹中平蔵が会長を務めるパソナなどの人材会社を活用した転職支援に対する助成金が大半となっていた。それらの資金も労働者に直接給付されることはない。むしろ、企業は労働者に退職を強要する「追い出し部屋」の運営を人材会社に委託し、これを国が助成するという構図に陥っていた。ここで詳しく述べることはできないが、年金や医療、住居等も企業や年功賃金に深く依存して設計されてきた。個人を支援する給付が手薄な中で、日本においては、企業や市場に極めて強く依存する社会統合の体制が形成されてきたのだ。

端的に言えば、日本では個々人の「生存権」が尊重されず、企業や市場に依拠して生き残ることが奨励されてきたということだ。今日の諸政策が企業への給付を中心としており、個々の労働者の生存が保障されない中で行う休業も、自営業者の無理な営業も、すべて「自己責任」として理解される状況は、まさに「生存権」の否定状況であるといえる。[12] 繰り返しになるが、これは今日はじまったものではなく、戦後日本社会において形成されてきたものだ。日本では労働組合が企業別に編成され、強く個別企業と癒着した。彼らは労働者個々人の生存保障を求める代わりに、企業における地位の保全と経済成長に依存した社会政策を求める階級基盤となった。こうして、世界的にまれにみるほどの「ストライキ無風地帯」を作り出した。[13] 企業主義社会においては、常に権利主張は「自粛」され、企業や市場に身をゆだねるしかない状況が続いていた。これは、決して「強制」ではないが、市場と企業の力に依存した統治であった。企業主義的社会統合は、国民全体を、市場経済を内面化したホモ・エコノミクスへと変貌させることで、「統治されやすい者」に変えていき、それが今日の「自粛」を中心とした無責任なコロナ対策をわずかな軋轢で実現していると考えることができる。[14]

従順とテクノロジー

とはいえ、政府の強制介入ではない自粛による対応は、日本人が合理的に行動している点で、ストライキで軋轢を生みだしている海外よりもむしろ「健全」だと思われる読者もおられるかもしれない。だが、従順であることは合理的であることを意味しないことに注意してほしい。資本や権力者が弱者を切り捨て、「一部の人間にとってのみ合理的」になるように行為する自由を与えるからである。繰り返し述べてきたように、日本社会では政府が制度を整備したうえで、対応は「自主性」に任された。しかし、実際には雇調金は使われず、解雇が横行した。労働市場を調整するとして導入・拡大された派遣会社はその責務を放棄し、政府の指示（助成金を活用し解雇を控えるように要請が出されている）は無視されている。闘争しなければ、政府が用意した助成制度すら活用されないのである。

同様に、一部の企業が主導する先進事例やテクノロジーが取り上げられている。確かにテレワークの導入をはじめとした、不合理な労働を抑制し、「ウィズ・コロナ」を目指す方向は画期的だ。無駄な長時間労働が横行してきた日本社会でその機運が高まること自体が望ましいことだといえる。しかし、この場合についても、闘わなければそれらは適切に活用されないことを現実は示している。とくに非正規雇用に対しては、そうした費用をかけずに危険な出勤を命令する傾向が強いことはすでに述べたとおりだ。テクノロジーの開発や新しい対応策は、権利主張が脆弱な中では、人権や生存を脅かしながら進められる、あるいは危険の中に放置される者と包摂される者を分断しながら進められる。従順に「順番を待つ」姿勢では、高い技能を持たず、正社員の立場も獲得していない被差別者には「永久に順番はこない」のである。

歴史的にみても、機械の導入や改良、あるいは労働の強度の緩和はすべて労働者の階級闘争やその成果としての労働規制の強化への対応の帰結であった。権利主張のない社会では、廉価な労働力に依存するためにイノベーションは制約され、あるいは極端に偏り、社会全体の健全性は損なわれてしまうということは、すでに明らかである。企業や市場の自主性に任せる日本の対策では満員電車が止められず、テクノロジーの適用が抑制されあるいは偏り、「3密営業」が横行し、今後も感染防止を実現することはできないだろう。

さらに、新自由主義者だけではなく、左派・リベラルから国家による一律の給付金に期待する主張もあるが、そのような一時的な金銭の給付ではこれまで見てきたような日本の社会関係を変革することは出来ず、やはり弱者が犠牲を強いられる結果にかわりはない。それどころか、階級闘争が脆弱な中では財政支出の「つけ」はすべて貧者に背負わされることになろう。生存と権利を求める「闘争」こそが、生存保障を実現すると同時に、テクノロジーの適切な活用を促進し、コロナ対策を確実にすると考えるべきである。

以上をまとめよう。戦後日本社会では一貫して企業や労働者の市場社会における「自主的」な活動が社会を運営してきた。その延長線上で、コロナ禍においても企業は営業の可否を「自主的」に選択し、労働者はその命令に「自主的」に従っている。

もちろん、生存権が保障されていないために、労働者や零細企業・自営業者（実質的な労働者）は「自主的」に選択などできるはずもない。しかし、この五〇年間、日本の労働者は十分に生存権を保障されない中で企業に依存し続け、世界的に例外的なほどストライキをすることもなかった。企業に「従順」に従う労働力販売者であり続けたのである。その結果、「市場の論理の中でうまく行動する」という方法以外の思考・行動様式がこの社会からほとんど死滅してしまった。実際に、今日でもほとんどの労働者は、それが自らの生存権を否定するものであったとしても、市場の論理に抵抗せず「従順」に行為している。だからこそ、このような市場の力に依拠した統治が可能になっている。

そして、労働者の抵抗に拘束されることなく行為できるために、国家は無責任な助成金政策に終始し、資本は休業手当の不払い、非正規労働者の大量解雇、無謀な営業活動や企業利益優先のテクノロジーの活用、さらには一方的な労働力の転売活動（従業員シェアリング）などを自由に構想・実行できる。

このような現実に直面しても、多くの人が求めているのは「さらなる市場の効果的な活用」ではないだろうか？

3 「危機」の比較と主体性

リーマン・ショック期との比較

一方で、労働運動の現場では、企業主義的な社会統合の崩壊が、新しい階級闘争を生み出している。その端緒は二〇〇八年のリーマン・ショック期に現れた。リーマン・ショック期の階級闘争とコロナ危機におけるそれを比較することで、今日の日本社会の対抗図式を考察することができるだろう。

リーマン・ショック期においては、主に製造業派遣の労働者たちが「派遣切り」によって貧困、ホームレス状態に陥り、大きな社会不安を引き起こした。製造業の派遣・請負労働者たちが「派遣切り」によって貧困状態に陥った背景には、二〇〇〇年代の雇用・階層構造の変化、「家計自立型非正規」の広がりがある。そもそも日本型雇用（日本的社会統合）においては、生活が保障されるのは男性の正社員のみであり、「主婦パート」などの非正規雇用は男性に家計を依存する前提で低賃金状態に置かれるなどの差別にさらされてきた。社会政策・労使関係・雇用システムは、非正規が「家計自立型」ではなく、「家計補助型」であることを前提に設計されてきたのである。しかし、二〇〇〇年代には派遣労働者や契約社員などを中心に非正規雇用で家計を自立させている労働者が増加し、「ワーキングプア」(下層労働者階層)として堆積し、新しい不安定労働者階層を形成していた。日本の社会政策はこうした「下層労働者階層」に対し、ほとんど有効な対応策をもっていなかった。

リーマン・ショック期に、製造業派遣を中心に危機的状況が広がった要因は、そこでもっとも大規模に解雇が行われたことに加え、彼らが会社の寮に住んでいる割合が非常に高かったからである。彼らの多くは、地方の中小企業の正社員で倒産や解雇によって生計を立てることができなくなった者や、就職することができなかった若者たちであり、家庭を支えるための仕送りや親元からの「自立」を求めて寮住まいの全国移動へと参入していた。[15] つまり、製造業派遣・請負は、職を失った労働者たちの「受け皿」としての性質を有していた。リーマン・ショックはこの階層を直撃したのである。

このように、リーマン・ショック期には新しい企業主義社会の「外部」に存在する家計自立型非正規雇用を脅かしたことで社会統合が危機に直面し、新しい階級闘争をひきおこした。コロナ危機においては、この構図が連続している。第一に、リーマン・ショック後の一〇年間でワーキングプアが拡大すると同時に、その性質が深化した。未婚率が大きく上昇し、特に、女性の家計補助的な労働が割合として減っている。パート労働者でありながら、家計の主たる担い手であるケースも増えている。親の年金とパート収入で生活を支えている非正規労働者の収入はもはや「家計補助型」とは言えない。例えば、親の介護をしているシングルマザーといった労働者像がますます拡大しているのである。同時に、男性の低処遇化の中で、従来型の「主婦パート」の賃金の性質もますます変化している。

また、非正規労働者全体の「中高年化」が進行した。「中年フリーター」が社会問題となっているように、リーマン・ショック当時はまだ若者だった層が、雇用と生活の状況が改善されないままこの一〇年間で年齢を重ねた。これにより、解雇されたときに親に頼るという選択肢はますます閉ざされている。住まいを失っても実家に頼ることができずに困窮してしまうというケースがコロナ禍ではさらに深刻に起こりうるのである。

第二に、コロナ危機のより重大な特徴は、中心的に崩れている産業がリーマン・ショック期とは異なり、主にサービス業に集中しているということだ。これと関連して、特に女性労働者の貧困が深刻かつ中心的な問題となっている。実際に、コロナ危機の初期（二〇二〇年四月ごろまで）にPOSSEに寄せられた生活相談のなかで属性別に一番多かったのは二〇代の女性であった。この層はもともと生活相談件数が多くなかった。その理由は飲食店、特に「水商売」と呼ばれる業種を含め、サービス業に吸収される傾向が強かったからであると考えられる。サービス業は、女性を中心とした「下層労働者」の受け皿となってきた。参入障壁が低いために労働者が流入し、劣悪な雇用を大量に生み出してしまうわけである。こうしたサービス業下層の労働者層については、「都市下層」ないし「都市雑業層」と呼ばれ、かつてから資本主義社会において恒常的な貧困層を形成してきたが、日本では、失業した際の雇用保険の支給期間が短く、社会政策が脆弱であるため、サービス業に流入する傾向がとりわけ強い。

コロナ危機では、この「雇用の受け皿」「セーフティネット」になっていた飲食店などのサービス業が、休業によって真っ先に崩れてしまった。これはリーマン・ショック期と比べても非常に重要な特徴を与えている。リーマン・ショック期には、製造業を解雇された非正規労働者たちの「次の行き場」は政策的に拡大されていた太陽光パネルの設置の関連業種に就くか、やはり、サービス業だった。ところが今回は、この「行き場」が先に崩れ、貧困層を直撃している。コロナ危機は、「社会全体の危機」である一方で、すでにみた非正規雇用への差別に加え、サービス業下層を直撃するという意味で、その影響には明らかな格差がある。非正規雇用と都市下層に集中的に影響が現れることで、格差社会をこれまで以上に拡大しているのである。

第三に、一〇年間の労働市場の変化を反映し、リーマン・ショック期よりも顕著に問題化している新たな社会階層が存在する。まず、学生の貧困化である。学生の家計自立化（「学生の労働者化」と呼んでも良い）が進み、いわゆる「ブラックバイト」が二〇一三年から社会問題になっている[16]。この五年間でも家計依存度が低い学生の割合が急増しているというデータも存在する。すでに、下宿学生のおよそ二五％は親からの仕送りが五万円以下であり、今回の危機によってアルバイトができない学生の八割が退学を検討している。また、外国人労働者の問題も拡大している。

リーマン・ショック期にも、主に製造業に従事するブラジル人労働者に多大な影響が出たが、外国人労働が製造業からサービス業への拡大が進んだため、今回の危機はそこを直撃する形となっている。外国人労働者の数は、二〇〇八年の四八万六〇〇〇人から一六六万人へ三倍程度も増加し、全国のあらゆる産業に膨大な外国人労働者が存在しており、そのほとんどは非正規雇用で休業補償されず、解雇されているうえに、生活保護も受けることができない状況に置かれている。

階層構造の変化と労働運動

以上の階級構造の変化とコロナ危機の特徴を踏まえ、労働運動の構図は次のように比較できる。まず、「家計自立型非正規雇用」（「主婦パート」とみなされていた労働者の多くも含むようになった）がますます巨大な勢力となり、現在の社会政策に変更を迫っているということだ。その結果、女性が中心的な運動の担い手となっている。

すでに紹介したような、コナミスポーツやサイゼリヤ、ＫＤＤＩでは多くの労働者が女性である。企業や市場による「自主的」な対策の中に放置されている状況下において、雇用調整助成金を使い休業手当を支払うということを、権利闘争によって要求し実現する動きが非正規雇用、とりわけ女性労働者に広がっているのである。保育労働では象徴的な闘争も実施されている。それは、認可保育園における「休園ビジネス」のケースである。やや詳しく見ていこう。

認可保育園には、市町村から運営費として委託費が毎月支給されているが、そこには賃金分が含まれている。これは休園中でも登園自粛中でも変わらず支給されており、普段の賃金と同じように、賃金全額の休業補償を支払えるはずなのだ。実際に、厚生労働省からも、休業中の保育士にも賃金を全額支払うように「通知」が出されている。しかし、休業中の賃金を一切支払わなかったり労働基準法の義務づける六割（実際にはおよそ四割）しか支払わない保育園が続出し、複数の事業所で労使紛争になっている。[17] 休業手当を全額支払わず、その差額を収奪しているのだ。この賃金不払い行為自体は市場における企業の「自主的」な行為であるから、違法行為ではない。したがって、賃金の支払いを求めるためには、労働組合に加盟して権利主張をするしかない。基本的な構図は雇用調整助成金が利用されない場合と同じである。

とはいえ、いくら給与が不当に減らされたとしても、大々的に争うには、やはり日本社会ではハードルが高い。彼女らが立ち上がったのは、その生存に深くかかわるからだ。一つだけ事例を紹介しよう。二〇代女性のAさんは、パートナーの男性とほぼ半々で生活費を支え合っている。パートナーは正社員だが、収入は手取り月二〇万円を割り込んでおり、Aさんのほうが収入はやや多い。保育士のAさんは過酷な業務などを経験して、三社目として派遣会社ウィルオブ・ワークを選んだ。派遣なら残業がなく、勤務時間に流動的なシフトの多い保育園でも、毎日同じ時間帯で働けると聞いた。また、もし派遣先がひどい職場に当たってしまっても、別の派遣先に変えられ、安定して働けると期待したのだ。彼女はまさに、市場の制度を活用し自主的に生活の危機を乗り切ろうとしていた。

ところが、高砂福祉会の運営する足立区立の保育園では、四月からの休園・登園自粛期間中、登園児数が五分の一にまで減少したことを受け、職員たちのシフトを削減させ、それに伴い、直接雇用や派遣社員の非正規雇用は、休業手当六割のみを支給されていた。さらに、高砂福祉会はAさんに六月末での契約解除を言い渡した。Aさんと派遣会社の雇用契約も、六月末で切られることになった。つまり、「派遣切り」である。派遣会社の説明では子どもが減って保育士が余ることが解雇の理由だというが、高砂福祉会がAさんの派遣契約を切るのであれば、Aさん分の賃金を、七月以降、高砂福祉会は丸々懐に入れるということになってしまう。「派遣切り」によってより多額の補助金との差額を収奪できるのだ。Aさんは介護・保育ユニオンに加盟して、非正規職員に対する休業補償の全額支払いを要求し、高砂福祉会と派遣会社に団体交渉を申し入れた。労使交渉の結果、高砂福祉会と派遣会社は対応を変えた。四月から五月までの休業時の補償は、Aさんはもちろんのこと、直接雇用の非正規、派遣社員を問わず、六割ではなく賃金満額を払うという回答が得られたのである。

このように、女性活躍推進の名のもとに、女性の非正規雇用は増え続け、企業の「戦力」として活用されてきた。ところが、彼女らは転職を繰り返したり、派遣と市場による解決を求めたが、まったく裏切られ使い捨てにされ、利益獲得の道具にされてしまっている。女性が集中的に使い捨てにされる状況は、リーマン・ショック期にも現れたが、今回はその規模や深刻さがさらに拡大しており、そのことが、階級闘争に新しい意味を与えている。

確かに、リーマン・ショック期にも「派遣切り」が問題とされた。しかし、当時の階級闘争には二つの面で課題があった。一つには、「家計自立型非正規雇用」が男性を中心に表象されてしまったということである。第二に、それゆえ、「正社員化」が闘争の焦点となり、その結果、「派遣労働者」や「非正規雇用」という階層的な闘争というよりも、個別企業での「正社員化闘争」が前面に出る形になった。本来正社員として家族を支えるべき男性が、不当にも派遣切りされてしまったという社会の見方が強かった。つまり、意図的ではないにせよ、ジェンダーの面でも、裁判闘争を含む労使紛争の面でも、企業主義社会の内部への包摂を要求する形式が強かったのである。むろん、非正規雇用を正社員化する労働運動の要求それ自体は正当である。問題は、男性中心に編成され過労を強要される「日本型正社員」とこれに非正規雇用を組み合わせる日本的雇用システムの構図そのものを問う運動に発展しなかったということなのだ。男性中心の労働運動の編成と、雇用システムへの対抗が不十分であることとの間の連関は明白である。

企業内における正社員化闘争が全面化した背景には、理論的な難しさもあった。派遣切りの本来的な主体は製造業の各メーカーであり、派遣会社は彼らの労務管理責任を「代行」するサービス機関である。この「代行」には階級闘争の代行も含まれている。[18] それゆえ、本来の労使交渉の相手方であるはずの派遣先への責任追及が重要だと考えられたのである。これは、中小下請け支配に対抗する「背景資本との闘い」として定式化された階級闘争の応用でもあった。しかし、背景資本が個別大企業（製造メーカー）である以上、この闘争を繰り広げることで、かえって労働運動自体は個別化されてしまった側面がある。特に、裁判闘争では多くの男性労働者が、個別的に「正社員化」を求めて争ったが、この形式では非正規雇用全体の階級闘争や女性労働者を包含したより根本的な日本社会への地殻変動とはならなかった。結果、裁判はほとんどが敗訴し、運動も雲散霧消していった。その後は政府主導の「働き方改革」が喧伝され、コロナ危機を迎えた。

ただし、「背景資本」との階級闘争は理論的にみれば今日でも正当な戦略であるといえる。だが、当時の日本の文脈においては労働者間の連帯（アソシエーション）と対立せざるを得ない要素があった。[19] 木下が指摘するように、二〇世紀における労働運動は企業内的に閉塞する傾向を持ち、これが労働者間の分断を引き起こしてきた（木下 2021）。戦後日本の労働運動も、初期においてはストライキを辞さずラディカルな側面を有していたが、それがあくまでも個別資本との闘争に閉塞したために、社会全体のヘゲモニーが資本に包摂されていった。つまり、労働運動の主張はその強弱以上に、企業内に閉塞するものか、幅広い連帯に基礎を置くものか、という組織形態が重要なのである。

より広範な労働者の間に、ジェンダーをも越えるような連帯を形成するには、個別企業の「正社員化」とは異なる論理が必要である。「派遣村」の時点においても、いわば、「個別資本との対決」と「アソシエーションの論理」において、どちらが先に立つべきかという岐路で、前者が優先されていった側面がある。労働者の階級闘争がアソシエーション運動としてしか力を持たない点を考慮するならば、より重要なのは後者であったといえよう。これに対し、コロナ禍においては、非正規雇用は広範な階層的存在として、女性労働者を中心に存在をより際立たせている。したがって、一〇年前の運動を乗り越え、新しい企業を超えた労働運動を、さらなる普遍性の上に構築できる潜在力が高まっていると評価することができる。

最後に、企業社会の外部にさらなる新しい勢力が拡大していることも指摘しておこう。家計自立型となった学生たちも、「ブラックバイトユニオン」や「首都圏学生ユニオン」をはじめとして、各地でさかんに労使交渉に打って出ている。彼らも「自主的」な休業手当の不払いを階級闘争によって解決しようとしている。また、外国人労働者が偽装された留学生が一般業種において激増したことで、彼らも闘争の主体となっている。外国人労働者は企業社会の外部から、この社会に普遍的な生存権や労働者の権利を主張する勢力に台頭していくだろう。

以上のように、リーマン・ショック期に比較しても、明らかに企業社会の外部は拡大し新しい闘争主体が形成されているとみることができるのである。

おわりに――「アフター・コロナ」に向けて

本章においては、コロナ禍における労働や福祉の実情を紹介しつつ、賃労働規律の支配に抗する新しい階級闘争が形成されつつあることを見てきた。そして、そのカギは企業主義社会統合の外部から新しい闘争が形成されることだということを述べてきた。こうした動きは、世界的な資本蓄積の行き詰まりと矛盾の深まりの中で、脱成長、気候変動対策と結びつきながら発展していくだろう。労働や福祉の現実から見たとき、そのような「闘争」の発展なくしては、コロナ危機を乗り越え新しい社会を展望することはできない。

第10章　ポストキャピタリズムと労働組合運動

——AI、シェアリング・エコノミーは労働組合運動にどのような変化を迫るのか

ＡＩ・ＩｏＴ技術の発達により、大幅に労働が不要になることが予測されるようになり、にわかに「ポストキャピタリズム」論が世界的な活況を呈している。日本においても、労働が不要になる未来では、労働と所得を切り離すベーシックインカムが主要な経済政策になると説く、井上智洋の『人工知能と経済の未来』がベストセラーとなるなど、その影響を見ることができる。同氏に限らず、近年の経済成長の限界、格差の極端な拡大、気候変動問題などに鑑みて、多くの論者が資本主義経済を「すでに機能していないシステム」、あるいは「すでに終わったシステム」などと規定しており、ポストキャピタリズムを長期的に自明視する見方は少なくない。だが、本書の第Ｉ部で述べたように資本主義システムはその経済的な「機能」を喪失しているにもかかわらず、むしろその本質は継続し、社会を引き裂いている。だからこそ、意識的にその弊害に向き合わなければならない。本章では、ポストキャピタリズムの観点から、今日の労働・社会運動の課題を探っていく。

1　ポストキャピタリズムと労働組合運動

ＡＩ・ＩｏＴ技術の進歩は、労働のあり方を大きく変えようとしている。労働の観点から見れば、そのもっとも核心にある要素は、次の二つであると考えることができる。すなわち、ＡＩ・ＩｏＴ技術等の発展により、①多くの労働が不要になり、同時に②労働の形態が変容するという二つの事柄である。この二つの変化は、これまでの労使関係や労働組合運動のあり方を根底から揺るがしている。端的に言えば、社会民主主義的な社会統合を追求する労働組合運動の戦略が根本から見直しを迫られているのである。

第一に、ＡＩによるディープラーニングの発達は、製造業からサービス業まで幅広い業種において、人間が担ってきた労働を自動化する。これによって、多くの労働が代替されることが多数の論者によって指摘されている。いうまでもなく資本主義的生産関係においては、資本家が労働力を購入し新たな商品を生産し、これを販売することで資本を蓄積する。ところが、新たな技術の発展に伴う生産力の上昇は非常に少ない労働力によってあまりに多量の商品を生み出すことを可能にするために、もはやこのような循環が不可能になるというわけだ。例えば、ジェレミー・リフキンは、一単位当たりの商品生産にかかるコストがほぼゼロになる「限界費用ゼロ社会」が到来することで、資本主義システムは根本的な変革を迫られると指摘している（リフキン 2015）。

ＡＩやＩｏＴ技術の進歩によって、生産力の発展が資本主義の存立基盤を掘り崩すという古くからある問題が、より高度に現れているということになろう。

労働運動の観点から見ると、この生産力の急激な上昇は、労働運動が求めるべきものが、もはや完全雇用や労働条件の向上といったケインズ主義と深く結びついた社会民主主義の枠内に収まらなくなるという点で「ポストキャピタリズム」と関連する。実際に、ＡＩ・ＩｏＴ技術の到来を待つまでもなく、先進国においては労働が二極化し、あまりに多くの非正規雇用労働や「無駄な労働」（ブルシット・ジョブ）[1]が広がってきた。労働の疎外は極端になり、極右の台頭に見られるように従来の階級統合は深刻な危機に陥っている。そして、ますます生産力が発展し、相対的過剰人口が失業者や半失業者として増大する中では、もはや「労働」に紐付けられた社会民主主義的な主張はこの矛盾に解決策を与えないばかりか、生活保護バッシングのような労働者間の対立と敵対を再生産してしまう。同時に、地球環境問題の深刻化は、新たな需要喚起による資本蓄積と労働需要の増加を求めるケインズ主義政策を根本的に不可能なものにした[2]。このように、「ポストキャピタリズム」の重要な論点は、労働者を賃労働と資本主義に縛り付けている社会民主主義の枠組みを乗り越えるところに置かれており、これは労働運動のあり方にも重大な変更を迫るものとなっている。

第二に、生産技術の発展は、社会の再生産に必要な労働を減少させると同時に、新しい労働のあり方を可能にしている。すなわち、情報技術の発展は生産者と消費者を直接的に結合させることを可能にしている。例えば、3Dプリンター技術を用いれば、多くの有用物を分散的に生産することができる。また、各人が持つスマートフォンをソーシャル・ネットワークが結合することで、大資本による巨大な広告や流通網を不要にするような、生産者と消費者の結合が可能になる。生産の分散化は、大企業や国家（自治体等を含む）によって労働が組織されていない、新しい協業の形態である「シェアリング・エコノミー」を発展させているのである。[3]

シェアリング・エコノミーが発展すれば、企業や国家に対する雇用の増加や労働条件の向上を目的とする労働運動は不要になる。もはや、それらの生産主体は時代遅れのものとなっていくからである。むしろ、生産を自律的に組織する「アントレプレナー」の存在が重要になり、生産関係の変革はそうした経済運営主体の能力の向上や組織化の発展に期するところとなる。[4] さらに、労働形態の転換をめぐる議論は、労働そのものを「完全自動化」するべきだとする「ポストワーク」の主張をも生み出している。[5] こうした、具体的に生産関係を変容させる労働形態の転換においては、労働組合運動はその役割や位置が与えられないか、あるいは、これまでとは抜本的に変容を迫られることになる。

その一方で、労働の減少や労働形態の転換は、「ポストキャピタリズム」へと単線的に進むものではない。過去のあらゆる生産力の発展が、資本主義社会の変革に新しい条件を付与しながらも、その生産関係を「自動的」に変革することはなかったことと同様である。生産力の発展は、現実にはむしろ、社会をさらなる危機にさらしている。端的に言えば、AI・IoT技術は相対的過剰人口をこれまで以上に加速度的に増加させる。日本においても経済産業省は、何らの対策も行わなかった場合二〇一五年と比較して二〇三〇年までに七三五万人もの雇用が失われると予測しており、飲食店やコールセンターなどのサービス業に過剰人口が流入するシナリオが描かれている。[6] これらの労働はそのほとんどが非正規雇用によって担われ、広範な都市下層を形成し、日本の貧困問題をさらに深刻化させるだろう。

また、シェアリング・エコノミーを可能にする情報技術は、新しい「管理」[7]の形態と新しい不安定労働を生み出している。象徴的にはアメリカのウーバー・テクノロジーズをはじめとした配車システムに見られる技術である。この技術はインターネット上にプラットフォームを構築することで企業や国家を介さずに、すなわち賃労働を介さずに労働を実現する。いわゆる「プラットフォーム型労働」である。労働のプラットフォームはシェアリング・エコノミーに不可欠の重要なインフラストラクチャーとなり得るが、その多くは大資本に支配されてしまっている。そして、支配的プラットフォーマーが設計したアルゴリズムは、実質的に人々の労働を支配し、雇用労働以上に厳格な管理を強いている。同時に、ビッグデータの収集と分析は労働の「知」をますます大資本に集積させている。

このプラットフォーム型労働は、単に不安定雇用を生み出している「ギグ・ワーク」にすぎないという批判も広がっている。ウーバー・テクノロジーズの配車システムなど、プラットフォームを介した労働形態は、契約の形式が資本や行政に雇われる「雇用労働」ではないだけで、実際には企業の命令下で雇われており、実際にはまったく「自由な労働」ではないというのである。実際に、「自営業者」を装うことで労働法を潜脱する労働形態は古くから見られるものであり、今般の新しいとされる労働形態にも、労働法規範からの逸脱を企図した側面があることは間違いない。つまり、現実の資本主義社会においては、たとえプラットフォームを介したり、自営業者のような契約形式をとったとしても、実質的には古典的な賃労働にあたる場合がほとんどなのである。プラットフォームのテクノロジーは、労働法を逸脱しつつ、非常に柔軟（不安定）な労働力の活用を可能にしているわけだ。このように、同じ技術によって実現する新たな労働形態が、賃労働を介さない「労働のシェア」（シェアリング・エコノミーの一形態）、「プラットフォーム型労働」、「ギグ・ワーク」とさまざまに表現されているわけだが、後述するようにプラットフォームの技術が具体的にどのような労働を作り出すのかは、社会・労働運動の側にかかっている。[8]

さらに、テクノロジーは労働の効率性を高め、新しい労働形態をも可能にする一方で、実際にはほとんどの労働者は賃労働規律に支配されている。新しい労働形態の選択肢が技術的に発展し、「ポストキャピタリズム」の構想力が高まる中で、労働者を厳然と縛り付けている賃労働規律がむしろ浮かび上がっており、これにどのように抵抗するのかが新たに焦点化されている。デヴィッド・グレーバーの「ブルシット・ジョブ論」はまさにこのような文脈で世界中に衝撃をあたえている。コロナ危機の下でも、満員電車に乗って職場へ通勤する日本人にとって、この問題はとりわけ重大であろう。技術的・機能的には終焉に向かっているはずの資本主義システムの下で、むしろ人々が貧困と労働へとより強固に縛り付けられている現実を直視しなければならない（本書第3章も参照）。したがって、「ポストキャピタリズム」を構想する上では、資本主義的生産関係を再生産する賃労働規律をめぐって、社会のヘゲモニーをどのように変革するのかという議論が不可欠なのである。

以上のように、「ポストキャピタリズム」を論じる際には、労働を変革するプロセスや、労働の形態をめぐる労働者の資本への抵抗について具体的に検討する必要がある。その際、避けて通ることができない問題は、労働組合運動の役割である。続く以下の諸節では、資本主義的生産関係における労働組合運動の両義的性格と、新しい経済的・技術的条件下でどのような潜在力を有するのかを検討していきたい。

2　労働組合運動のフォーディズム的編成

著名な社会思想家であるアントニオ・ネグリとマイケル・ハートによれば、今日の生産関係においては、労働運動は社会運動と結びつきを強め、労働力のコントロールだけではない、資本主義的社会秩序にも挑戦するような「社会的ストライキ」を新しい戦術にすることができるという（Hardt & Negri 2017）。今日の非物質化した生産は個別の工場で完結せず、社会全体に依拠しているために、社会秩序への挑戦は強力な武器となり得るからだ。また、「社会的ストライキ」の目指すべきものは、単なる賃金上昇などではなく、賃労働の内外に存在する協力の回路と社会的生産の潜在的自律的関係を作り出す、「アントレプレナー」的なものでなければならないという。

では、労働運動が社会運動と結びつく論理とは何だろうか。また、労働運動の刷新において、なぜ「アントレプレナー」が重要概念となるのか。さらに、労働組合運動の具体的過程から考えた時、新しい労働運動は単に過去と断絶するしかないのだろうか。あるいは、連続的な地平が存在するのだろうか。私見では、これらの問題を考えるためには、二〇世紀型の労働運動を振り返ることが必要である。

フォーディズム

今日の主要な労働組合運動の機能を特徴付けるものは、その資本への「従属的性格」とこれを前提にした社会統合である。この性格こそが、「ポストキャピタリズム」論の中に主流の労働組合運動が明瞭に位置づかない、負の側面を付与することとなった。それは、二〇世紀における「雇用関係」の形成に関わっている。賃労働が、今日のような企業と労働者の「雇用関係」の形態を一般的にとるようになったのは、二〇世紀初頭においてである。それ以前の労使関係においては、資本家の労務管理は「間接的管理」と呼ばれるように親方を介して労働者集団を統治する手法に頼っており、労働者は労働に対する自律性をある程度保持していた。二〇世紀の初頭は、アメリカの大企業を嚆矢とし、間接的労務管理から直接的労務管理への転換が図られていった時期に当たる。直接的労務管理に切り替えることで、資本ははじめて労働者の労働過程を全面的に把握し、詳細なタスクを労働者に課すことが可能になった。労働は極端に細分化され、生産ラインのスピードも資本間の競争に強いられて際限なく加速することで、極めて過酷になっていった（本書第2章参照）。この単調で過酷な生産方式は労働者たちの反抗を生み出したため、二〇世紀初頭は生産システムの改変や、作業速度の加速に対し労働者が激しいストライキやアブセンティズムで対抗した時代であった。

一般的にはこの時期、大企業は労働者のストライキやアブセンティズムに直面し、賃金の上昇と長期雇用の保障によって階級統合を図り、それが新たな生産体制を作り出したとされる。労働者は高賃金と将来の雇用の保障を得ることでつまらない労働に耐えることを受け入れたのである。このような労使関係は、ケインズ主義政策や完全雇用を中心とする福祉政策（雇用保険や年金制度）と結合し、大量生産・大量消費の循環モデルを作り出した。この生産体制は「フォーディズム」と呼ばれ、新しい階級妥協と「調整様式」を生みだした。それは、労働者を過酷な労働へと統合し、賃労働規範を社会に浸透させる機能をも果たした。

「労働の衰退」後の「雇用」の特性

ただし、フォーディズム体制の確立の背後には、過酷な労働と賃金上昇だけではない、より本質的な変化があった。二〇世紀に現れた直接的労務管理は、労働過程に関する詳細を資本家が把握することで、労働者に対する統制権を資本家が獲得することを意味したからである。先ほども述べたように、近代資本主義社会が発展し労働力が商品化された後も、労働者は労働力を資本家に売ることを強制されてはいるものの、労働の遂行方法に対する自律性を有してきた。労働者自身が労働に対する知識を保持し熟練を形成していたために、資本家は労働者の労働時間への可処分権を所有するが、労働に対する知識や、実際の労働の遂行方法に対する統制権は有していなかったのである。

これを解体し、資本家が労働過程への統制権を具体的に獲得するために当時世界中に普及した方法が、フレデリック・テイラーによって開発された科学的管理法である。マルクスの『資本論』に依拠し、労働過程の変容を分析したハリー・ブレイヴァマンは名著『労働と独占資本』において、テイラーの科学的管理の普及が「労働の衰退」を引き起こすとして、これを次の三つの原理として定式化した（ブレイヴァマン 1978）。第一原理とは、「労働者の技能から労働過程を引き離すこと」であり、第二原理とは、労働の「実行からの構想の分離」であり、第三原理とは、労働の「知識に対する資本の独占を、労働過程の各段階とその遂行様式を統制するために用いること」である。

第一原理においては、管理者が、従来労働者たちがもっていた伝統的知識を集め、分類し、集計し、規則、法則、公式にまとめることで、「労働過程は、熟練、伝統および労働者たちの知識から独立したもの」にされ、それ以後は、「労働者の能力にまったく依存せず、全面的に管理者側の実践に依存すべきものとされる」。第二原理においては、それらの知識を元にして、労働者の労働は構想から分離される。これによって労働者は生産手段に対してだけではなく、自己の労働とその遂行様式に対する統制権をも喪失する。第三原理がとりわけ重要であるのは、「もし労働者による実行が彼ら自身の構想によって導かれるならば、すでにみたように、資本が望む方法上の能率も労働速度も労働者に押しつけることができなくなるから」である。つまり、資本家は利潤の追求を目的として、労働を細分化し、工程ごとに配置される労働者の技能再生産にかかる費用を縮減しようとする。また、資本家は利潤が最大化するように、作業工程の速度をコントロールしようとする。だが、もし労働者自身が労働の遂行方法について熟知しており、これを管理している場合、そのような細分化や、労働の速度のコントロールは不可能になってしまうのだ。そして、第三原理においては、管理者によって詳細に記載された職務記述書を作成し、労働者にそのとおりの労働を実行させる。

このように、科学的管理は、資本が編成する方法で労働することを労働者に強制する。これは一般的な命令や規律という「形式的」な方法による管理から、遂行方法までをも含んだ、「労働過程の各段階に対する統制や指示」への変化を意味している。資本蓄積の進展によって、労働者は生産手段への関わりそのものを変化させられる。これは、マルクスが『資本論』第一巻で述べた資本の下への労働の実質的包摂の過程である。

ここで注目すべきことは、このような労働の衰退が、資本家による一方的な過程ではなく、実際には「雇用関係」の形成と並行して進展したという事実である。労働者のアブセンティズムを押さえ込むために、資本家は労働者に妥協し、高賃金を支払うようになった。そればかりか、長期雇用や昇進・昇級制度が確立し、労働者は企業からの年金をも期待するようになる。それらの「雇用関係」の全般が、労働者がテイラー主義を容認し、労働に対する「知」を積極的に資本に提供するための媒介となった。アメリカでは労働者は、先任権や昇進制度が担保されることで、わずかに保持する経験や知識をＯＪＴによって後進に提供するようになった。日本ではＱＣサークルを形成し、自ら積極的に企業に知識を開放し、より強度の高い労働を引き受けていった。雇用関係の生成は、労使関係のあり方を、自立し団結した職人たちと資本家団体の交渉関係から、個別資本への従属に対する対価の取引関係として、根底から変えたのである。

ところが、この関係の下で実質的包摂が進展した結果、労働者たちはしだいに代わりの利く存在として扱われ、労働市場の流動化が進んでいった。労働力の不熟練化と代替性は高まり、「雇用関係」の存立基盤が掘り崩されていたからだ。フォーディズム体制は、それじたい、自らの存立基盤を侵食しながら成立していたのである。

一九七〇年代後半以降、資本蓄積が行き詰まることで、雇用関係に内在する矛盾はあらわになっていった。資本は利潤の分配を縮小することで危機を乗り越えようとし、賃金の上昇や長期雇用、福利厚生が保障されない非正規雇用労働者を拡大してきた。いわゆる「新自由主義」である。労働に対する自律性を剥奪された労働者は、労働過程の改変や非正規雇用の導入に対し抵抗する力を弱めており、これに十分抵抗できなかった。そして、新しい技術の進歩は労働をますます不要にしている。

このような状況に対し、既存の社会民主主義的な統合理論は以前のような説得力を喪失していった。そこで、新たに賃労働の矛盾を緩和し社会統合を目指す社民主義的な政策が登場した。リーマン・ショック期に日本でも盛んに議論された、雇用流動性とセーフティネットを組み合わせることで、柔軟に生産性の高い市場に労働者が移動できるようにするための「フレキシキュリティ」の社会政策や、労働者への積極的な能力開発によって経済成長と賃金上昇を実現する「アクティヴェーション」の戦略などだ。なるほど、低成長下でも労働力を資本がより効率的に活用すれば、雇用の維持と経済成長をある程度達成できるという考えである。新たな戦略は大くくりには「第三の道」とも呼ばれ、「労働力流動化」（と能力開発）によって再度賃労働と資本の関係を新たに取り持とうとしたのである。日本においても、二〇〇〇年代は「労働市場の流動化」が政官財で大合唱となり、派遣労働や有料職業紹介などが解禁されていった。

しかし、これらの戦略も、今日の「Z世代」（一九九〇年代中盤以降に生まれた世代）には魅力を失っている。賃労働規律と分配政策を結合する新たな社会民主主義の戦略は、経済成長と社会統合を新自由主義社会の文脈で実現しようとしたために、あまりにも巨大な格差を作り出してきたからだ（ただし、アクティヴェーションの戦略は優れた社会政策である(9)）。

それにもかかわらず、労働組合運動は「雇用関係の原則」を守ること以上の主張を展開することはできていない。労働と生存の関係を根底から改変する「ポストキャピタリズム」の実現性が一方で叫ばれながらも、労働運動からは、ほころびた資本と賃労働の関係を何とか再建しようという弥縫策しか提示されていないのである。例えば「雇用によらない働き方」に対して、ＩＬＯ条約などの雇用原則を援用して反論するものが典型的だ。そうした規範論的主張は既存の労働者の権利を防衛する上で重要である一方で、資本蓄積の進展の中でますます崩壊する「雇用労働」の原則にとらわれ、雇用労働者と「雇われない／雇われたくない労働者」との分断を招く要因になり得ることは否定できない[10]。

このように、二〇世紀に現れた雇用関係は、資本主義社会における賃労働の典型的で永続的な形態ではなく、むしろ歴史的な媒介形態に過ぎず、それ自体が資本蓄積を加速し資本主義社会の矛盾を深化させる結果となった。二〇世紀に労働組合運動によって目指すべきモデルとされた、長期的で福利厚生に富む「雇用関係」は、その内在する論理の進展によって、すでにその存立根拠をも喪失しつつある。だからこそ、「ポストキャピタリズム」の議論は、「雇用関係」の枠組みに固執し、賃労働規律を再生産する社会民主主義的な議論に敵対的な構成をとるのである。

抵抗の類型と「資本主義の多様性」

「フォーディズム型」の労使関係に限定すると、労働組合運動の役割はすでに終わったかのように見える。実際に、例えば、ポール・メイソンによる労働組合運動への評価は手厳しいものだ。労働者階級の労働運動は、職場の支配と自律的な生活を求め、資本主義社会の諸制度の中でより大きな報酬や支配を求める古典的な労働者の闘争にすぎないというのだ（Mason 2016）。それに対し、小規模で、しばしば社会的意識の高い企業家や、グローバル化された企業環境で働く多数の人々を含む「ネットワーク化された個人」には、「ポストキャピタリズム」を展望する上でより高い可能性が見いだされるという。同様に、ある種のアントレプレナーシップの重要性が、さまざまな論者によって指摘されていることは、すでに述べたとおりである。たしかに、労働者階級が作り出した「フォーディズム型労働運動」にはこのような批判が当てはまるだろう。しかも、「フォーディズム型労働運動」は二〇世紀の労働運動の支配的な形態であったのだから、労働組合運動の意義がこれを基軸に検討されてしまうのも無理はない。

とはいえ、労働組合運動には「フォーディズム型労働運動」を乗り越えるモメントもまた、存在している。その意義を把握するためには、労働組合運動の原理を、二〇世紀より以前に遡って検討することが不可欠である。多くの場合、労使関係と社会統合の多様性は、等価な異なる経済システム（「資本主義の多様性」）として認識されている。典型的には英米を「自由主義型」、欧州大陸諸国を「保守主義型」、北欧諸国を「社会民主主義型」とするエスピン＝アンデルセンの福祉レジーム論（アンデルセン 2001）や、ホールとソスキスによる「自由市場経済」と「調整市場経済」を対比する議論（ホール＆ソスキス 2007）、労働取引制度を国際比較したデヴィッド・マースデンによる「雇用システム理論」などがある（マースデン 2007）。しかし、以下に見るように、実際には労働者の抵抗のあり方が賃労働規範の浸透や資本の労働への支配力の点で質的に異なる状況を作り出しており、そのことが、「ポストキャピタリズム」を構想する上で非常に重要な意義を有しているのである。

労働市場規制と「労働の質」の規制

そもそも、労働組合運動＝ユニオニズムとは、労働市場において「対外的独占」と「対内的平等」の規則を形成するものである。ある職種に対し特定の職人しか就くことを許さず、ストライキを通じた労働力の意識的コントロールによって、その価格を独占的に決定することが、ユニオニズムの原理的な規定であり、歴史的な出自である。ただし、ここで重要であるのは、フォーディズム型ユニオニズムの以前には、「対外的独占」は単に労働市場における労働の価格を決定するだけではなく、「労働の質」を保証することと結びついていたということである。労働組合は徒弟制度によって労働者の技能の質を保証し、質の保証された労働者以外には労働させなかった。労働過程に対する自らの統制力を背景として、労働市場における価格の規制を実現していたのが、ユニオニズムの原形なのである。

ところが、すでに述べたように、二〇世紀に資本が直接的労務管理への移行を企図する中で、ユニオニズムのあり方は大きく変容する。フォーディズム型の労働運動は、労働過程における自律性を資本に譲り渡す一方で、労働市場における「対外的独占」と「対内的平等」の規則を新たに形成した。それまで自律的で一貫性を備えていた労働過程は、テイラー主義によって資本の編成にしたがって職務に細分化された一方で、労働組合は、細分化された職務に対し、新たに「労働（職務）の格付け」を行い、どの労働者がどの職務に就くべきかをめぐって労使交渉を展開したのである。こうして、解体された労働を新たに序列付け、継承する枠組みが企業内部に再形成された。

労働の格付けは、後に女性労働運動に引き継がれ、同一職務に対する同一労働（男女）同一賃金、職務間の賃金の公正を実現する同一「価値」労働同一賃金制度（コンパラブル・ワース）へと発展した。職務を基礎とした「対外的独占」は、「労働の価値付け」を通じて労働市場における労働者間のアソシエーションを形成し、資本の競争原理に対する自己防衛を実現していった。しかし、そのような意義にもかかわらず、「労働の格付け」は決して技能や労働過程に対する自律性を労働者が保持することを意味してはいなかった。フォーディズム型ユニオニズムの特徴は、「労働過程」への規制と「労働市場」の規制とが分離し、後者が優位に立つ関係である。

これに対し、職務の格付けにとどまらず、職務の設計や経営のあり方に介入する労働運動が主に欧州で発展した。木下武男は、職務の「社会的性格」を労働組合によって形成する労働運動を「ジョブ型」労働運動として、フォーディズム型労働運動や、次に見る日本の企業主義型労働運動と区別している（木下 2016, 2021）。とりわけドイツにおいては、労働者が経営に参画する共同決定法が存在し、労働組合の代表者が直接に労働内容に介入する制度が確立している。このように、「ジョブ型」の労働運動においては、労働市場規制と労働過程への介入が結びついている。また、「ジョブ型」の労働運動は一九六八年の「新しい社会運動」の影響を受け、ジェンダー平等や環境保護といった問題によって労働過程への関与がさらに高まっている。とりわけ第三次産業化が進んだ今日の資本主義社会においては、介護・保育などのケアワークにおいて、労働過程の社会性が非常に重要な意味を持っている。(11)

これら「フォーディズム型」労働運動及び「ジョブ型」労働運動に対し、日本の労働運動は企業別に編成され、強く企業に癒着した企業主義型労働運動である点に特徴を持つ。日本においては、労働過程への介入が行われないだけではなく、労働市場における労働の格付けも行われなかった。同一労働同一賃金の規則も、同一「価値」労働同一賃金の規則も日本社会には存在しない。企業内の配置転換によって労働者は恣意的に職務を転換させられ、企業への貢献度を指標とした人事考課によって査定される。人事考課・査定は労働者を相互に競争させ、しかもそれは「貢献度」というあいまいな基準であるために無限の競争を引き起こす。これが日本の「過労死」を世界共通語にし、ジェンダー・雇用形態差別を極端に浸透させた要因である。さらに、企業を超えた同一労働同一賃金規則の不在は、労働者を企業間競争にも巻き込んでいった。日本では労働過程にも労働市場にも規制を作り出さない労働運動が主流となったために、極めて強固な賃労働規範が形成されたのである。

以上のユニオニズムの原理と、二〇世紀以後の多様な展開から読み取るべき示唆は、二つある。第一に、労働組合が作り出す労働市場規制は、単に高賃金を制度化し、組織労働者の賃金を上昇させているだけではない。そこには、「労働の格付け」を通じたジェンダー平等（ケアワークの価値付け）を含む、労働者間のアソシエーションの形成という側面がある。同じ仕事を特定し、その賃金を同一にすることで、労働者間の競争や差別を乗り越えて労働者間の連帯を実現することができるからである。これらは、社会の賃労働規律を抑制することや後述するようにシェアリング・エコノミーの実現に関わっており、「ポストキャピタリズム」の重要な条件になっていくと考えられる。

第二に、第一の「労働の格付け」は、労働市場規制と労働過程への介入を結びつける潜在力を有している。ジョブ型労働運動に見られるように、労働組合運動は「労働の格付け」を通じて、フォーディズム型労働運動の論理に抗い、労働市場と労働過程の論理を結合し、労働過程への介入を実現することが可能だからである。もちろん、現実にはこれまでの「労働の格付け」は、常に「ジョブ」の社会への広がりを企業＝資本の従属下に編成する傾向を伴ってきた。しかし、同時に欧州で見られたように、「ジョブ＝職務」や職種は、「企業内の地位」を超える労働の素材的・具体的存在であり、普遍的な性質を潜在的に[12]有している。そのため、これを基軸とする規制戦略は、企業を超えて労働者を連帯させ、労働の遂行方法（労働対象との関係を含む）を直接に変革する契機を内在している。[13]

例えば、介護労働に対する「労働の格付け」は労働市場における「介護労働の価値」を、価格（賃金）を同一にすることで規制する。これは企業を超えた労働者の連帯を、「介護」という具体的な仕事に依拠して行うということだ。その一方で、「介護」そのものは、労働市場の価格評価とは独立に、素材的・具体的に社会に必要とされており、その有用性は価格には還元されない。したがって、「労働の価値づけ」は労働の素材的性格価値に依拠することを通じて、市場価格の規制の論理をも超えて、「介護そのものの在り方」を問うことにもつながり得るのである。これは「価値（貨幣）」の内部の規制から、使用価値の次元での規制へと、介護そのものが有する素材的・具体的有用性に依拠し、連続させる戦略だといってよい。この戦略においては労働の遂行方法への介入が、その実践的な課題となる。

そして、この遂行方法への介入は労働者の「アントレプレナー」としての潜在力を実現していく直接的な方法である。言い換えれば、「ジョブ型」の労働運動は、「アントレプレナー」的な労働運動に架橋し得る論理を有しているのである。実際に、労働組合と労働者協同組合の本質的な違いはここにある。労働者協同組合は、労働を遂行する組織を自ら編成し、その遂行方法を決定する。まさに、自律的な事業体を形成するという意味で、「アントレプレナー」の社会運動である。ジョブ型運動は、雇用労働者でありながら、「仕事」に規制の軸を置くことで、こちらへ接近する要素を内包している。

現実の労使交渉においても、労働が衰退し雇用の量も減少する中では、一部の労働者の「対外的独占」を実現することよりも、仕事の内容への介入という社会的影響力がより重要性を増している。その戦略は、ネグリ等が指摘するような社会運動との連帯を生み出す契機ともなる。具体的な戦略から考えても、仕事の内容へ介入するポテンシャルという契機は決定的に重要である。

ただし、繰り返し述べるように、労働過程への介入のポテンシャルを持つ「ジョブ型」労働運動においても、職種の職務への分解、すなわち資本のもとへの労働の実質的包摂を前提とした「労働の格付け」が規制のベースにある。その主要な性質は労働市場規制にあり、労働過程に対する自らの主導権を獲得するものではない。そのため、「ジョブ型」が労働組合運動の主流を占める欧州各国においても、社会民主主義に代わる新しい労働運動への転換は、それ自体闘争のアリーナとなっている。労働組合運動が「ポストキャピタリズム」に直接に関係するためには、労働過程を自ら管理し、アソシエイトした労働者たちが、労働に対する「知」を自ら共有するような方法に転化しなければならず、そこにこそ新たな対抗軸が存在するとみるべきである。とはいえ、「ポストキャピタリズム」や「ポストワーク」への社会転換は一足飛びに成し遂げられるものではない。次節では、労働組合の機能が「ポストキャピタリズム」の条件となる側面を、具体的に検討していく。

3　アルゴリズム、シェアリング・エコノミー、アントレプレナーシップ

本章の冒頭に述べたように、ＡＩ・ＩｏＴ技術の進歩は、労働を減少させると同時にシェアリング・エコノミーの技術的基礎ともなる。しかし、技術の進歩は、実際には資本主義的生産関係に規定され、「ポストキャピタリズム」とは逆に、むしろ資本主義的生産関係の矛盾を激化させている。プラットフォーム型労働を可能にする技術は、アルゴリズムの支配に帰結するのか、あるいは新しい労働運動に依拠した下からのアントレプレナーシップによってシェアリング・エコノミーを形成するものとなるのか、ここには明確な対抗軸が存在している。労働組合運動は、労働市場規制と労働過程への関与の分離を克服することで、この課題にこたえることができるはずだ。言い換えれば、労働組合運動は労働者のアソシエーションを構築することで、既存の経済関係の内部において、「ポストキャピタリズム」への道程を架橋し得る。ただし、それはすでに述べた労働組合運動の原理的な分析から明らかなように、両義的な労働組合運動における積極的な側面が実践される場合である。

以下では、例示的ではあるが、①プラットフォーマーのアルゴリズムへの対抗、②サービス産業におけるシェアリング・エコノミーの形成、③アントレプレナーシップと労働市場規制の関係について実際の労働組合運動を参照しながら検討していく。

アルゴリズムによる労働の知の集中

第一に、ＡＩ・ＩｏＴ技術の進歩によって、労働に関する「知」はますます資本に集積されている。この代表的な例として、ビッグデータの活用により、タクシーの乗客動向を収集しＡＩが分析することで、タクシー運転手の労働に対する「知」がまったく不要になるというケースがよく挙げられるが、タクシー会社の事例に限らず、労働者の経験知の収集と分離はさまざまな業種で進んでいる。[14] このようなビッグデータによる労働者の経験に基づいた知識の収集は、一度、情報収集機器が実装されれば、労働者の同意に基づくこともなく一方的に行われる。日本の多くのタクシー会社では、経験の集積を行う際に当初は成績優秀な運転手に限定し、特別の対価を支払うことで「同意」を得ていたが、計測装置の搭載が一般化すればそうした同意は特別のものではなく所与のものとなり、常に経験知は資本に吸引され労働者から分離され続ける。二〇世紀に「労働の格付け」を成し遂げた労働運動の交渉力の基盤は、職務記述に記載できないような「暗黙知」＝見えない技能の存在であったが、そうした労働者による交渉力の要素は自動的・恒常的にはぎとられていくことになる。経営者は、長期雇用や年功処遇を前提に、労働者に経験や知識を養わせたり、社内のＯＪＴシステムを担わせる必要はなくなるのである。労働者の技能蓄積が不要であるならば、職務を序列付け、長期雇用によって育成する必要性がますます失われてしまう。

また、ビッグデータとＡＩは、従来の雇用管理を超え、究極ともいえる新たな人事管理を生み出している。ＡＩに人事データを分析させることで労務管理に応用する「ＨＲ（ヒューマン・リソース）テック」はすでに二〇年ほど前から導入され、近年その範囲が広がっている。ＡＩによるデータ分析は、一見すると「中立的」で「公正」な人事制度を可能にするかのようであるが、実際には資本主義的生産関係における「管理」を極端に強化する。ＡＩによる人事評価は、既存の人間の相互行為を超越するものではなく、むしろそれを反復再生産するからである。アルゴリズムの設計が人間によって行われ、学習の材料が既存の人事データである以上、それらはすでにある雇用関係を踏襲する。「ＨＲテック」によって実現する労使関係は、資本蓄積に適合するように作られた管理体系が精緻化し、あらゆる細かいデータが収集され、これに組み合わされていく一方で、労働者の側には評価の基準が以前にも増して不可視化されていくというものになる。

その上、ＡＩによる管理は別の新たな問題をも引き起こす。竹地によれば、まず、「ＨＲテック」のデータ分析を行うアルゴリズムそのものは人間が開発するものであり、人間が設定する分析の方法によってバイアスがかかる場合がある（竹地 2019）。他方、「教師なし学習」の分析手法でも、アルゴリズムに与えられる学習データの偏りがバイアスを引き起こす可能性がある。例えば、特定のグループの人間のデータが与えられなければ、評価の対象にならないといった具合である。さらに、ディープラーニング（深層学習）を用いた手法においては、人間がまったく予期しない方向で学習が進む恐れがあり、しかも、その導き出した判断や予測の結果に至る過程について人間の言葉で説明することができず、人間がその判断の理由を理解することもできない。人事評価そのものが「ブラックボックス化」してしまうのである。

雇用の世界におけるこのようなアルゴリズムの支配は、雇用を乗り越えた労働形態を可能にするはずであるシェアリング・エコノミーのあり方にもそのまま波及している。その典型が、ウーバー・テクノロジーズ社による管理手法である。同社では、実際には労働者が仕事を拒否することが困難で、労働者は評価方法が一方的に変更されるにもかかわらず、その内容すら把握することができない（今野 2020、川上 2018）。同様の事態は、幅広い業種のフリーランスに多かれ少なかれ共通して見られる問題である。プラットフォーマーのアルゴリズムの支配が貫徹される中では、雇用外的に労働が編成されていたとしても、資本によって秩序づけられた職務が新しい情報技術によって、より柔軟に結合されるだけであり、その賃労働としての実質は変わらないのである。むしろ、すでに労働の細分化が進行しているために、雇用によって能力や勤続を担保する必要がなく、過剰人口をアドホックに結合させることができる。ＡＩによるアルゴリズムは、この細分化した労働をより柔軟に結合させる役割を果たすことになる（これは派遣労働に類似した賃労働形態である）。シェアリング・エコノミーに活用し得る技術が、実際には、より深く労働者を支配する新しい賃労働の媒介となっているということだ。

労働組合によるアルゴリズムへの対抗

では、労働組合運動はこのような事態に対し、どのような有効性を有しているだろうか。すでに述べたように、労働組合運動は、「労働の格付け」を行うことで労働者間のアソシエーションを形成してきた。「ジョブ型」の評価基準の設定は、それ自体がアルゴリズムに対抗的である。職務の内容を特定し（ジョブ・ディスクリプション）、その職務の評価を行い、他の職務との比較を行うことで、労働者間の公正を確保する（とりわけそれは、劣位におかれた「女性労働」＝ケアワークの再評価において重要な意味を持つ）。これらの作業は一面においては、労働者たちが自らの苦役に対しそれに見合った賃金を交換するというフォーディズム型労働運動の要素を持っている。しかし、先程述べたように、「職務の評価付け」は、職務の内容を特定し、評価するという点において、アルゴリズムの内容を特定し、労働内容へも介入する構成となっている。それは、単なる職務の評価付けを超えて、労働に関する知にアクセスする道をも開くものである。「ジョブ型」の労働組合運動戦略は、ＡＩに集中し、外化した知に介入し、「ポストキャピタリズム」を推進する上で、むしろ重要なのである。

実際に、アメリカ・ロサンゼルスに拠点を置いて活動するドライバーらによる団体「ライドシェアドライバーズユナイテッド」の労働運動では、すでにこのような要求事項が現れている。彼らの要求事項は主に五点である。[15]

（1）ウーバー社もしくはリフト社が利用者から徴収する手数料の上限を一〇％にすること[16]

（2）ロサンゼルスのドライバーの最低時給を二七・八六ドルに設定すること

（3）アカウントが停止される基準の明確化や、停止された際に中立的な第三者による迅速で透明性の確保された形での異議申し立てプロセスを確立すること
（4）ドライバーの組織化を認めて、団体交渉に応じること
（5）環境負荷に配慮して、新規参入ドライバーの数を制限すること

賃金や労働条件についての要求に加えて、下線を引いた部分にドライバーらの労働条件を決定づける企業側の仕組み、すなわち「アルゴリズム」のあり方に対する異議申し立てや介入の仕組みを求めていることを看取できる。

他方で、アルゴリズムそのものに対する労働者の自律性を確保するためには、多くの論者が指摘するように、国家による職業訓練制度が重要である。労働者自身がＡＩのアルゴリズムの論理を把握し、これに介入するための専門的な知識が求められるからである。ＡＩに対する労働者の「知」の獲得は、シェアリング・エコノミーを労働者自身によって運営するための条件となる。こうした技能育成は、とりわけ資本蓄積の進展によって「雇用関係」がますます縮小する中では、国家による公共職業訓練によらなくてはならない。さらにいえば、企業内的に編成される職業訓練では普遍的な社会運営という課題にこたえることはできないという点も指摘できる。

そして、企業における職業訓練（ＯＪＴ）にせよ、国家による職業訓練にせよ、それらによって得られる労働者の能力は、労働組合運動が現実のアルゴリズムに介入する実践と結びつくこと

がなければ、資本に対し自律的な力として社会に定着することはない。公共職業訓練と労働組合による労働過程へ介入する労働運動の結びつきは、「ポストキャピタリズム」を構想する上では非常に重要である。また、配車システムのようなサービス産業に限らず、電力やインフラストラクチャー、さらには製造業の管理に対しても、労働組合運動がその生産に対する「知」と自主的管理を確立するための「ジョブ型」の運動を展開することは、「ポストキャピタリズム」への展望を切り開く上で足がかりとなる。ただし、それは「フォーディズム型」の労働運動からの完全な決別を前提としており、次項で見るような社会を再生産させる労働運動と結びつくことによってしか、成し遂げることは不可能であろう。

ケア労働における労働過程の自律性

第二に、資本蓄積の行き詰まりとともに拡大しているケア労働を中心とするサービス産業は、シェアリング・エコノミーを形成する重要なセクターであるが、労働組合運動はこれらの産業においても極めて重要な役割を担っている。介護労働や保育労働をはじめとしたケア労働は、自動化になじまず、これからも拡大していく労働セクターである。同時に、労働過程において生産手段を労働者が直接的に保持する産業であるために、企業や国家に支配されず、もっとも自律的な経営が可能になり得る産業である。

だが、実際には、新しいテクノロジーを利用して、シェアリング・エコノミーとは真逆のテイラー主義的管理が実現してしまっている。ブラッドワースが象徴的に描いているように、イギリスの訪問介護の領域では、ケアワークは資本の管理の下に細分化され、分刻みの定型労働として編成されている（ブラッドワース 2019）。日本の介護保険システムにおいても、ケアの内容は要介護者のニーズそのものではなく、介護点数に制約されたメニューの組み合わせ（ケアプラン）であり、それが労働者の職務の編成を規定している（本書第3章参照）。今後は地域包括ケアにおいて、プラットフォームを活用した地域の多様な人材のケア労働への参画が提唱されているが、それらはシェアリング・エコノミーを形成するのではなく、ますますプラットフォームに支配された形態に陥る可能性が高い。

重要性を増すケア労働が、資本の従属下で行われずに自律的なシェアリング・エコノミーの形態で遂行されることは、「ポストキャピタリズム」の構想においては極めて重要な論点となる。この点においても、「ジョブ型」の労働組合運動は、その実現の有効な戦略であると考えられる。「ジョブ型」の労働運動は、介護労働の職務を特定し、評価づけることを通じて、その内容に介入する労働運動となりうるからである。さらに、ケア労働においては、「労働対象」が直接的なサービス利用者となる。この点は近年の労働社会学においても注目されてきた点である。[17] ケア労働における労働過程は、労働対象と結びつくことでより社会性が増し、その評価への介入は単なる「職務の価値付け」以上の内容を持つことになる。同時に、ケア労働は地域に強く根ざすものであり、地域社会の形成とも不可分である（本書第5章参照）。

近年のケアワークの労働運動は、特に教員において盛んであり、その争点は労働の内容を主たるものとしており、地域との結びつきも顕著である。例えば二〇一八年のアメリカでは労働組合運動が高揚し、全米で四八万五二〇〇人がストライキに参加した。これは一九八六年以来最多である。[18] このストライキ参加者の九〇％以上は、教育、医療そして介護といったケア産業で働く労働者であった。その中でも特に中心的な役割を担ったのが、公立学校教員によるストライキであった。一例を挙げると、紛争が大規模化した州の一つであるイリノイ州では、労働組合は教員や職員らの賃上げと同時に、教員一人あたりの生徒数に上限を設けること、特別教育の拡充、バイリンガル教育の拡充、看護師や図書館司書を全学校に配置すること、生徒の移民取り締まり当局からの保護、といった教育の質を高める要求を行った。さらに加えて、シカゴで深刻化するホームレスの問題を解決するため、ホームレス状態に置かれている生徒に対する支援と公共住宅の新設をも求めたのである。[19] 日本においても、特に私立学校の教員の労働組合が、教育内容と関連付けた労働問題の解決を志向する動きが広がっている（今野 2020）。

労働市場規制と共同労働の促進

第三に、シェアリング・エコノミーの重要な形成主体であると考えられる、社会的企業や協同組合の発展は、「雇用労働」との対抗関係にあり、それゆえ、労働組合運動による「ジョブ型」の労使交渉は重要性を持つ。協同組合や社会的企業が非営利で新たに市場に参入しようとしたとしても、現状では、労働コストを極限まで切り下げ、労働内容の質を問わない大資本に市場で淘汰されてしまうケースが多いものと考えられる。労働市場における共通規則の不在は、参入する非営利事業体に対しても、長時間労働を含む低劣な労働条件や労働内容を強制してしまうことさえある。その典型が、右記のケア労働であり、これはさまざまな労働部門に共通している。

「ポストキャピタリズム」を構想するさまざまな論者が掲げるアントレプレナーの創造性を担保するものは、労働市場における最低限の規制と労働内容に対する介入である。労働組合運動による労働者のアソシエーションが、資本が編成する労働領域を変革しない限り、その外部に無条件に新しい経済セクターを作ることはできない。両者は相互補完的な関係にある。また、労働市場規制の不在は、資本による労働の「自動化」や雇用外的な労働形態の推進に対する足かせともなる。多くの論者が強調するように、自動化はそれ自体が労働者の抵抗によって推進されるのである。だが、過剰人口が膨大に堆積し、労働市場規制が実現されない状況では、製造業においてもサービス業においても、自動化や雇用外的労働が進展しない。

この点については、フォーディズム型規制（同一労働同一賃金）さえ存在しない日本社会が示唆的である。日本においては、シェアリング・エコノミーによる地域の分散的労働が拡大する代わりに、ますます多くのコンビニエンスストアがひしめき合っている。コンビニ各社は「ドミナント戦略」と呼ばれる、同一地域へ多店舗展開を行い、店舗相互間での競争が激しさを増し、労働条件は極めて低水準である。これら大資本が展開する「雇用労働」の世界において、労働市場に一定の基準を確立し、その内容に介入することは、地域に新しい自律的経済関係を成立させるシェアリング・エコノミーが拡大する必須条件であると考えられる。

さらに、労働市場規制による労働時間の短縮は、シェアリング・エコノミーを実現するもっとも重要な基礎である。賃労働に長時間拘束され続ける限り、労働者は自律的領域を確保することができない。マルクスが労働時間の短縮をなによりも重視したことは改めて指摘するまでもないが、それを実現する手段は、過去においても現在においても、労働者の連帯に基礎を置く労働組合運動のほかにはない。

4 労働者の相互敵対と賃労働規律

労働者の相互敵対の完成

最後に、「ポストキャピタリズム」を実現する上で重要な問題である賃労働規律への抵抗について考えたい。資本蓄積が行き詰まり、新しいテクノロジーが賃労働を不要にする新しい労働形態の条件を形成しているにもかかわらず、人々は賃労働に縛り付けられ、既存の生産関係を再生産している。このような今日の賃労働規律のあり方についてグレーバーは重要な問題提起を行っている。グレーバーは、資本蓄積の進展の中で、今や多くの労働は労働の規律を生み出すためだけの不要なものであり、働いている労働者たち自身が無駄な労働（ブルシット・ジョブ）であると自覚しているという。そして、実際に社会に必要な労働と敵対的な関係を形成することで、労働の規律を再生産しているという。

ブルシット・ジョブ（クソどうでもいい仕事）をさせられている人々は、真に生産的で社会に役立つ労働をすることができる労働者に対して憤りを感じている。また、低賃金で受ける社会的な評価も低い真に生産的もしくは社会に役立つ労働をする人々は、裕福な暮らしを維持しながら有用で高潔または華やかな一部の仕事を独占していると彼らが考える人々（こういった人を「リベラルエリート」と彼らは呼ぶ）に対して、ますます憤りを感じるようになっている。これらの人々は皆、彼らが正しくも腐敗していると感じている既存の政治的階級に対して強い嫌悪感を抱いているという点で共通しているが、一方で、自身を批判対象からそらすことができるため、政治的階級はこれらの空虚な憤りを非常に便利なものだと考えている。（Graeber 2018 247-248）

このような敵対関係の根底には、仕事の価値がその内容によって計られるのではなく、労働者が甘受する苦痛や自己犠牲によって価値があるものとなっているという倒錯した構図がある。これまでの労働組合運動による「労働の格付け」戦略は、労働者間の連帯を形成し、労働市場に共通規則を作り出してきた。しかし、資本蓄積の進展と「フォーディズム型」や「ジョブ型」の労働運動に支えられた雇用関係は、労働の内実の劣化に対抗しきれなかったために、新しい対立の構図が形成された。

すなわち、ジョブ型の「労働の格付け」は職務に対し価格を設定するものであるが、労働の内容が無意味だとしても、その苦役（労働に対する負荷）を賃金に反映する仕組みでもあった。苦役をこなした労働者がその対価を得る一方で、有益な労働をした労働者はむしろ劣位に置かれ、徹底的なコストカットの対象とされ、管理・支配された。「ジョブ型」の労働運動が資本主義的に編成された仕事の価値を守ることによって、かえって支配と規律を確立するメカニズムに包含されてしまった側面も見逃すことができない。

ジョブ型労働運動の新たな陥穽

右に見られる構図を解決するためには、劣位に置かれている製造業における技能労働や、特にケアワークの価値を「同一「価値」労働同一賃金」の戦略によって引き上げることが重要である。それはジェンダー平等のアソシエーション戦略として、長年取り組まれてきたものでもある。

ところが、その戦略が、労働過程への介入と切り離されるならば、再度「フォーディズム型」の論理が入り込み、ケアワークの賃金そのものが「苦役に対する対価」となるリスクが生じる。すなわち、もっとも有意義であることが明白なケアワーカーの領域においても、それが市場化されることで貨幣による価値付けがかえって浸透し、労働内容が「ブルシット化」する。例えば、ケアワークへの対価の増大が、ますますケアワークの細分化・マニュアル化を促進し、さらにはAIによる省力化や（資本の）プラットフォームによる流動化戦略を導入することと引き換えに行われるならば、ブルシット・ジョブに対置されるケアワークがそれ自体「苦役」に転換してしまうだろう。また、その取り組みは、ブルシット・ジョブを引き受ける労働者からますます敵対と憎悪の対象とみなされ、コストカットのために、労働の改変を迫られることになってしまう。そのため、ケアワークの労働の「価値」を主張することも、新たな労働者間の対立を生み出す危険を有している。このように、「ブルシット・ジョブ」が蔓延する現代社会においては、たとえ労働者のアソシエーションを実現し、労働過程への介入をも含意する「ジョブ型」の労働運動であっても、労働市場を規制するという手法に核心がある限り、賃労働規律を再生産する敵対関係の構図を直截に乗り越えることができない。したがって求められるのは、前節でみたような、労働過程に対するより大胆な介入の方策である。

　とはいえ、ジョブ型労働運動は女性の労働の社会的価値を上げ、労働者のアソシエーションを拡大する。それは、低すぎるケア労働者の賃金を上昇させるためにも必要である。問題の本質は、賃上げの主張それ自体ではなく、「賃金と引き換えに従属する」こと、そして「労働過程」と「労働市場」が切り離される形式で労使関係を形成することで、社会から労働が切り離されてしまうことなのである。そして、このような労働過程を切り離した労働市場規制こそが、「ブルシット・ジョブ」への労働組合運動の対抗力をなくし、賃労働規律を再生産する要因である。したがって、賃労働規律への介入の問題も、いかに「フォーディズム型」の労働組合運動を乗り越えるのか、というところにある。言い換えれば、「従属の対価」から「自律的労働の要求」へと問題を転換することである。

この点でも、現実の労働運動は新しい展開を見せている。すでに紹介したアメリカの教員労働運動は、労働過程への関与を強めると同時に、地域社会との連帯も深め、時給一五ドルを求める低賃金労働者の新しい連帯を形成している。すなわち、「労働の質」に基づく労働運動は、地域・消費者など新たな結びつきを作り出し敵対性の構図を変革する。労働者間が敵対する構図に陥らず、新しい労働運動を展望するためには、「ジョブ型」労働運動の論理的性質を発展させ、労働者自身による労働や社会の運営能力の獲得を目指すものでなければならない。

ただし、これを実現していくには、「ジョブ型」労働運動に内在する労働市場規制の核心部を乗り越える必要がある。労働組合運動は、国家による資本蓄積を拡大することに制約された職業教育訓練ではなく、労働組合自身が職業能力を領有する方途を見つけ出すことや、それを社会的に管理することで、経済社会の自主運営能力を実際に担保するようなアソシエーション運動の形態に発展しなければならないだろう。具体的には、アルゴリズムやケア技術を主体的に管理し、あるいは気候危機に対応する諸技術を地域循環に資するように適応するといった、今後必要になる能力である。さらに巨大な資本のネットワークによらずに生産活動を行う、資本の人格的担い手とは異なる「経営者」としての能力も、ますます求められている。

UBIと自律性

さらに、労働と報酬を切り離すことで賃労働規律をなくすことを企図し、多くの「ポストキャピタリズム」論においては、UBI（ユニバーサル・ベーシック・インカム）を政治的に求める主張がなされている。労働と賃金の関係を切り離すことで、人々は自由な労働を実現できるということだ。だが、そもそもUBIは経済的な存立基盤がなく、一足飛びに実現することはできない[20]。例えば、竹中平蔵が唱導するようなホモ・エコノミクス幻想に基づくUBIは、ますます多くの社会を商品化させる手段として構想されている。そのようなUBI構想に基づけば、わずかに配布されるUBIと引き換えに福祉が削減され、医療や介護を受けられない状態も「自己責任」にされてしまう。あるいは、あらゆるケアワークがUBIによって給付されるわずかな現金によって取引される、純粋な商品にますます転化する。そして、労働はますますテイラーシステムに基づく最悪のものとなり、わずかなUBIで労働者はそれら最低のサービスを買うしかない。要するに、ますます貧富の格差と社会の劣化が進行する。

本章ですでに紹介したデヴィッド・グレーバーもUBIに言及しているが、UBIによって労働と賃金を切り離すには、福祉国家における諸制度の存在が大前提であることが指摘されている。

実際には、ある意味で、それら（英国の国民保健サービスのような既存の無条件の生活保障）は拡張されなければならない。UBIはレントに依拠する経済では機能しないという議論をすることができよう。というのも、例えば、大半の住宅が賃貸であるなら、家主は家賃を2倍にするだけであり、それによって追加的な所得を横取りするであろうからだ。(Graeber 2018 326)

ここで述べられている「無条件の生活保障」は、ジョブ型の労働運動が歴史的に実現してきたものであることはいうまでもない[21]。同時に、労働組合活動のバージョンアップによる、労働過程への介入は、実際の労働供給を民主化し生産関係を変えるためには不可欠である。UBIは労働運動による労働市場規制と、さらには労働過程に介入する運動と結びついて、はじめてポストキャピタリズムの戦略に位置づくのである。

おわりに

新しい生産技術の発達により、新しい労働の組織化が可能になろうとしている。しかしそれは、実際には既存の資本主義的生産関係との格闘なしには進まない。資本主義的生産関係の内部において労働者のアソシエーションを実現してきた労働組合運動は、新しい労働形態を実現する上で、重要な前提条件を提供することを、本章では概観してきた。とはいえ、労働組合運動の展開は資本主義的生産関係に抵抗すると同時に、これを媒介する機能をも果たしてきた。資本主義的生産関係が行き詰まりを見せる中で、労働組合運動が「ポストキャピタリズム」に関与するためには、労働市場規制から労働過程における統制権の回復へと、大胆に方向性を変革しなければならないだろう。そのような取り組みの先にこそ、人々の自主的な経済運営への展望が開けるに違いない。

第11章　労働と資本主義の未来を考える

本書では、日本の労働運動が近年何を成し遂げてきたのかを、私の経験を中心に概観しつつ、再考してきた。また、その射程を資本主義社会と労働問題の関係にまで広げ、今日的変化と労働運動の課題を考察してきた。そして、「ブラック企業」や「ブラックバイト」など、この一〇年間で社会に定着した労働問題のイシューは、実は資本主義社会の変化との関係で位置づけられるべきものであることに加え、「ブラック企業」があたかも低成長下の資本主義社会に新たな調和をもたらす「救世主」のような存在となっていることも論じた。そのうえで、労働運動はこれらの課題に適応する「ジョブ型」の方向性を志向していくことで新たに発展する可能性を秘めていることを提示した。

そして、本書の第Ⅳ部では、労働の劣化によって経済成長を追求する「新自由主義的」と呼ばれる路線と、ジョブ型を追求する社会民主主義的な戦略の対立軸が、リーマンショック以降の世界経済の行き詰まりに加えて、新たなテクノロジーの登場、さらには急激な気候変動問題の悪化

（顕在化）によって隘路に行き当たっていることを指摘した。今や、**「新自由主義 対 社会民主主義」**の構図が大きく変化し、**「デジタル封建制 対 コモンの再建」**という新たな対立軸が形成されつつある。

世界を見渡せば、デジタル・エコノミーが発展する中で、私たちの生活・生命はますます商品化され、あらゆる局面が金銭関係に支配されている。コロナ禍で貧富の格差は一層拡大し、先進国においても生存すら脅かされる人々が増大している。今日、労働運動はこの閉塞状況に立ち向かい、人々の生存と尊厳を守り自由を獲得するために、世界中で存在感を見せつけている。

それにもかかわらず、日本社会では、従来の「新自由主義 対 社会民主主義」の対立軸における労働運動の意義すら明瞭に意識されておらず、その影響力は影をひそめたままだ。それどころか、近年の経済構造の変化の中で、労働運動の存在を抜きにして未来社会の展望が語られるようになって久しい。労働が不要になり、ベーシックインカム（ＢＩ）さえ給付すれば働かなくとも豊かに暮らせる未来が現れるといったようなＡＩ＋ＢＩ論に始まり、日本社会はすでに成長路線から離脱した定常経済に移行しているのであり、財政的措置によって経済構造を補完すればことが足りるといった極端な政治・機能主義も広がっている。あるいは、いまだに経済成長をすることによってしか、社会を再建することは不可能だという意見も根強い。

だが、本書でここまで述べてきた「ブラック企業」や「過労死」、「労働の質の劣化」が蔓延するというリアリティーに照らすのであれば、労働運動を抜きに未来社会の展望を描くことは決してできない。そして、新たな経済構造の出現は、労働運動の潜在力をバージョンアップさせ、一層重要なものとしている。そこで、この第11章では、資本主義社会の変化と労働問題の変化、そして社会・労働運動の課題について改めて整理し、労働の未来を展望していこう。

1　分岐する資本主義と労働の未来、「デジタル／テクノ封建制」の登場

非常に大きな見取り図ではあるが、これからの労働社会の在り方について、次の四つの「路線」が競合しながら進行していくモデルを提示してみたい。今後、社会状況の進展と知見の蓄積によって修正されていくことになるかもしれないが、今日の状況を実践的にとらえるためにはあえて試論的であることを厭わずに見取り図を示すことが重要であろう。

新自由主義か、社会民主主義か

第一に、新たな（公共）サービス部門を拡大するという経済成長路線である。すでに第3章で詳しく述べたような、あらゆる領域を市場化・商品化し、（劣化した）賃労働に置き換えていくという方向だ。この路線の場合、労働者の賃金を低下させることで、はじめて利潤の獲得が可能になるという点で、多くの雇用が非正規雇用や「ブラック」と呼ばれる水準に抑え込まれることに

なる。資本と賃労働の関係を労働者の犠牲のもとに「再調整」する経済モデルであるといえよう。これまでいわゆる「新自由主義」と呼ばれてきた路線である。もちろん、この方法では労働の質も劣化し、労働問題と社会問題は連続しながら頻発することになる。それにもかかわらず、この路線において「ブラック企業」は、あたかも賃労働で社会問題を解決しつつ、利潤の獲得をも可能にする、資本主義の「救世主」のように現れる。

今のところ、日本社会ではこれが主流のようである。日本では日産のカルロス・ゴーン元社長による大リストラで経営状態が回復したことが象徴的であるように、九〇年代からリストラと雇用流動化を進めることで、企業は利潤を確保してきた。リーマン・ショックまで六年一ヶ月続いた「史上最長の好景気」の下では、非正規雇用があふれ、二〇〇八年末の「派遣村」にホームレスがあふれる結果となった。「アベノミクス」の「好景気」の背後でも、就職氷河期世代や特に女性労働者たちが、最底辺の賃金で幅広い産業の利益を支えていた。このような経済を公共サービス部門やその他サービス業にさらに広げ、繰り返していくことが、第一の路線の特徴である。つい最近も政財界に影響力の強い新浪剛史（サントリーの社長）が「四五歳定年制」の導入を主張し大きなニュースになったように、労働者を犠牲にした利潤追求の路線は根強いものがある。

第二の路線に、第10章で紹介した欧州の「ジョブ型」の労使関係にみられるように、仕事を基準に賃金水準を公正化し、同時に手厚い職業訓練制度と労働移動しやすいシステムによって、国際競争力と国内消費を拡大する経済成長戦略がある。いわゆる底辺へ向かう「新自由主義」的な競争政策に対し、社会政策による高付加価値路線は伝統的な「社会民主主義政策」であり、経済学的には「ハイロード」とも呼ばれる。[1] 今日でも、ジョブ型の経済成長戦略は社会民主主義的な伝統にしたがい、グリーンニューディール政策や新たな情報産業分野の発展と労働運動を結合することで新たな成長と分配を目指している。その典型であるグリーンニューディール政策は、新たなテクノロジーの積極的な活用によって産業構造を転換し、これによってCO2削減を実現すると同時に新たに雇用を増加させ社会統合をも同時に図ろうとするものである。

この過程では、科学技術教育に加え公的な技能訓練を大々的に実施することが求められると同時に、これに関連した大量の新雇用が創出されることが見込まれている。経済の拡大と賃金の上昇の両立を目指すフォーディズム型の労働運動は、これに介入して新たに「労働の格付け」を行っていくことができるだろう。もちろん、これより職務の内容への介入を強めるジョブ型の労働運動においては、技能の社会性に着目し、よりサステイナブルな技術の適用を労使交渉によって実現していくことになる。

このジョブ型の路線は、今日の新たなデジタル・エコノミー化を推進することで経済成長しようという戦略にも適合的である。例えば、ドイツの「インダストリー4・0」においては、製造工程にIoT技術を適用し、同時に消費過程と製造工程をも結合することで高い生産性を発揮しようとしている。その過程では、単に労働を削減するのではなく、まさに労働の再定義と新たな訓練による労働者の生産工程への充当が労使間で交渉されている。あるいは、デジタルコンテンツやデジタルプラットフォームを生産する高技能労働者を育成する経済戦略にも、ＩＣＴを含む高技能労働者を育成していくジョブ型の戦略はある程度妥当してくるだろう（ただし、後述するようにこの路線で劇的に雇用を増やし、経済成長を実現することはできないだろう。むしろ、ジョブ型はデジタル化を技能の面で架橋する関係にある）。

日本におけるジョブ型の労働改革論

日本においては、日本型雇用を解体した先の新たな雇用システムを構想すべく、二〇〇〇年代半ばから二〇一〇年代まで長くにわたって労働市場改革の議論が盛んにおこなわれてきた。その中ではジョブ型・社会民主主義の労働改革論に接近する主張が幾度も登場してきた。とはいえ、雇用システムの改革においては、はじめから規制緩和と再規制という対立を抱え込んでいたので話がややこしい。ここで少し、日本における第二の路線についての議論を整理しておこう。

結論から言えば、（Ａ）「日本型の維持・回復（正社員を守る・増やす＝年功派）」、（Ｂ）「システム・チェンジ（正規・非正規の対立構造を超える＝ジョブ派）」、（Ｃ）「日本型の解体（日本の問題点をそのままに保護だけが後退＝新自由主義派）」という三つの雇用改革論が並行して主張され[2]、労働運動のほとんどは（Ａ）の立場をとったが、現実には政財界の推進する（Ｃ）のシナリオが進行した。

この（Ｃ）の路線には、主張に濃淡はあるものの、非正規雇用や過重労働を世代間対立に転嫁し、解雇規制緩和論を唱道する城繁幸や、労働法学者の大内伸哉、経済学者の八代尚宏、竹中平蔵などが入るといえるだろう。「労働ビッグバン」、「働き方改革」などと呼ばれた労働政策も基本的にこれである。一方、労働運動の主張は（A）の年功派であるから、「守旧派」として扱われ、世論の支持をほとんど得られなかった。また（B）の主張は知識人や一部の労働運動家の間で見られたものの、主流の労働組合からは黙殺され続けた。こうして労働市場改革はほとんどそのまま（C）が主導する「規制緩和」論へと結実していったのである（従って第一の新自由主義路線とほとんど変わらない）。

この一五年間、新たな賃金システムも職業訓練システムも形成されず、日本型雇用の賃金・雇用保障部分の削減ばかりが進んできた。[3] その結果、新しいシステムへの転換ではなく、低賃金を利潤の源泉とする第一の新自由主義路線からの脱却はできなかった。

本来では、雇用改革論において主流になることはなかった（B）の路線こそが、世界標準で見た時に「第二の路線」＝社会民主主義的な改革の内容であった。この路線においては、雇用の「システム・チェンジ」に加え、国家の社会政策体系をも福祉国家型に転換する「レジーム・チェンジ」が目指されていた。資本主義社会の中で労働者の自治の領域、すなわち〈労働社会〉の領域を広げると同時に、国家はこれを補完する現物給付を中心とした社会保障政策や、職業訓練制度などからなる労働市場政策を行う。資本と賃労働の調和・調整を、熊沢誠の言葉をかりると、労働者の原生的資本主義からの「離陸」の中で図っていくということだ。労働の質への一定の介入が実践され、職業訓練制度も充実すれば、資本の利潤追求の制約を受けながらも、ある程度健全な社会を実現することができる。ここでも主張に濃淡はあるが、教育学者の本田由紀や労使関係研究者の濱口桂一郎、労働社会学者の木下武男などに加え、私自身も「ジョブ型」の主張を行ってきた(4)。

テクノロジーで労働が減少する？

近年の経済構造の変化の中で立ち現れてくるのが、第三の路線である**「デジタル／テクノ封建制」**である。第一と第二の路線はあくまでも資本と賃労働の調和を実体経済の拡大を前提として図ろうとしているが、近年は、経済のデジタル化を背景として、賃労働によらない利潤追求を可能にする経済領域が拡大している。ＡＩによる労働の変化・減少についてはすでに多くの議論があるが、例えば、世界的に読者を獲得したブリニョルフソンとマカフィーの『ザ・セカンド・マシン・エイジ』は、膨大な資料を基に新しいテクノロジーの登場が多くの労働者を不要にすると し、大きなインパクトを与えた。これによれば、第一の機械化（ファースト・マシン・エイジ）である産業革命とは異なり、第二の機械化は人間の知的活動の大部分をも機械が代替することになる。それゆえ、これまでとはまったく異質な労働の減少が起こるという(5)。

新たなテクノロジーによる労働減少の先には、ベーシックインカム政策による現金給付によって、労働が極端に減少した資本主義が実現するというユートピアも構想されている。日本では井上智洋の『人工知能と経済の未来』がいわゆる「ＡＩ＋ＢＩ論」を展開し、広く受容された。

純粋機械化経済では、ＢＩの実施はいっそう容易になります。そこに至ると、年々成長率が上昇していくような爆発的な経済成長が成されるので、得られる税金も爆発的に増えていきます。ＢＩの財源に頭を悩ますことがバカらしくなるほどの税額が得られるようになるでしょう。税額の増大に合わせて給付額を増やしていくこともできます。月７万円などというしみったれた額に留めておく必要はありません。もし、所得の一定率、例えば25％をＢＩにあてるというルールを採用した場合、経済成長率と同じような率でＢＩの額は増大していくことになります。（井上 2016 234-235）[6]

もっとも、ブリニョルフソンとマカフィーはそれほど簡単に労働がなくなることはなく、当面は多くの労働が不要になるような状態にはならないと予測した。また、長期的に見た場合にも労働には社会的価値が存在するとし、新たな経済と労働の統合の重要性を説いている。いずれにしても、テクノロジーの発展が労働を徐々に不要にしていき、所得政策によって資本主義社会を維持することが未来へ向けたオルタナティブであるとすることは、近年の新しいテクノロジーに基づく労働論に共通する傾向である。

デジタル／テクノ封建制の出現

さらに、テクノロジーの進歩と経済への適用は、単に労働を減少させるだけではないことも明瞭になりつつある。資本は知の新たな独占形態を生み出すことで、人々を支配する形態をも生み出している。ニック・スルニチェックによれば、プラットフォーム（以下、場合によってPFと表記）の拡大は単に新たなテクノロジーによって生産力を拡大させるだけではなく、私たちの情報を独占し新たな収益構造を作り出しているという（スルニチェック 2021、Srnicek 2016）。PFによってデータが独占されていくことで、私たちは資本が収集したデータとその分析に依存することなしに、生産をすることができなくなっていく。そのため、新たな「データ支配」ともいうべき状況が生まれているのだ。

今日では、私たちを覆うPFは生活のあらゆる場面に広がっている。その形態は、もっともイメージされやすいSNSなどを通じた「広告プラットフォーム」だけではない。アマゾンのクラウドコンピューティングサービス（AWS）に典型的なように、ハードウェアやソフトウェアを貸し出すことで実際にサーバーなどを保有していなくともインターネットを介してそれらを利用できる「クラウド・プラットフォーム」や、アメリカのGEとドイツのシーメンスに代表されるような、インターネットに接続された生産工程の情報を収集し最適に管理する「産業用プラットフォーム」、従来の製品をレンタルするサブスクリプションモデルである「製品プラットフォーム」、さらに、ウーバーのように物的材や労働力を直接保持することなく可能な限り経営コストをアウトソースしようとする「リーン・プラットフォーム」の五つの形態のPFがあり、具体的な事業では重なり合っているという。

これらPFに共通しているのは、サービスの展開過程において私たちのあらゆる行動がデジタル情報化され、企業側に収集されるということだ。広告PFにおいては、SNS等を通じて私たちの嗜好や購入、購読、情報へのアクセスがビックデータとして集積され、これをAIが分析することで、私たちの思考から行動の可能性までも予測することができる。[7]同じように、クラウド・プラットフォームも、デジタル経済の基本的なインフラとなっている背後で、それ以上に情報収集の手段になっている。

例えば、アマゾンのプライム配送サービスは注文ごとに赤字になり、電子書籍は原価で売られているが、それはサービスの提供コスト以上に情報の入手を目的としているからだ。産業用プラットフォームも、工場、消費者、アプリ開発者の間に立つことで、世界の製造業の多くを監視できる理想的な位置を獲得することができる。消費者の製品利用情報も言うまでもない。そして、PFはネットワーク化することによって相互の情報が統合され、ますます独占されていく。

資本のデータ独占が生み出す支配構造について、ショシャナ・ズボフは、世界的なベストセラー『監視資本主義』の中で、表題どおり「監視資本主義」の出現であると指摘している。監視資本主義においては、人間の経験は、行動データに変換するための無料の「原材料」として一方的に資本に提供され、それらのデータがわたしたちの行動を予測する予測製品へと加工されている。しかも、この過程は私たちが気づかないうちに、圧倒的なスピードと規模で進行している。

監視資本主義の製品とサービスは、価値の交換の対象ではない。それらは、生産者と消費者を互恵的に結びつけるものでもない。それらは、抽出しやすい場所にユーザーをおびき寄せる「餌」なのだ。そこでは、わたしたちの経験は掻き集められ、他者の目的を果たすために箱詰めにされる。監視資本主義にとってわたしたちは「顧客」ではない。「無料なら、あなたが商品だ」とよく言われるが、それも当てはまらない。わたしたちは監視資本主義の商品ではなく、余剰の源泉であり、原材料抽出操作の対象なのだ。監視資本主義の真の顧客は、行動の先物市場で取引する企業である。（ズボフ 2021 10-11）

資本によるデータ独占は、あらゆる産業に波及していく。その結果、私たちは身の回りのコミュニケーション手段、公共インフラ、製品を利用するために、使用料を支払わなければならなくなっている（また、その過程で行動は予測・介入されていく）。製造企業も製造のためのクラウドサービスから販売のための行動予測に至るまで、情報独占資本に多額の使用料を支払うことなしに生産を行うことはできなくなっていく。最大の消費財である自動車も、自動運転・運転支援ソフトフェアの使用料が必要になるうえ、運転そのものやリアルタイムの町の状況といったデータ収集の手段にもなる可能性がある。同様に、建設産業でも5G技術とＩｏＴが結合し、遠隔操作や保守管理が大幅に電子化していく。[8] さらに、農業においても生育状況の各種センサー・ドローンによる監視と、収集・独占されたデータの分析に基づく自動管理サービスが必須になる。温暖化で従来の農業知識は通用しなくなり、デジタル化された新しい「知」の購入はますます不可欠になるだろう。

こうして、デジタル化（ビックデータの収集）とAIによるディープラーニング（分析）は、生産力を拡大させるばかりでなく、新たな生産（にとどまらない行動予測の）手段の独占により、直接の商品生産によらずに富を資本に移転する手段となっているのだ。[9] 経済の拡大によらずに収益の獲得が行われる経済構造は、**「デジタル封建制」**ないし**「テクノ封建制」**と呼ばれる。

支配し、支配されるための労働

「封建的」といえる経済の特徴は、富の拡大とその分配を行うのではなく、経済の規模は変化させず、富の収奪と移転が中心となることだ。これまでのように労働が経済を拡大させないとすれば、その「役割」はどのように変化するのだろうか？　実は、デジタル封建制において労働は、単に不要とされるのではなく、この支配構造そのものを維持し、正当化するものへと変質する。

人類学者のデヴィッド・グレーバーによれば、今日の労働は、富の拡大とその分配という通常の（フォーディズム型の）賃労働の原理によって編成されているのではなく、自ら無意味だと自覚するような「ブルシット・ジョブ」と、実際に経済を再生産するケアワーク[10]に分割されている。

そして「ブルシット・ジョブ」に従事する者は増加しつつあり、彼らは富の生産とは無関係に報酬を与えられているという。[11] 実際に、グレーバーの仮説に基づいて行われた、イギリスの調査会社による調査では、「あなたの仕事は世の中に意味のある貢献をしていますか?」という質問に対して、三七%が「していない」と回答し、オランダにおける世論調査では、オランダの労働者の四〇%が、「自分の仕事が存在する確固たる理由はない」と報告した。

世界的に共感を巻き起こした著書『ブルシット・ジョブ』の中でグレーバーは、ブルシット・ジョブには、雇い主を飾り立てる「取り巻き」、ロビイストや企業広報家、顧問弁護士などの「脅し屋」、雇い主の気持ちを落ち着かせる感情労働を含む「尻ぬぐい」、会議の資料に供するだけのイラストや写真、図表や漫画を駆使したパワーポイント作成などを行う「書類穴埋め人」、他人に仕事を割り振ったり、そもそも無駄な仕事を作り出す「タスクマスター」の五種類を例示している。これらの雇用は今日の経済で割合を増加させているが、確かに、まったく富を生み出すこととは無関係だ。

金融経済でもデジタル経済でも敗北している日本ではイメージしにくいが、もはや支配者を飾り立て、奉仕することが目的となるような労働が、欧米ではあまりにも増大し、「無駄な労働」を自覚する人々が増大しているということだ。

また、ブルシット・ジョブには、失業者や貧困者に対する就労支援員のように、他人の労働意欲を喚起したり、他人に労働を強要する労働、あるいは自ら労働をモチベートすることそのものが含まれている。こちらは日本でもわかりやすい。今日の日本社会でもやたらと「カウンセラー」や「自己啓発」産業が発達し、私たちはそこら中で「勇気づけられている」が、これらも富を創造するものではないことは明らかだ。むしろ、カウンセリングが拡大していくほど、富の生産にかかる社会的コストは増大しているはずなのだ。それにもかかわらず、こうした間接的な労働は増大し続けている。

もちろん、カウンセリングには他人をケアするものも存在するが、出口のない就職活動を要求し続けたり（その結果鬱病に追い込む）、やたらと自分の内面を見つめさせて厳しい労働に適応させる「洗脳研修」はブルシットであろう。あるいは、そこまで悪質でなくとも、社会に適応できない自分を「カイゼン」させようとするもろもろの心理的カウンセリングには存在意義が疑わしいものが多数あるように思われる。

これらの労働の性質は、いわば、資本主義的秩序の根本をなす賃労働規律を実践的に再生産するところにある。もはや、経済が拡大しない世界では、賃労働は利潤の直接の源泉ではなく、統治の手段としての側面を強めるのである。

その一方で、実際に使用価値を生産し、社会を再生産させるケアワークは削減すべき「コスト」とみなされて徹底的な管理と省力化の対象とされ、「シットジョブ」へと衰退してきた。そして、金融による収奪や、ケアワーカーの賃下げによって生み出された富が、ブルシット・ジョブへの対価として、経済合理性とは異なる政治的な論理[12]によって分配される。このように、グレーバーの議論からは、富を新たに生み出すことに動機づけられない現在の資本主義経済が、労働世界を通じて新たな序列と支配を生み出していることが読み取れる。

封建制に組み込まれる「自律的労働」

さらに、デジタル／テクノ封建制においては、企業や政府の雇用によらず、PFを介する新しい協業[13]が登場し、消費者と生産者の直接の関係を形成する（本書第10章参照）。それは従来の雇用からの解放を労働者にもたらし、自由で自律的な労働を実現するはずだった。ところが、現実にはウーバーイーツの宅配労働に典型的にみられるように、ギグ・ワーカーの労働は相対的な富裕層（ブルシット・ジョブに従事する労働者を含む）への「奉仕労働」としての性質を露わにしている。コロナ禍の日本でも一気にウーバーイーツが拡大したが、失業者やアルバイトにあぶれた学生たちが、非常に低い報酬で事故への補償もなく、上層労働者や富裕層の自宅を駆け回る光景は何とも形容しがたいものだった。

デジタル／テクノ封建制の下では、自由な協業を媒介するはずのPFが、資本に独占されてしまっている（スルニチェックの言う「リーン・プラットフォーム」）。そのため、労働の組織化は、それ自体がPFの「使用料」の支払いを前提するものに変質し、富の移転の源泉になる。同時に、これが新たな情報独占の手段ともなる。つまり、PFによる新しい（自由なはずの）協業が、情報独占の支配構造に組み込まれてしまうのだ。

しかも、ズボフによれば、情報独占企業は人々の行動を予測するだけではなく、これに介入し、行動自体を修正する。「監視資本主義者は、わたしたちをただ観察するだけでなく、説得し、なだめ、調整し、駆り立てる」（ズボフ 2021 8）ことで、より正確な予測を可能にする行動データを収集することができるからだ。そして、自動化された機械処理は、わたしたちの行動そのものをも形成する。まさに、アルゴリズムで行動が誘導されるウーバー（イーツ）の労働がそれにあたる。このような「行動修正構造に従属する、寄生的な経済ロジック」（ズボフ 2021 ii）の下では、いかに「雇用によらずに」労働を媒介するPFが進化・普及しようとも、自由な協業が発展することはあり得ない。

B―で実現する『マトリックス』の世界

以上のように、極端に機械化が進んだデジタル封建制において労働は、デジタル・システムを支えるハイクラスのエンジニアに加え、ブルシット・ジョブの従事者、製造業やIT業の下層でシステムを維持する労働者、そして、ウーバーなどの雇用（賃労働）外的に消費者に奉仕するギグ・ワーカーや、ますますテイラー主義化に服するケアワーカーへと階層化した社会になることが予見される。

では、デジタル封建制においてベーシックインカム政策が実現したとすればどうなるだろうか。最低限の現金給付は、餓死や貧困を抑止する手段となり、人々をデジタル／テクノ封建制社会に統合することができるかもしれない。しかし、現金給付の水準は生存の最低限にとどまる以上、知と富の移転の構造は継続するのであり、人々は非常に賃金の低い労働者として富裕層に奉仕すると同時に、デジタルインフラと支配秩序を維持し、同時に安価なデジタルコンテンツの消費者として、あたかも映画『マトリックス』の世界の住人のような存在となる。その世界で人類は、ズボフの言う「原材料抽出操作の対象」に成り下がってしまうのではないだろうか。ベーシックインカムがこのような支配構造を覆す力を持つためには、後述するように、生産の次元における自発的な協働の実現が不可欠だろう。

新型コロナで加速する「デジタル／テクノ封建制」

二〇二〇年からの新型コロナ禍は、「デジタル／テクノ封建制」を急激に拡大・浸透させている。それは、通常の物的消費を抑制することに加え、人々の移動・交流を制約することによって、一挙にデジタル経済化を進めた。ネット会議の普及や室内で快適に過ごすためのさまざまなデジタルサービスの普及は、ますます多くの人々をデジタルコンテンツの消費に駆り立てると同時に、彼らの会話、行動についてのデータを収集することにもつながる。これまで「雇用の受け皿」となってきた飲食業や、物的消費の行き詰まりの中で拡大してきたイベント・観光業など（物的消費に対し「コト消費」とも呼ばれた）が、感染対策で縮小せざるを得ないことも、ますます環境対応型投資やデジタル・エコノミーの存在感を高めている。

こうして、世界的な経済界の関心はデータの収集と分析力の向上、気候変動対策（グリーンニューディール[14]）、そして電動化・自動化に伴うグローバル・サウスからの資源収奪に焦点化してきている。デジタル封建制において、データ収集によって使用料を継続的に獲得する立場にどの企業が立つのかをめぐり熾烈な競争が激化する一方で、気候変動対策に伴う大規模なインフラ、生産設備の変革が巨大な投資を呼び込むこと、さらにはその両者を物質的に支えるレアアースを含む資源獲得競争が激化している。

その底辺には、実際に社会を支えるケアワークが横たわり、資源収奪に晒される現地の住民／労働者たちが存在する。また、行き場を失った労働者たちは、ギグ・ワークに流れ込んでいる。このような世界経済の構図が、コロナ禍で一気にその輪郭を際立たせている。

「コモンの再建」を目指す

世界に根を降ろしつつあるデジタル／テクノ封建制に対し、第四の路線（コモンの再建）は、労働者の共同性を拡大し新たな「経済民主主義」を実現するというものだ。この路線は、資本による商品化を促進し、経済成長や富の移転（収奪）を追求する路線とは異なり、労働者自身による労働とその技術の管理を目指す。また、労働を地域・消費者と自発的に結合することで自治的経済領域を拡大することをも目指す。労働運動と地域運動、これに裏付けられた政治・社会運動の結合によって、資本主義によって希少化された財（すなわち商品化された資源、生産手段、生産の知識、人々の関係）を、社会的に人々によって共有・管理されるべき財＝**「コモン」として再建する方向**が目指される。欧州では古くから「連帯経済」として資本主義的経済関係へのオルタナティブとして目指されてきた路線が、今日では新たに注目を集めている（工藤 2016, 2020）。

例えば、イギリス労働党のコービン前党首が打ち出した二〇一七年のマニフェストでは、公共サービスを再び公共の管理下に置き、水道や電気、ガス、郵便、鉄道を国有化・公有化しようとしている。ただし、ここで求められているのは、過去の国有化による社会主義的政策とは、労働者・住民の自発的参加によってこれを管理しようとする点で異なっている。

例えば、同マニフェストは〔企業などを〕「所有する権利」をうたっている。この権利によって労働者は、自分たちの企業が売り出される場合に、その企業の第一先買権を有することになり、労働者の自治的経営組織である協同組合化が促進される。また、二〇一七年の選挙キャンペーンの際に発表された労働党のレポート「所有形態のオルタナティブ・モデル」は、地域経済発展戦略の一環として、労働者協同組合の起業と拡大を積極的にサポートし、財政的にも支援すべきだとし、従業員株式保有プランの長所・短所を調査するよう提案している。労働者所有部門や協同組合部門が拡大すれば、地域社会における政治構造を「企業寄りか否か」といった対立軸から転換し、地域の成果を搾り取るばかりの多国籍企業を、「地元に根ざした民主的な事業体を中心とする新たな連携に置き換える」のである。そして、同レポートは究極的には「資本主義の次」について語る必要があると結論付けている。(15)

この方向性は、これからますます増大するケアワークを中心とする公共サービス部門を、より強固に〈労働社会〉の中に埋め込むと同時に、経営形態を経済民主主義的に変えながら、地域単位の経済循環を形成していくというものである。実際に、多くのケアワークが大企業の利潤追求に従属して行われず、地域の資源と労働が循環するのであれば、労働とサービスはかなりの程度、安定した持続的なものとなるだろう。

社会の運営能力を取り戻す

また、デジタル封建制に対しても、この路線は明確な対抗ビジョンを描く。欧州諸国では、大企業に売却され商品化された公共財産や、データ独占に対抗する「フィアレス・シティ」(恐れを知らない自治体)の運動が近年急激に拡大している。[16] すなわち、人々のデータに対する所有権＝「データ主権」を認め、自治体によってこれを管理し、新しいテクノロジーの恩恵を独占と収奪に向かわせるのではなく、私たち自身の民主的な経済運営と、福祉増進の資産に転換する取り組みが始まっている。また、公共インフラの民営化と、これに伴う公共財を運営する知的能力の企業による独占に対しても、これを取り戻す対抗運動が広がっている。

すでに長い年月の間、水道など公共インフラの管理が公共から手放され、多国籍企業側が独占してきた。専門知識が失われた自治体では、地域のインフラを管理できる技術者が存在せず、過去に取り交わされた業務委託契約を振り払う法的知識も乏しい。逆に、多国籍企業は地域のインフラや、住民データの管理技術を独占してきたうえ、膨大な法律関係の専門家をも抱えている。また、近年の「スマートシティ」構想の推進は、ますます情報と管理技術を巨大資本に独占させようとしている。市民や自治体が技術と知識、法的権利を取り戻すことは容易ではない。

そこで、フィアレス・シティは、各都市間で連携することで、インフラ管理の技術を人々の自発的結合＝アソシエーション（これには労働組合・協同組合・住民自治が含まれる）の下に取り戻すと同時に、大資本に対し新たな権利関係を求めて争い始めているのだ。グローバル資本の独占に対し、ローカルな自治体が連携することで、管理技術を共有・発展させることができると同時に、新たなエンジニアを育成することもできるようになる。また、各都市の訴訟対策が結合することで、法的権利の主張も強力になる。民主的に住民情報を共有・分析することができれば、独占企業に頼らなくとも、高度な情報技術に基づいた、質の高いサービスを住民に提供することも可能になるだろう。

この路線の核心は、いうまでもなく地域政治における住民の民主的運動にある。ただし、住民の参加や民主主義だけでは完結しないことも強調しておくべきだ。なぜなら、インフラの管理や運営、その「知識」の在り方は、まさに「労働」の本質的な在り方をめぐる問題でもあるからだ。どれだけ議会で民主的な自治政府が形成されようとも、インフラを管理するエンジニアを効果的に組織できないかぎり、大資本に対抗することはできない。

このような問題に立ち向かうために必要なものこそ、業種別・職業別に組織され、労働の内容を守るために闘う、ジョブ型の労働運動である。インフラ管理に従事する労働者を個別自治体を超えて組織する労働組合の存在と協力がない限り、大資本から実質的な自治権を奪還することはできないだろう。また、地域経済を再生する際には、ケアワークの内容の変革や、事業体の所有形態の転換（協同組合化）が必須となる。これらはまさに労働運動の課題である。ここでも労働運動の在り方がカギを握っている。

2　労働社会の「対立軸」の展望

これまで示してきた四つの路線は、現実には重なり合っており、すべて同時に現れている。それが、私たちに現状をとらえがたくさせている。したがって必要なことは、同時に現象しているこれらの傾向をいったん図式化・概念化することで、目指すべき社会像とそこに至る複線的なプロセスを特定していくことである。そこで、ここまでの議論を図示し、労働はどこからどこへ向かうのかを考えていこう。

次頁に示した図は、商品化と労働者の自治的な労働運動が形成された〈労働社会〉を左右に対置すると同時に、経済成長とこれを転換する対立軸を上下に構成している。経済成長からの転換にはさまざまな含意が存在するが、本書では労働にフォーカスし、「フォーディズム／ポスト

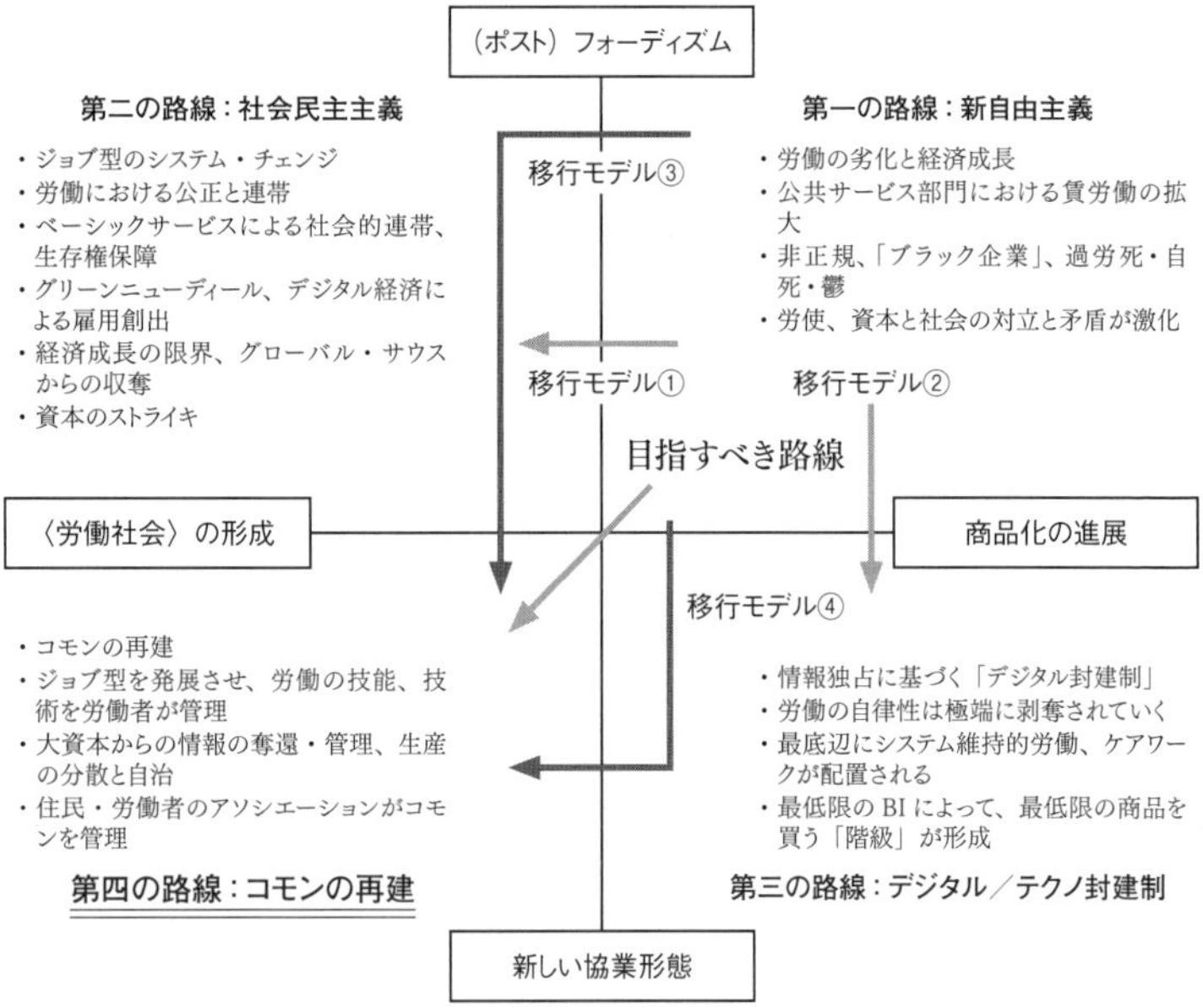
（ポスト）フォーディズム
第二の路線：社会民主主義
・ジョブ型のシステム・チェンジ
・労働における公正と連帯
・ベーシックサービスによる社会的連帯、生存権保障
・グリーンニューディール、デジタル経済による雇用創出
・経済成長の限界、グローバル・サウスからの収奪
・資本のストライキ
第一の路線：新自由主義
・労働の劣化と経済成長
・公共サービス部門における賃労働の拡大
・非正規、「ブラック企業」、過労死・自死・鬱
・労使、資本と社会の対立と矛盾が激化
移行モデル③
移行モデル①
移行モデル②
目指すべき路線
〈労働社会〉の形成
商品化の進展
移行モデル④
・コモンの再建
・ジョブ型を発展させ、労働の技能、技術を労働者が管理
・大資本からの情報の奪還・管理、生産の分散と自治
・住民・労働者のアソシエーションがコモンを管理
第四の路線：コモンの再建
・情報独占に基づく「デジタル封建制」
・労働の自律性は極端に剥奪されていく
・最底辺にシステム維持的労働、ケアワークが配置される
・最低限の BI によって、最低限の商品を買う「階級」が形成
第三の路線：デジタル／テクノ封建制
新しい協業形態

フォーディズム型労働からの転換」という意味で用いたい。新たなテクノロジーを用いた新しい協業形態の発展に、今日的変化の特徴を見出すのである。「ポストフォーディズム」を従来の側に加えるのは、すでに大量生産・大量消費の経済モデルは労働分配の次元において崩れ、非正規雇用化・低賃金化と、借金による消費構造[17]が定着しており、まさにこれが「第一の路線」に該当するからである[18]。

　このように労働の変化を構成すると、現状の「第一の路線：新自由主義」（図中右上）からは、「第二の路線：社会民主主義」への移行（移行モデル①）、「第三の路線：デジタル／テクノ封建制」への移行（移行モデル②）、「第二の路線」を経由して「第四の路線：コモンの再建」に移行する道（移行モデル③）が存在することが理解できる。

新自由主義からの転換

まず、大前提として第一の新自由主義路線から脱却するためには、労働運動の力が必要である。現状でも劣悪労働を広げることで利潤を上げることができるのであれば、この状況が維持されるからだ。マルクスが「相対的過剰人口論」において展開したように、社会の生産力の発展とともに生み出される膨大な失業・半失業者の存在は、低賃金労働に依存する劣悪企業を延命させることになる。ただし、その状態が続けば社会がどんどん壊れていく。過労死が蔓延し、少子化が進展するばかりだ。また、同じ理由から、テクノロジーの発展も、過剰人口の増加によって抑制される。

そこで、図中の移行モデル①に沿って、アトキンソン流の政策戦略が出てくる。アトキンソンの政策戦略とは、最低賃金を政策的に引き上げることで企業間の生産性競争を激化・淘汰させ、企業規模を拡大して生産力を上昇させると同時に、人材育成を強化することで、日本企業の国際競争力を高めるというものだ（アトキンソン 2019）。この議論には労働運動による自治的規制は見られないとはいえ、労働規制を強めることを通じて経済成長を追求するという意味で、右図では上段の中間に位置する。現状の日本社会では、直近ではもっともあり得る移行のパターンである。二〇二一年一〇月に就任した岸田文雄首相が掲げる「新しい日本型資本主義」も、これに類するものと思われる。

「資本のストライキ」という隘路

しかし、このパターンを追求することで、経済成長と分配のフォーディズム的循環が回復すると考えるのは楽観的すぎるだろう。世界的な成長の行き詰まりと地球環境の危機にあって、過去に戻ろうとするかのような議論には無理がある。気候変動だけではなく、第三世界からの資源収奪・人権侵害が極端化する中で、[19] 先進国のフォーディズムへの回帰戦略は、以前よりも先鋭化した倫理的問題を抱える。したがって、フォーディズムの再生は、少なくとも労働運動の目指すべき理念とはなり得ない。同じ理由から、移行モデル①をさらに左に進めるジョブ型改革も、現代の労働運動の目標地点とすることは適切ではない（逆に言えば、後述するとおり、経過地点としての意義と限界を明確にとらえることが重要である）。

それどころか、南米やギリシア・スペインの反新自由主義政権で見られたように、社会民主主義の発展は、「資本のストライキ」[20] といえるような現象をも引き起こしている。資本にとって、分配の拡大は利潤の圧迫を意味し、投資の動機を失うからである。左派政権への交代に伴って、そのような資本家総体の心理は株価の急落となって現象し、左派の「政治戦略」を隘路に陥れた。日本においても、再分配を掲げる岸田政権の誕生と同時に株価が急落したことは記憶に新しい。

AI人材への投資さえ行われない日本

では、経済成長路線から脱却する移行モデル②はどうだろうか。この変化の動因も、やはり労働搾取の行き詰まりの中にあるとみることができるのであって、まずは賃金を上げる圧力が形成されない限り、資本はなかなか大規模な投資をして、そちらに移行しようとはしない。国家も、労働者・貧困者があまりに従順な中では、真剣に教育・イノベーションに投資しようとせず、ただ株式市場に金銭をばらまくばかりだ（なお、各国では国家による教育投資やイノベーションの促進でしのぎを削っているが、日本はその逆を行っている）。日本のデジタル人材が世界的に見ても不足しており、AI等のテクノロジーの投資も低調で、教育体制も遅々として追い付かない要因はそこにある。それどころか、あまりにも自由に非正規雇用を活用できるため、ウーバーのような新たな自営業としての「ギグ・ワーカー」さえあまり増加していない。日本でギグ・ワーカーがあまり増えない理由は、決して運動や規制が強いからではなく、その逆なのである。

このような意味で、次に見るジョブ型の労働社会では、デジタル技術を含む労働能力への投資が進むと同時に、賃金上昇の圧力が高まるために、デジタル／テクノ封建制への移行圧力が第一の路線よりもずっと高い。欧米の経済発展の論理は労使関係に重大な影響を受け、第一（新自由主義・底辺への競争）から第二（ジョブ型・社会民主主義）へと促され、その圧力が第三（デジタル／テクノ封建制）への移行を促すという関係で、連続しているとみてよいだろう。

ジョブ型の意義——労働能力の開発と自治の拡大

では、第四の路線に向かうにはどうしたらよいのだろうか。第四の路線へ向かうには、図に示したとおり、三つの経路があり得る。

第一に、第二の路線（ジョブ型改革）の労働運動を刷新し、労働過程・労働の質に関与する新しい協働を目指す方向である（**移行モデル③**）。すでに述べたように、ジョブ型労働運動の限界は、連帯の原理が労働市場規制に基礎づけられている点（本書第10章参照）にあり、そのコロラリーとして、アソシエーションの可能性をフォーディズム型／ポストフォーディズム型の生産体制の枠内における、資本と賃労働の調整に閉塞させてしまう。このような限界を有しているがゆえに、協同組合の拡大にみられるように、ジョブ型を超える新しい協働の模索が続けられてきた。また、実際にはギグ・ワークにすぎないはずの、「雇用によらない働き方」が世界的に称揚され、あたかも新しい協業と労働のオルタナティブであるかのような外観を呈してきたのも、ジョブ型の本質的な限界に起因している。人々はもはや、賃労働・雇用労働の枠に収まらない働き方を求めているということだ。それを実現する労働社会こそが、第四の路線：コモンの再建である。

この第四の路線に向かって進むためには、自覚的な労働運動の存在を欠かすことができない。労働者たちが自分たちの労働について連帯し、自覚的にコントロールしようとする労働運動を抜きにしては、コモンを自治的に管理するという前提条件を欠いてしまうためだ。特に重要であるのは、公的職業訓練の拡充を基礎としながら、労働組合運動が自らの技能を育成し管理する力を強めることである。このような自治的能力の向上を図るジョブ型の労働運動は、コモンの再建へ向かう道を架橋する、重要な橋頭堡となり得る。

例えば、水道などの公共インフラを再公営化しこれを自治的に運営するためには、すでに述べたように実際にその労働を管理するように労働を組織しなければならない。ジョブ型労働運動は、「労働」の枠組みを定義しこれを価値付けているが、その延長線上に労働・技能の内容への介入とその管理へと、運動を拡大していくことができる。今後は、自治体職員のジョブ型労働運動は、コモンの再生にとっても欠くことのできない勢力となるだろう。

また、すでに民間に広がった教員や保育士の労働者たちも、ジョブ型の労働運動によって官・民、正規・非正規を超えて連帯すると同時に、仕事の内容を守るために住民・利用者と連帯した社会運動に発展していくことが十分可能だ。「公共サービス経済化」した現代においては、非常に多くの産業において、このような青写真を描くことができる。さらに、公共サービス労働における連帯が、労働の技能を「コモン」として管理するならば、日本の諸都市の労組や日本の業種別・職種別労組が、国内外の「フィアレス・シティ」と連帯し、その勢力を強化することに貢献する道も開けてくるはずだ。

そして、デジタル人材への投資も、労働者の技能を育成することによって、効率的でアクセスしやすい労働者協同組合や、民主的に管理された質の高い自治体サービスを構築していくための条件となる。特に重要なのは、公共職業訓練によって、多くの労働者がそれらの技能にアクセスする道を拡大することである。

気候変動対策の観点からも、ジョブ型労働運動の発展は重要な意味を持つ。ジョブ型労働運動は、グリーンニューディールのカギを握る新しい技術と労働を発展させながら、資本と賃労働を調和させるだけではなく、新たな生産技術をよりコモンの再建に結び付くように方向づけることが可能だからだ。新たな環境対策技術がグリーンニューディール政策の中で発展する過程と、これを労働者のアソシエーションの中に埋め込む新たなジョブ型労働運動が並行して進むことで、フォーディズム／ポストフォーディズム型の生産体制から脱却していくという理論的な位置関係が成立する。

ジョブ型の限界——賃労働への閉塞

とはいえ、ジョブ型運動と気候変動対策の内的矛盾についても強調しておく必要があるだろう。確かに、グリーンニューディール政策はその内実において多様性があり、また気候変動対策のために新たなテクノロジーの戦略的導入は不可欠であるため、これをひとくくりに否定するべきではない（明日香 2021）。しかし、同政策は、労働者を賃労働に従属させ、経済成長によってこれを統合するという社会民主主義政策の土台の上にある。同政策の下に新たな経済成長戦略を追求し資本主義社会の調和を図るのか、それとも資本主義的生産関係からの転換をより根本的に目指していくのかという争点は、世界的にはすでに明瞭である。

例えば、カリス、ポールソン、ダリサ、デマリアは、グリーンニューディールと脱成長の戦略の違いについて、「たとえば再生可能エネルギーの迅速かつ大々的な導入、輸送と農業の脱炭素化、建物を炭素排出実質ゼロとするための改築と手ごろな環境優良型住宅の提供、森林の再生と生態系の回復など」について共通点を認めたうえで、後者は「さらにその先に踏み込み、たとえ再生可能エネルギーを拡大したところで、成長追求型の経済のままではコストとリスクが増すという点を問題視する」(カリス、ポールソン、ダリサ、デマリア 2021) という。第一の路線が資本主義的な経済成長のために労働の劣化と貧困の悪化を招くように、グリーンニューディールも新たな環境かく乱要因を生み出すことが懸念されているわけだ。

これと同じように、労働の世界でも、資本と賃労働の「調和」なのか、それとも「超克」なのかをめぐり、「ジョブ型」はどちらにも向かう性質を持っている。私自身もジョブ型改革を提案し続けてきたが、これからのジョブ型の労働運動戦略は、この世界的な課題に対応するために、これまでの課題を克服し、労働市場規制に軸足を置いた賃金規制戦略を超えて、労働者の自律性と労働能力を担保する方向へ発展させなければならないと考えている (本書第10章、今野・藤田編 2019、井手・今野・藤田 2018)。

デジタル封建制からの発展

コモンの再建に向かうもう一つの経路として、拡大するデジタル・エコノミーの内部で闘う路線（**移行モデル④**）についても考えてみよう。まず、フィアレス・シティにおける情報主権を求める運動は、デジタル・トランスフォーメーション（DX）が進展する中で、その成果を住民の側に取り戻そうという運動である。ブロックチェーン技術によって、個人情報を匿名化したうえで、ビックデータとAIの分析技術を民主的に管理し、私たち自身のために社会を効率化していくということだ。

同時に、DXの果実は、労働の在り方を変え、自律的な協業の可能性を開く。労働者たちが独自のPFを作り出し、自律的に協業を組織し、地域で協働を実現することが、資本のリーン・プラットフォームに対抗する道となるだろう。このようなPFによる自律的労働の拡大によって、協同組合の連合体や、業種別・職種別労働組合が連携することにより、はじめて巨大独占企業に対抗できる勢力となる。これに、住民運動、フィアレス・シティとの連帯が加わることで、その可能性はさらに大きくなる。

ここでもグリーンニューディールと同じように、DXやその帰結であるデジタル／テクノ封建制は、それ自体が労働運動の目的とはならない。だが、そこで発展するテクノロジーを新たな協業・協働のために人々が取り戻していくプロセスは存在するのである。

「複線的」に進む社会変革

そして第三に、もちろん、直接的に第四の路線を目指すフィアレス・シティの実践や協同組合を拡大する労働・社会運動の実践が存在する。本節であえてこの論点を最後に回したのには含意がある。コモンの再建という社会運動戦略は、非現実な理想論にすぎず、運動の目標にもならないといった意見が日本では大勢を占めているように思うからだ。

実際に、すでに第10章でも述べたように、現実の資本主義社会では第一の路線から第四の路線まで、競合する他のモデルが存在しており、生産活動はこれらのモデルを追求する諸資本と市場で競争にさらされている。仮に協同組合を新たに創設しても、それはアソシエーションに基づく生産領域を資本主義社会の「孤立した飛び地」のように点在させることしかできない上に、市場競争によって変質、あるいは淘汰されてしまうだろう。

したがって、コモンの再建に向かっては、他の三つの経済モデルの「内部」における運動が重要になる。そして、それらのすべての運動が結合することなしには、第四の路線に進んでいくことはできないだろう。逆に言えば、経済モデルのそれぞれの理論的な位置関係を読み解くことで、あるべき針路を明確にすることができ、コモンの再建のリアリティーを確かなものにすることができる。

ここで重要であるのは、いずれかの路線を「特権化」しないことである。例えば、グリーンニューディールなくして気候変動対策はできないのだから、コモンを目指す運動はナンセンスだ、という議論に陥る必要はない。現実の（ポスト）フォーディズム体制の内部から変革のポテンシャルを引き出すことと、それ自体を目標とすることは同じではないはずである。同じように、デジタル化そのものを否定する技術否定論的主張や、賃労働を超克する協同組合運動を特権化し、労働組合運動の意義を過小評価することも不毛である。それぞれの運動の意義と方向性を理解し、連帯を模索することこそが重要であり、本書のマッピングはその役に立ててほしいと考えている。

註

第1章

(1) 計算方法により実質的な金額はおよそ四割に低下する。また、これは国が強制する労働基準法上の水準であり、労働者は労働契約に基づき従前の賃金の全額を請求することができる。

(2) 首都圏青年ユニオン編「シフト制黒書」参照(https://www.seinen-u.org/)。

(3) 株式会社野村総合研究所「コロナによる休業・シフト減のパート・アルバイト就業者の実態に関する調査」(二〇二一年二月)(https://www.nri.com/jp/news/newsrelease/lst/2021/cc/0301_1)。

(4) 大企業で働くシフト制労働者等に係る支給実績を除く。

(5) 今野・本田(2009)および今野(2009)を参照。POSSEが二〇〇六年に行った三〇〇〇人を対象とした調査では、労働法が「使えない」状況について明らかになった。この調査では、該当の若者に労働法の知識と違法行為の有無について詳細に聞き取った。この結果、労働法の知識があっても、違法状態の減少にはつながっていないことが明らかとなった。また、企業側の脱法行為の方法については今野(2013c)が詳細に論じている。さらに、今野(2013a)は労働法をめぐるミクロな労使関係について詳細に分析している。

(6) なお、唐鎌(2012)が指摘するように、資本主義社会における「最大の貧困原因が雇用問題にある」ことを発見した点にブース貧困調査の成果がある。ブースの労働市場論によって後の社会政策が労使関係と連動した設計になり、労働者の交渉力を押し上げたのに対し、日本においては、貧困は特殊な救済対象とみなされた。現代の貧困対策や福祉政策が労働者と対立的に現れ、さらに労働者を過酷な労働へと駆り立てている構図については今野(2013b)を参照してほしい。

(7) 産業革命期の労働需要と二〇世紀の労働需要の性質については、例えばフレイ(2020)。

(8) フォーディズムを定式化したレギュラシオン理論については、山田(1994, 1993)、ボワイエ(1989)。

(9) 小西(2020, 2014)参照。同書ではレギュラシオン理論の想定とも異なり、利潤率は傾向的に低下し続けており、それが今日の資本主義経済の行き詰まりを生み出していることが示されている。

(10) なお、ここでは資本蓄積の行き詰まりと「ブラック企業」問題の関係を主題としているため製造業の変化については触れていないが、一九九〇年代後半から二〇〇〇年代にかけては製造業における多品種・適量生産を特徴とする「ポストフォーディズム」的生産体制の形成により、非正規・間接雇用化が進展した。同労働形態は二〇〇八年秋のリーマン・ショックを機に派遣村問題を引き起こした。同労働形態の特徴については今野（2017）、当時の労働運動の課題ついては木下（2012）を参照されたい。

（11） 例えば、竹信（2012）は「ケア労働は①女性（＝主婦）ならだれでもできる単純労働②夫の収入があるからやすくてかまわない」という前提で待遇が抑え込まれてきたことや、日本の福祉社会が「女性の無償のケア労働というリソースを前提」にしていること、そしてそれらがケアの質にも影響を与えることを論じている。また最近世界的に話題のケア・コレクティヴ（2021）においても、女性差別のケアの価値の切り下げの関係について言及されている。

（12） ポラニー（2009）、若森（2015）参照。また、資本主義化の中で労働運動が生成する論理と過程については木下（2021）を参照。

（13） ウェッブ（1973）。ウェッブが発見した労働組合の機能については、木下（2021）、浅見（2021）も参照。

（14） 日本における賃金格差の構造については熊沢（2007）がわかりやすく概説している。また、日本における共通規則の不在とその結果については木下（2021）が詳しい。

（15） 諸外国とのストライキの内容、規模における格差は今野（2020）で詳述した。

第2章

（1） もちろん、今日では労働法によって労働力の処分権について一定の歯止めがかけられている。しかし、原則として使用者側が労働力の処分権＝指揮命令権を有することは今日も変わっていない。また、『資本論』で詳述される一九世紀イギリスの工場監督官制度のように、労働法の脱法は常に生じる。今日の日本の労働法がどれだけ無視されているか、またその過程はいかなるものかは、今野（2013a）を参照してほしい。

（2） マルクスは『資本論』において、資本の中位の増殖欲求にとって過剰な労働力を、資本にとっての「相対的過剰人口」と呼んだ。

（3） 日本における過剰人口の拡大と労働市場への影響については伍賀（1988）が詳しい。これによれば、戦後日本社会の資本蓄積の進展が一貫して日本の不安定就業層を作り出してきたことが示されている。また、中野（2006）は派遣労働によって労働者がますます交換可能な商品として扱われようになった事情を指摘している。なお、特別の技能を必要とする職業や、フォーディズム期のような長期的な生産拡大局面においては労使の妥協の余地は大きくなり「まともな雇用」が広範に実現し過剰人口は抑制される。しかし、好景気の日本にあってさえ、膨大な失業者・半失業者・不安定就業者層が存在し労働者間の賃金競争を作り出してきたことを伍賀や江口（1979-80）は示している。

（4）裁量労働制の実体については今野・嶋﨑編（2018）。

（5）貨幣を持たないものへの酷薄な処遇や生活保護行政の違法行為の実態については今野（2013c）を参照してほしい。

（6）今野晴貴「保育園の最大手が全国で「一斉閉園」なぜ保育ビジネスの「撤退」が始まったのか?-」(https://news.yahoo.co.jp/byline/konnoharuki/20201122-00208920) 参照。

（7）以下、マルクスの物象化論については佐々木（2021, 2018, 2014, 2012）を参照。ここでは詳論できないが、物象化の根源は共同労働が解体したのちに現れる私的労働にある。私的生産者たちは労働生産物を交換することではじめて労働を社会化することが可能となるが、そのためには労働生産物にそれらの共通の属性としての価値を付与せねばならず、商品は独自の社会的力を有するようになる。やがて価値を表現する商品は一つに絞られ、これが金に固定すると貨幣となる。さらに、この商品関係を基礎として資本と労働力が蓄積され、資本主義社会が形成される。このようにして形成された商品、貨幣、資本などはすべて人間に代わって社会的力を持つ物象であり、私たちはこの物象に依存して社会的関係を取り結ぶという転倒した関係に置かれている。

（8）なお、ここで労働者がこの関係に「気づく」だけでは不十分であることに注意を促したい。現実に労働運動の実践によって労使慣行を新たに形成し、労使の力関係を変容させない限りは、労働者は物象化の問題に「気づいた」としても、それによって救済されることはない。

（9）アメリカの場合にはリーディングカンパニーの労働協約を基準にしたパターンバーゲニングを通じて規制される。

（10）欧米の労使関係については、田端（2007）が非常にわかりやすい。

（11）よく欧米、特にイギリスの階級社会と区別し、日本社会には階級がないといわれる。だが、客観的にはあらゆる社会に階級は存在する。問題は、それが意識されるかどうかである。日本社会で「階級がない」と意識されるとき、それは階級間移動が可能だ（機会平等）という認識に基づくと考えられている。だが、この階級間移動については橋本（2020）が指摘するように過大評価されている。また、階級の存在は客観的な利害対立の存在を意味している。日本社会で階級が意識されてないということは、労働者が自らの利害関係を理解できず、かえって支配階級に従属的になっている証でもあるのだ。

（12） 熊沢（1997, 1993）。

（13） 大内・竹信（2014）。

（14） 萩田（2020）。

（15） ブレイヴァマン（1978）。また、ブレイヴァマンの管理概念についての理論的な分析は三家本（2018, 2017）を参照。

（16） 労働者の体力が無視され、一方的にスピードアップされるベルトコンベア労働の過酷さについては鎌田（1983）が非常によくわかる。なお、このようなブレイヴァマンのテイラー主義の三つの原理については、労働者側の抵抗の契機を見落としている、あるいは労働者の抵抗をア・プリオリな前提とみなしているなどの批判が加えられてきた。特に、労働者側の抵抗に着目する議論（抵抗理論）においては、労働者に一定の自律性を付与する「自律的統制」が提起された。だが、三家本（2017）が指摘するように、ブレイヴァマンの指摘の重要性は、具体的な課業形態の妥当性にではなく、資本主義的生産が資本に労働の知を集中し労働者から分離するところにある。これを前提とし、むしろ一定の自律性の付与はテイラー主義実践の主要な戦略とさえなることをブレイヴァマン自身が述べている。

（17） 小池（2005）。ただし、このような見解は多くの研究によって批判されている。

（18） 職場からの改革ではなく企業外的な改革（外部構築）が重要であるということについては、木下（2021, 2007）で説得的に述べられている。

（19） 三家本（2017 83）「こうして、資本主義以前の社会の労働過程において労働者が発揮する「自律性」と、資本主義における《自律性》という、2つの意味において自律性を把握することができる。さらに、後者の《自律性》の付与とは、テイラーの科学的管理において最も重要な、構想と実行の分離のうえに成立し、かつ労働者の主体的な振る舞いを引き出している点で、テイラーの科学的管理の深化であると考えられる」。

（20） なお、製造業で期間工（契約在員）、派遣・請負労働が広がる以前から、この分断線は元請労働者と下請労働者との分断として確立していた。

第3章

（1） JIDEA研究グループ（2012）、小西（2020）。

（2） 蓑輪（2021）参照。後述するように、このように拡大するサービス産業が低処遇の女性労働者によって担われている点にも注意が必要である。

（3） 今野・竹信・蓑輪（2021）。同用語は蓑輪明子によるもの。

（4） 看護師の業務に加え、一定の診察や治療を行う職種。

（5） Fastest Growing Occupations（https://www.bls.

gov/ooh/fastest-growing.htm)。最新版は二〇二一年公表の二〇一九年から二〇二九年の間の予測である。なお、米国では公務員も増加しており、公共サービスは市場化されているばかりではない。

(6) 二〇一五年にSOMPOホールディングスに買収され、二〇一八年にSOMPOケアへ合併され解散。

(7) この事例の詳細は今野(2015)。同書では、資本主義の行き詰まりの中で行われる利潤追求が、研究開発からケアワーク、そしてNGOまで多様な分野で労働問題を引き起こしている様態を詳しく描写している。

(8) 原田(2008)は「今日の労働の非人間化の状況は、ハリー・ブレイヴァマンが批判した科学的労働管理に回帰したような状態」であると指摘している。

(9) 宮本(2021)。また、森川(2015)は介護保険制度によって商品化されたケアの問題点について詳論している。

(10) 小林(2015)。

(11) 二〇一三年、被害者の遺族が損害賠償請求訴訟を起こし、二〇一五年に和解した。

(12) ただし、ワタミ側は水面下で告発した従業員に対する嫌がらせを行っているとの報道もあり、裁判でもこの点が争点となっている(二〇二一年八月時点)。

(13) 佐々木(2020)。

(14) 以上、崎谷(2021)参照。

(15) 「「N高」に是正勧告——元教員「休日にSlack通知音の幻聴きこえた」会見で激務語る」弁護士ドットコム(二〇二一年六月一一日)(https://www.bengo4.com/c_5/n_13176/)。なお、会社側も見解を動画で公開している(https://www.youtube.com/watch?v=PiLL9FY7pMk)。

(16) 佐藤(2021)。

(17) 濱田・樋野・浅見(2016)は実態調査から、「地域のコンビニが地域包括ケアの重要な資源となり得ると考えられる。そのためコンビニと自治体・地域の関連機関が協働して地域高齢者を支える仕組みをつくる必要がある」としている。

(18) 三宮(2016)参照。

(19) マルクス(1972 第三分冊 397)。

第4章

(1) 厳密には市民法は戦後憲法および各法令に合わせ、その原則が解釈上相対化されている。後述する一般条項の解釈をはじめ、債権法の解釈等として労働法における判例法理を形成している。労働契約法が制定される以前の労働法の多くの部分は、この民法の解釈により形成されていた。

(2) 資本主義社会における形態と素材の対立については、佐々木(2021)を参照。私的労働に基づく今日の社会では、労働生産物に対し価値という社会的属性を与え、それを物象とすることで、私たちははじめて社会的関係を取り結ぶことができる。そのため、本書第2章で述べたように、私たちは物象に規定されたふるまいを強制される（物象の人格化）。その過程では、人間の欲望や価値観そのものも変質していく。そして、所有の正当性も人間同士の紐帯から、商品の取引によって基礎づけられる債権・債務関係へと変容していくのである。

（3）社会政策の労働力再生産機能としての規定がどのように学術的に把握されてきたのかについては、中西(1982)を参照。また、労働運動の存在によってはじめて社会政策が形成されるという点については、黒川(1970)。

（4）一般的には「過労自殺」とされるが、労働が原因で追いやられた「自殺」を本人の意思によるものではないと考え、ここでは「自死」と表記する。

第6章

（1）今野（2017）参照。なお、ここで言及している労働者の年齢構成や賃金水準については、電機連合その他の大規模調査によっても裏付けられている。

（2）詳しくは今野（2016b）。求人詐欺は、新聞メディアでは「ブラック求人」とも呼称されている。

（3）行政については、求人詐欺やパワーハラスメントなどが、行政処分の対象となる明白な違法行為ではないために、その手法や違法性を問題化することが難しかったことが推察される。アカデミズムに関しては、労働組合の衰退を反映して、調査手法が企業側調査（あるいは企業を通じた労働者調査）に偏在してきたことが一因だと思われる。また、統計的調査手法によっても労務管理の実態を把握することは困難である。例えば、若者の離職理由において、「自己都合退職」の割合は近年七割程度で推移している。このデータをもって、「若者の離職志向」が看取される場合がある。しかし、実態は、解雇や違法行為を明るみに出したくない企業が「自己都合」の離職票を作成するのである。離職票の作成プロセスは企業側が一方的に行うものである。統計研究においては、このような「現場」の制度運用（言い換えれば関係）を反映しない場合が珍しくはない。

第7章

（1）厳密にいえばこうした市場社会における費用の転嫁は「ブラック企業」に限らずあらゆる企業の経済活動に内在している。また企業活動に伴う市場外への費用転嫁は、本来は金銭的価値に換算不能な影響も含む「社会的費用」として特定されるべきである。端的に言えば、過労死・鬱病の被害や、あるいはこれが積み重なって社会が影響を被ることは、例外的に発生する金銭的な「外部不経済」として理解するだけでは不十分である。労働問題や環境問題は常に商品価値に換算されない人間の身体や自然からの収奪によって引き起こされてきたのであり、その本質は物象化された社会的関係性である。この点については本書第2章及び羽島（2017）参照。
（2） 日本の企業主義社会統合については、本書第2章及び後藤（2001）参照。
（3） もちろんその危機は今日も継続し、正社員雇用を侵食している。
（4） 詳しくは今野・棗・藤田・上西・大内・嶋﨑・常見・ハリス鈴木（2014）。同団体では労働者や学生、教員向けの労働問題解決のマニュアルや、労働教育のための無料冊子など、多数の資料を提供している。なお、私もブラック企業対策プロジェクトの共同代表の一人である。
（5） 今野・棗・藤田・上西・大内・嶋﨑・常見・ハリス鈴木（2014）。

第8章

（1） 当時、製造業派遣・請負労働者はおよそ二〇〇万人いたものと推定されており、リーマン・ショック期にはその大半が解雇された。二〇〇〇年代の派遣労働者たちの実情については木下（2012）、今野（2017）を参照してほしい。
（2） もちろん、派遣法には派遣先の義務がわずかながら定められており、また、雇用責任についても一定の場合に認める裁判例が存在する。労働運動が派遣先の法的責任を追及してきた結果である。
（3） 派遣労働者の運動が「法律」の範囲をこえる社会運動であった点については、児島（2012）。
（4） 詳述は避けるが、今日の非正規雇用問題は、労働運動が女性差別問題を放置し続けてきた帰結であることは注記されるべきである。
（5） 「ヘゲモニー」とは、「覇権」などと訳されるが、本来的には社会勢力の結合を表わす概念である。特に、社会階層同士の政治的な結びつき（敵対性によって形成されるアイデンティティ）がどのように形成されるのかに関わる。例えば、日本のように正規雇用と非正規雇用の利害が分断され、相互に敵対していれば、労働者全体の利害は社会に反映されにくくなり、結果的に経営者に有利な世論が形成されてしまう。注意すべきは、ヘゲモニーは各階層の利害関係を直裁に反映して決定されるのではなく、むしろ、偶発的に決定されるということだ。だから、まったく別の敵対性と、これに伴う社会階層同士の結節の形があり得る。「反貧困」運動や「派遣村」は、まさにこの敵対性のあり方を変化させることに成功したからこそ、多大な影響を与えることができた。このように、社会階層の結びつきのあり方を分析することで、なぜ「派遣村」の運動が社会的な影響力を持ち、今日では労働運動が局所的には影響を与えているものの、社会全体に広範な影響を及ぼしていないのかを理解することができるのであり、ひいては今、私たちが採るべき労働運動のあり方を考察することが可能になる。ヘゲモニーについては本書第7章も参照。

(6) この点については、今野(2013b)、井手・今野・藤田(2018)も参照されたい。

(7) 二〇一二年には、人気芸人の母親の生活保護受給が大々的に問題にされ、二〇一六年には生活保護受給世帯の現実をNHKの番組で証言した女子高校生が、Twitter上の発言からささやかな「贅沢」をしていることが暴かれ、執拗にバッシングされた。これには自民党国会議員の片山さつきも関与するなど、政治的な色彩も帯びていた。

(8) この新しい交渉力の源泉についての歴史的な独自性については、浅見・木下(2015)を参照されたい。

(9) この点については、初出論文では「産業的」としていたが、その後今野(2020)でこの点を「社会的=消費者的」と言い換えたことに対応し、本書においてもこの点を変更した。

(10) もちろん、二〇世紀にトレイドが完全に社会から消滅したわけではないため、ここでは社会の主要な労働の構成が変容したことを強調している点に留意してほしい。また、ここでいう「トレイド」とは企業による職種の職務への分解を経て、新たに統合されたものであり、かつてのそれと区別されている。強い自律性と交渉力を持ったかつてのクラフト(熟練労働者)ではなく、あくまでも構想力を制奪された労働者がその担い手である。この点については、本書第2章も参照。

(11) 職種が解体されて職務(ジョブ)となった後も、欧米諸国においては、その職務について企業を超えて連関させ、労働市場規制を追求してきた。木下(2021)参照。

(12) 木下(2021)においては、周辺的正社員を非年功型労働者と位置づけ、その内部をさらに「弱年功型正社員」、「非年功型正社員」に分けて分析している。

第9章

(1) マイク・デイヴィス「これは最後の闘争だ」(https://progressive.international/ 掲載の論文より)。

(2) 総合サポートユニオンを母体とし、支部に介護・保育ユニオン、私学教員ユニオン、ブラックバイトユニオンなど。

(3) 労働相談は二〇二〇年六月二六日時点で二六八五件、生活相談は六月末日までに四〇二件、これらとは別に外国人からの労働・生活相談は六月末日時点で四〇六件である。

(4) なお、「使用者側の事情による休業」には休業や売り上げの減少などが含まれ、「労働者側の事情による休業」には子どもの休校に伴う休業などが含まれる。

もともと低賃金の非正規雇用労働者は、この金額では到底生活を維持することはできない。

（5）ただし、労働基準法上の休業手当については、一日あたりの額を三ヶ月間の賃金総額を歴日数で除することで求めるため、一日あたりの賃金は、実際には従前の四割程度となる。この金額を支払われても、多くの労働者は生活することはできない。厚生労働省も、企業により高い割合の自主的な支払いを求めていた。

（6）これについては、民法五三六条二項において、「債権者の責めに帰すべき事由によって債務を履行することができなくなったときは、債務者は、反対給付を受ける権利を失わない」と規定されており、「債権者（使用者）の責めに帰すべき事由」を裁判所がどのように判断するのかが問われる。

（7）厚生労働省の「新型コロナウイルスに関するQ&A（企業の方向け）」によれば、改正特別措置法の緊急事態宣言に基づく協力依頼や要請を受けた場合であっても、労働基準法に基づく休業手当の支払義務が一律になくなるものではないとしつつ、特措法に基づく協力依頼や要請を受けて休業した場合で、なおかつ自宅勤務や代替業務を検討するなど、休業を回避するための具体的努力を最大限尽くしている場合には、不可抗力による休業に該当するため、支払義務は免除されるという。これでは多くの企業が「支払義務はない」と考えても無理はない。もちろん、この見解はあくまでも厚生労働省の解釈の基準であり、実際の裁判による司法判断で覆される可能性がある。

（8）首都圏青年ユニオン傘下のユニオンである。筆者は共同代表を務める「生存のためのコロナ対策ネットワーク」において同団体と連携している。

（9）世論では「補償無き自粛要請ではないか」との政府への批判が吹き荒れたが、これに対し厚労省は「事実ではない」と、六回の投稿に分けて異例の反論を繰り広げた。だが、その主張の中身はこの「自主的」な休業手当の支給と不十分な雇用調整助成金制度の存在があるというだけだった。安倍首相に至っては、この制度をもって世界でもっとも充実した休業補償だとまで喧伝した。

（10）同時に、四月に遡及して適用されることとなり、一日当たりの上限額も八三三〇円から一五〇〇〇円まで引き上げられた。手続きについても大幅に緩和され、支給されるまでの期間は二週間程度を目指すとされた。

（11）詳しくは渡辺・布川（2020）。

（12）こうした「生存権」とコロナ対策の関係については、生存のためのコロナ対策ネットワーク「特集：生存のために――コロナ禍のもとの生活と生命」『世界』二〇二〇年六月号を参照。

（13）日本社会のストライキの在り方の問題については今野（2020）を参照。

（14）統治戦略としての「市場の活用」については佐々

木（2016a）、資本主義社会における人々のホモ・エコノミクス化については、佐々木（2021）及び佐々木（2016b）を参照。

（15）詳しくは今野（2017）。

（16）詳しくは今野（2016a）。

（17）なお、この問題は筆者が「Yahoo! ニュース個人」において告発し、大きな反響を呼んだ。厚生労働省による「通知」もその反響に配慮して出されたものと思われる。

（18）こうした派遣会社の理論的性格については伍賀（2006）。

（19）当時、木下（2007）は、派遣労働者の「アソシエーション」運動としての潜在力を指摘していた。これは、背景資本の責任追及とは一線を画した知見であった。

第10章

（1）後述するように、デヴィッド・グレーバーは社会に蔓延し人々に賃労働規律を強制している「不要な労働」を「ブルシット・ジョブ」と呼称している。

（2）この点については斎藤（2021）が脱成長コミュニズムを提起し、グリーンニューディール派と論争を引き起こしている。当然、新エネルギーや省エネインフラへの投資は必要であるが、これと新たな開発投資によって資本主義経済の発展を目指すことは決して同じではない。この点で、斎藤の主張はあえて新エネルギーへの投資が不要であるかのように誤読される傾向にある（斎藤 2021）。産業構造の転換によって、新しい蓄積体制と社会統合の様式を目指すことは、結局は資本蓄積の論理に従属することで気候危機を拡大する帰結をもたらすだろう。したがって労働運動の目指すべき方向は、本章で述べるような、経済開発とは区別される労働の自律性と生存権の要求である。このような文脈においてこそ、ベーシックインカム論やベーシックサービス論のような、「労働」と「所得」、あるいは「労働」と「生活保障」を切り離す主張は妥当性を有するのである。

（3）スンドララジャン（2016）によれば、シェアリング・エコノミーは企業を主体とせずに生産と消費の結合を可能にするため、「クラウド・ベースド資本主義」として規定することができる。

（4）Hardt & Negri（2017）、リフキン（2015）等。

（5）Srnicek & Williams（2015）。

（6）経済産業省（2017）。経済産業省は、高級ホテルでのサービスなど、「高付加価値」のサービス産業を生み出すことを提示している。

（7）ここでいう「管理」とは、資本が労働者の労働過程を、資本蓄積を最大化させるように統制することを意味している。管理及び統制の概念についてはブレイヴァマン（1978）及び三家本（2017）を参照。

(8) 石田(2019)はこの点に関し、情報通信技術の発達によって生み出された新しい働き方について共通の諒解を得る用語法について検討している。そこでまず、シェアリング・エコノミー、ギグ・エコノミー/オンデマンド・エコノミー、プラットフォームエコノミーの三つの用語法があるとしたうえで、シェアリング・エコノミーについては「シェア」(共有)とは、本来非営利の社会的交換であり、利他性を含意するものであり今日の労働形態の理解にとって適切ではないとの批判があり、ギグ・エコノミー/オンデマンド・エコノミーについても非正規雇用など他の不安定雇用との区別が十分にできないという。これらに対し、プラットフォームを介した労働であるという点は、多様な新しい働き方に共通しているという。このような用語法の区別は、プラットフォーム労働(あるいはデジタルエコノミー)という技術的基盤の上に、労使の対抗を反映し、多様な労働社会が形成しうるという本章の理解とも整合するものである。

(9) アクティヴェーションは、経済成長を追求する社会政策の一種ではあるが、労働者の能力を開発し、必要な産業に移動を促す点、またそれが労使の交渉によって図られる点において、労働者の自律性の発展にも寄与し脱商品化を促進する側面をもつ。

(10) 例えば、ウーバーイーツユニオンやコンビニ加盟店ユニオンでは、雇用労働を忌避する労働者をどのように運動に組織化していくのかといった実践的な課題が現れている。また、大量の資本に雇われない失業者と雇用労働者の分断が深刻化している。

(11) 「ジョブ型」の概念規定をめぐっては、浅見・木下・今野(2021)も参照されたい。近年広く政策用語として用いられるようになった「ジョブ型」は、職務給を基礎とする人事管理の用語法と、労働組合による職務を基軸とした労働規制を指す場合に二分されている。さらに、近年は後者の中でも、「ジョブ型」労働運動が「労働の質」に対する規制を含むものであるのか、それが労働組合運動の本質をなすものであるのかをめぐり見解の相違が顕在化しつつある。

(12) 職種が解体された職務においては、それが企業を超えた普遍的存在となるためには意識的な労働運動が必要である。

(13) なお、ここでいう普遍性は企業を超えるという意味であると同時に、価値形態によって与えられる労働の疎外された社会性とは異なり、直接的な社会性を持つという意味でもある。すなわち、同一労働同一賃金に基づく労働市場の規制は、価値形態内部における素材的共通性に依拠した規制である(企業を超えた普遍性)一方で、労働過程への介入は生産の具体的かつ素材的必要性に依拠した社会的規制力(価値形態を超えた普遍性)なのである。いわば使用価値の普遍性に基礎づけられた規制である。

(14) 例えば、原(2020)は、プラントメーカーにおけるさまざまな業種に適用されている事例を紹介している。

(15) Rideshare Drivers United.(https://drivers-united.org/)。

(16) 最低時給二七・八六ドルは、二〇一九年一月からニューヨーク市が市内で働く配車アプリドライバーに対して税引前の時給で二七・八六ドルの支払いをウーバーなどプラットフォーム運営企業に義務付けたことに基づいている。

(17) 例えば、Leidner(1993)は、とりわけケア労働が、ファーストフードや販売業務、その他のサービス業とは異なり、「接客サービスが取引対象とは分離できず、取引対象が接客サービス労働と癒合して」いるため、「サービスの質が接客労働者の人格やパーソナリティと一体化しており、分離することができない」ことを指摘している。

(18) アメリカ合衆国労働省労働統計局「ストライキ件数」(https://www.bls.gov/web/wkstp/annual-listing.htm#annual_listing.xlsx.f.3)。

(19) Chicago Teachers Union.(https://www.ctulocal1.org/)。

(20) ベーシックインカムによる政治主義的な社会変革論の問題点については、佐々木・志賀編(2019)、萱野編(2012)を参照してほしい。

(21) 同一労働同一賃金の賃金戦略は、住居、医療、教育等の社会的ニーズを国家の社会政策によって補完することを国家に求めることと不可分であった。これに対し、日本の場合には、年功賃金によって住居、教育などのニーズを満たすことを求めたために、「無条件の生活保障」は欧州に比べて非常に脆弱である。

第11章

(1) 社会民主主義路線を労働運動との関係に着目しながら定式化したウェッブ夫妻は、産業社会に労働者が適応することを政策的に促進すると同時に、経済成長の利益が労働者に再分配される社会を構想し、これを産業民主制として論じた。江里口(2008)によれば、このような構想は現在の制度派経済学の発想につらなっている。社会民主主義の本質的な性格は、経済成長とこれを媒介する制度の構想という点にあると考えてよいだろう。

(2) 本書の用語法とは異なるが、「ジョブ型」の政策論議については木下(2009)を参照。この論文は「ジョブ型」が今日のように政策論の議題となる以前から論壇をマッピングしたものであり、今日でも運動論として示唆に富む。

(3) ただし、労働契約法の改正など部分的に労働者保護を強化する立法は実現している。だが、それらの立法政策は日本型雇用システムを深部から改革するものではなく、むしろ日本型雇用システムの枠内で著しい格差に歯止めをかけるという性質のものである上に、その歯止めをかける役割さえ十分に果たしていない。象徴的には、労働契約法から「有期・パート法」へ移された雇用形態による待遇格差を是正させる条文(「同一労働同一賃金法」などとも呼称されている)に関しては、二〇二〇年に相次いだ最高裁判決で、配置転換の有無など日本型雇用の特性によって待遇格差が正当化されてしまっている。

(4) なお、政府の検討会におけるものを含めもっぱら経営側からの企業内人事改革の意味で呼称される「ジョブ型」の改革論については、その主張は実質的に上の(A)ないし(C)と変わらないので、ここでは除外している。

(5) 近年のテクノロジーが、以前とは異なって「労働代替的」であるという指摘は、フレイ(2020)でも詳細に述べられている。

(6) なお、井上はデジタル経済化が経済成長を爆発的に実現すると述べているように、デジタル技術の拡大と物質的な経済成長が直接結びつくと考えている。だが、ブリニョルフソンとマカフィーが主張するように、デジタル経済における「成長」の意味は従来とは異なり、雇用だけではなく、物質的富を拡大するものにもならないという見方が近年は広がっている。デジタル経済において拡大するのは必ずしも物質的富ではなく、デジタルコンテンツなど無限に複製可能な知的・情報的な富である。このような指標から経済規模を測定するために、従来のGDP概念の刷新が必要とされている。つまり、デジタル化は労働の変化をもたらすことは明らかだが、それによってますます物質的経済を拡大するのか、経済の性質が変化するのかは、論者によって理解が分かれてくるということだ。

(7) ビックデータとAIによる行動分析については、ズボフ(2021)、ハラリ(2018)に詳しい。

(8) 新通信規格である5Gが、通話などの通信ではなくIoTと結びついた産業用技術であることは、森川(2020)に詳しい。

(9) なお、資本主義の「封建化」は、金融資本主義化の中で進んできた。ピケティ(2014)によって、経済成長率以上に資本収益率が大きく、富の移転が拡大している事実が明らかにされている。ところが、二〇〇八年のリーマンショックにおいては、金融資本主義の脆弱性が露わとなった。金融資本主義は実際の労働に基づく実体経済と乖離して利潤を追求することができたが、あくまでも実体経済に基礎をおいていたからだ。これに対し、今日のデジタル独占に基づく富の移転は、賃労働に基づく経済成長に深く関係する金融資本主義とも異なる、独自の存立基盤を有している。

(10) グレーバーは介護などの狭義のケアワークに限らず、他人に関係し、社会を維持する労働全般をケアワークとし、ブルシット・ジョブに対置している。例えば、電車の運行を維持したり、生産された財をメンテナンスする労働などを含む。このように区別されるケアワークは、マルクスの資本主義理論の観点から、直接に使用価値の生産を目的とする労働であると理解することができる。

(11) なお、グレーバーはデジタル経済化以前から実体経済と乖離する傾向を示していた、金融資本主義の文脈において労働の封建化を論じている。

(12) 分配の論理が経済関係に立脚せず、統治に動機づけられて行われている。分配が政治的問題として現れること自体が、封建制の特徴である。この点については、グレーバー＝酒井（2018）も参照。

(13) 本書では「協業」と「協働」を概念的に次のように区別して用いている。前者については、マルクスが『資本論』で論じるように、資本主義社会におけるその形態は、資本の下に労働者が集められ、資本の指揮の下に生産が行われる状態を指す。これに対し「新しい協業形態」は、ＰＦによって労働者が組織され消費者と結合するため、労働者は資本の直接の指揮下から解放される可能性を持つ。一方で、「協働」は労働過程の編成に限定されない生産関係全般において、労働者同士の自覚的結合（アソシエーション）の意味で用いている。

(14) ただし、気候変動に真に寄与するグリーンニューディールは、単に新たなビジネスチャンスを作り出そうとするグリーン・キャピタリズムとの対抗関係にあることに注意が必要である。

(15) 以上、引用部を含めマクドネル編（2021）所収の第9章「新しい経済における民主的所有形態」参照。

(16) その取り組みは斎藤（2020）や岸本（2020）に詳しい。特に、後者は欧州のシンクタンクに籍を置く著者が、系統的・網羅的に各都市の動きとその連携を分析しているため、非常に説得力がある。欧州の社会運動の急激な発展には目を見張らせるものがある。

(17) 現代の資本主義における大量消費が、賃金の分配によってではなく、借金によって継続させられている構図についてはシュトレーク（2016）。

(18) ポストフォーディズム体制の含意についてはさまざまな議論があるが、大量生産・大量消費の行き詰まりの中で、賃金を引き下げると同時に多品種・適量生産の生産方式を確立することによって、新たに資本と賃労働の調整様式を確立したものであるという理解に対しては、大方の同意が得られるだろう。ポストフォーディズムはあくまでも賃労働を組織することによって剰余価値を獲得するための新たな生産体制である点で、これを相対化する価値の移転様式である「デジタル／テクノ封建制」とは存立の論理が異なっている。

(19) ブラント、ヴィッセン（2021）参照。また、斎藤（2021）も今日の経済成長路線が第三世界に甚大な犠牲を強いる上に成り立っているという視座に立つ限り、安易に経済成長モデルを描くことはできないことを力説している。

(20) Benanav（2020）、シュトレーク（2016）。

あとがき――「使い潰し」経済からの脱却へ

奇しくも、本書の執筆が佳境を迎えていたころ、自民党総裁選では河野太郎氏を下して岸田文雄新首相が誕生した。岸田首相は新たな分配政策を実施することで日本の「新しい資本主義」を目指すことを表明した。

自民党の総裁が正面から「資本主義の改革」を宣言した事実は、日本社会が重大な局面にさしかかっていることを、この上なく見事に表現している。本書を一読すれば明らかなように、日本の資本主義の問題は、人を「使い潰す」資本主義が限界まで昂進し、ついには社会全体を破壊しつくそうとしているところにある。

非正規雇用は四割に達し、「ブラック企業」、「ブラックバイト」、過労死、自死、鬱病が蔓延している。賃金も下がり続け、社会保障・税負担は中・下層が生活をさらに苦しいものにしている。教育や技術投資も極限まで削られ、若者のチャンスは狭まっている。

それにもかかわらず、「自己責任」や「努力」で何とかせよ、という「解決策」が人々の内面の奥底にまで浸透した。支配ばかりが巧妙化してきたのである。これでは誰にも先が見えないのも当然だ。

この際限のない資源の「食い潰し」という自己破壊的な状態から脱却しなければならない。これまでのやり方で日本が貧しくなったことを自覚し、方向を転換しなければならないのである。

このような事態はかつて、資本主義の本家であるイギリスでも起こった。短期的な経済的利益を求め、長時間・過重労働が蔓延し、不衛生で劣悪な住居が「効率」を追求して工場の周辺に密集した。人件費の安い子供たちが工場で深夜まで働かされ、平均身長も平均寿命も劇的に縮んだ。

これが、世界で最も繁栄し、最強を誇った資本主義国家の真の姿だった。その後イギリスでは労働運動・社会運動が高揚し、福祉国家を建設していった。このような歴史的事実からも明らかなように、「ブラック企業」をなくしていくことは資本主義経済を変革していくことに他ならない。

私がさらに不安を募らせるのは、日本に「懐古趣味」が満ちていることである。右から左まで、かつての日本を賛美するような言葉にあふれるようになった。衰退する国家ではよく見られる現象だが、このような風潮は、ますます社会から現実を見つめる知性を奪い去り、閉塞を強めていくことにしかならない。それどころか、虚構の「大国意識」ばかりが幅を利かせる危険な風潮をも呼び込みかねないだろう。

本書の中で度々言及したように、日本社会では戦後一貫して過労死するほどの長時間労働や、低賃金の非正規雇用が「競争力」の源泉として活用されてきた。日本の経済発展には、「使い潰し」がつねに付きまとってきたのである。だからこそ、過去に戻ろうというだけでは問題は解決しない。日本の資本主義の在り方を根底から見直し、刷新すべき限界点に、今、差し掛かっているのである。

日本では、資本主義社会を変革し続けてきたはずの労働運動も、未来への展望を見出すことができていない。私も含め、この圧倒的な「使い潰し」の現実の前で、何とか人々の権利主張を支えることに奔走している。

だが、こんな状況だからこそ、大局を見極め、大きなビジョンを作り出さねばならない。限界を超えた社会の現実を見据えることで、大きな改革のうねりが生まれる契機もまた育っていくはずだ。本書がそのわずかな一助にでもなるならば、望外の喜びである。


本書の企画をいただいたのは、昨年（二〇二〇年）の暮れだった。新型コロナ禍の実情も踏まえ、これまで書きためてきた労働問題に関する諸論考をまとめて、一冊の本にしようという提案で、今年の三月には刊行できるはずだった。

ところが、もうそれから半年以上が経過している。そして今、ようやくこのあとがきを記すに至っている。それは、ひとえに私の筆の遅さに原因があるが、資本主義社会のあまりに大きな変化に直面し、とてもこれまでの論文に加筆するだけでは収まらなくなってしまったことにも関係している。結局、新たに四章分を書き下ろし、労働と現代日本の資本主義経済の関係を根底からとらえなおす一冊となった。

このような大きな仕様変更の中で、青土社の永井愛さんには大変な苦労をおかけしてしまったのではないかと思う。この場を借りて、心からの感謝の気持ちを述べたい。

また、本書の執筆にあたっては多くの方の助言をいただいた。特に、研究会でコメントをくださった木下武男先生、後藤道夫先生、佐々木隆治先生には格別のお礼を申し上げたい。先生方には労働と資本主義を考察するための、多くの示唆をいただいた。さらに、校正を手伝ってくれたＰＯＳＳＥの関係者の皆さんにもここで謝意を表したい。

最後に、日本社会の不正義と貧困に立ち向かうすべての方々に、敬意と感謝の気持ちを込めて本書の末尾とする。

今野晴貴

二〇二一年一〇月二三日

参考文献

青木耕太郎・浅見和彦・後藤道夫（2017）「業種別職種別ユニオン運動研究会（第1回）エステ・ユニオンによる労使関係の展開」『労働法律旬報』第1899号、旬報社
浅見和彦（2021）『労使関係論とはなにか――イギリスにおける諸潮流と論争』旬報社
浅見和彦・木下武男（2015）「次世代の業種別ユニオン――労働組合再生の方向性」『POSSE』第28号、堀之内出版
浅見和彦・木下武男・今野晴貴（2021）「鼎談 ユニオニズムの創造に向けた理論と実践」『POSSE』第48号、堀之内出版
明日香壽川（2021）『グリーン・ニューディール――世界を動かすガバニング・アジェンダ』岩波新書
アトキンソン、デービッド（2019）『日本人の勝算――人口減少×高齢化×資本主義』東洋経済新報社
アンデルセン、G・エスピン（2001）『福祉資本主義の三つの世界――比較福祉国家の理論と動態』岡沢憲芙・宮本太郎監訳、ミネルヴァ書房
石田眞（2019）「「プラットフォームエコノミーと労働法」の比較法研究に向けて」『労働法律旬報』第1944号、旬報社
井手英策・今野晴貴・藤田孝典（2018）『未来の再建――暮らし・仕事・社会保障のグランドデザイン』ちくま新書
伊藤亜聖（2020）『デジタル化する新興国――先進国を超えるか、監視社会の到来か』中公新書
井上智洋（2016）『人工知能と経済の未来――2030年雇用大崩壊』文春新書
伊原亮司（2003）『トヨタの労働現場――ダイナミズムとコンテクスト』桜井書店
ウェッブ、シドニー・ウェッブ、ビアトリス（1973）『労働組合運動の歴史　上下』飯田鼎・高橋洸訳、日本労働協会
ウッド、エレン・メイクシンス（1999）『民主主義対資本主義――史的唯物論の革新』石堂清倫監訳、森川辰文訳、論創社
江口英一（1979-80）『現代の「低所得層」――「貧困」研究の方法　上中下』未來社

江口英一・田沼肇・内山昂編（1981）『現代の労働政策』大月書店
江里口拓（2008）『福祉国家の効率と制御――ウェッブ夫妻の経済思想』昭和堂
大内裕和・今野晴貴（2015）『ブラックバイト』堀之内出版
大内裕和・竹信三恵子（2014）『「全身○活」時代――就活・婚活・保活からみる社会論』青土社
梶谷懐・高口康太（2019）『幸福な監視国家・中国』NHK 出版新書
片山夏子（2020）『ふくしま原発作業員日誌――イチエフの真実、9 年間の記録』朝日新聞出版
鎌田慧（1983）『自動車絶望工場――ある季節工の日記』講談社文庫
――――（1976）『逃げる民――出稼ぎ労働者』日本評論社
萱野稔人編（2012）『ベーシックインカムは究極の社会保障か――「競争」と「平等」のセーフティネット』堀之内出版
唐鎌直義（2012）『脱貧困の社会保障』旬報社
カリス、ヨルゴス・ポールソン、スーザン・ダリサ、ジャコモ・デマリア、フェデリコ（2021）『なぜ、脱成長なのか――分断・格差・気候変動を乗り越える』上原裕美子・保科京子訳、NHK 出版
川上資人（2018）「ICT と雇用関係によらない働き方・労働者性の動揺」『日本労働社会学会年報』第 29 号、日本労働社会学会
岸本聡子（2020）『水道、再び公営化！――欧州・水の闘いから日本が学ぶこと』集英社新書
木下武男（2021）『労働組合とは何か』岩波新書
――――（2016）「同一労働同一賃金を実現するジョブ型世界」『POSSE』第 31 号、堀之内出版
――――（2012）『若者の逆襲――ワーキングプアからユニオンへ』旬報社
――――（2009）「「格差論壇」MAP とは何なのか」『POSSE』第 4 号、合同出版
――――（2007）『格差社会にいどむユニオン――21 世紀労働運動原論』花伝社
工藤律子（2020）『ルポ つながりの経済を創る――スペイン発「もうひとつの世界」への道』岩波書店
――――（2016）『ルポ 雇用なしで生きる――スペイン発「もうひとつの生き方」への挑戦』岩波書店

熊沢誠（2010）『働きすぎに斃れて――過労死・過労自殺の語る労働史』岩波書店
――――（2007）『格差社会ニッポンで働くということ――雇用と労働のゆくえをみつめて』岩波書店
――――（1997）『能力主義と企業社会』岩波新書
――――（1993）『新編 日本の労働者像』ちくま学芸文庫
栗田健（1978）『増補 イギリス労働組合史論』未來社
黒川俊雄（1970）『社会政策と労働運動』青木書店
ケア・コレクティヴ（2021）『ケア宣言――相互依存の政治へ』岡野八代・冨岡薫・武田宏子訳、大月書店
経済産業省経済産業政策局産業再生課編（2017）『新産業構造ビジョン――一人ひとりの、世界の課題を解決する日本の未来』経済産業調査会
小池和男（2005）『仕事の経済学 第3版』東洋経済新報社
伍賀一道（2006）「現代日本の間接雇用――派遣労働・業務請負を中心に」『金沢大学経済学部論集』第26巻第2号、金沢大学経済学部
――――（1988）『現代資本主義と不安定就業問題』御茶の水書房
児島真爾（2012）「コミュニティ・ユニオンによる「派遣切り」に対する取り組み」『大原社会問題研究所雑誌』第642号、法政大学大原社会問題研究所
後藤道夫（2011）『ワーキングプア原論――大転換と若者』花伝社
――――（2001）『収縮する日本型〈大衆社会〉――経済グローバリズムと国民の分裂』旬報社
小西一雄（2020）『資本主義の成熟と終焉――いま私たちはどこにいるのか』桜井書店
――――（2014）『資本主義の成熟と転換――現代の信用と恐慌』桜井書店
小林美希（2015）『ルポ 保育崩壊』岩波新書
今野晴貴（2020）『ストライキ2.0――ブラック企業と闘う武器』集英社新書
――――（2019a）「労働の視点からみたベーシックインカム論――なぜ「BI + AI論」が危険なのか？」『ベーシックインカムを問いなおす――その現実と可能性』佐々木隆治・志賀信夫編、法律文化社
――――（2019b）「労働問題の現状からの経済問題の考察――「一般労

働者階層」の形成と福祉政治」『季刊経済理論』第 56 巻第 1 号、桜井書店
――――（2017）「製造業派遣・請負労働の雇用類型――全国的移動及び移動の制度的媒介に着目して」『日本労働社会学会年報』第 28 号、日本労働社会学会
――――（2016a）『ブラックバイト――学生が危ない』岩波新書
――――（2016b）『求人詐欺――内定後の落とし穴』幻冬舎
――――（2015）『ブラック企業 2――「虐待型管理」の真相』文春新書
――――（2013a）『日本の「労働」はなぜ違法がまかり通るのか？』星海社新書
――――（2013b）『生活保護――知られざる恐怖の現場』ちくま新書
――――（2013c）『ブラック企業ビジネス』朝日新書
――――（2009）「諦念と競争に覆われる若者の労働――若者自身による調査でとらえる雇用と意識」『若者と貧困――いま、ここからの希望を』湯浅誠・冨樫匡孝・上間陽子・仁平典宏編、明石書店
今野晴貴・嶋﨑量編（2018）『裁量労働制はなぜ危険か――「働き方改革」の闇』岩波ブックレット
今野晴貴・竹信三恵子・蓑輪明子（2021）「鼎談 コロナで顕在化した日本の女性差別をどう乗り越えるか――市場化される公共サービスとケアワーク、そこでの労働運動の役割」『POSSE』第 47 号、堀之内出版
今野晴貴・藤田孝典編（2019）『闘わなければ社会は壊れる――〈対決と創造〉の労働・福祉運動論』岩波書店
今野晴貴・棗一郎・藤田孝典・上西充子・大内裕和・嶋﨑量・常見陽平・ハリス鈴木絵美（2014）『ブラック企業のない社会へ――教育・福祉・医療・企業にできること』岩波ブックレット
今野晴貴・本田由紀（2009）「働く若者たちの現実――違法状態への諦念、使い捨てからの偽りの出口、実質なきやりがい」『労働、社会保障政策の転換を――反貧困への提言』遠藤公嗣・河添誠・木下武男・後藤道夫・小谷野毅・今野晴貴・田端博邦・布川日佐史・本田由紀、岩波ブックレット
斎藤幸平（2021）「気候崩壊と脱成長コミュニズム――ポスト資本主義への政治的想像力」『世界』第 949 号、岩波書店
――――（2020a）『NHK 100 分 de 名著　カール・マルクス『資本論』』NHK 出版

――――（2020b）『人新世の「資本論」』集英社新書
酒井隆史（2018）「訳者解題「ブルシット・ジョブ」と「多動力」」（デヴィッド・グレーバー、聞き手＝スージー・ワイズマン「ブルシット・ジョブの上昇――デヴィッド・グレーバーへのインタビュー」芳賀達彦・森田和樹・酒井隆史訳）『現代思想』第46巻第17号、青土社
崎谷実穂（2021）『ネットの高校、日本一になる。――開校5年で在校生16,000人を突破したN高の秘密』KADOKAWA
佐々木実（2020）『竹中平蔵 市場と権力――「改革」に憑かれた経済学者の肖像』講談社文庫
佐々木隆治（2021）『マルクスの物象化論――資本主義批判としての素材の思想 新版』堀之内出版
――――（2018）『マルクス 資本論』KADOKAWA
――――（2016a）「新自由主義をいかに批判すべきか――フーコーの統治性論をめぐって」『危機に対峙する思考』平子友長・橋本直人・佐山圭司・鈴木宗徳・景井充編、梓出版社
――――（2016b）『カール・マルクス――「資本主義」と闘った社会思想家』ちくま新書
――――（2012）『私たちはなぜ働くのか――マルクスと考える資本と労働の経済学』旬報社
佐々木隆治・志賀信夫編（2019）『ベーシックインカムを問いなおす――その現実と可能性』法律文化社
佐藤学（2021）『第四次産業革命と教育の未来――ポストコロナ時代のICT教育』岩波ブックレット
三宮貞雄（2016）『コンビニ店長の残酷日記』小学館新書
シュトレーク、ヴォルフガング（2016）『時間かせぎの資本主義――いつまで危機を先送りできるか』鈴木直訳、みすず書房
ズボフ、ショシャナ（2021）『監視資本主義――人類の未来を賭けた闘い』野中香方子訳、東洋経済新報社
スルニチェック、ニック（2021）「プラットフォーム独占とAIの政治経済学」『99%のための経済学――コービンが率いた英国労働党の戦略』ジョン・マクドネル編、朴勝俊ほか訳、堀之内出版
竹地潔（2019）「人工知能による選別と翻弄される労働者――法は何をすべきか？」『富大経済論集』第65巻第2号、富山大学経済学部

竹信三恵子（2012）「「主婦労働」の影が福祉を損なう――「無償」「献身性」が抑え込む良質のケア」『POSSE』第 16 号、堀之内出版
田端博邦（2007）『グローバリゼーションと労働世界の変容――労使関係の国際比較』旬報社
中西洋（1982）『日本における「社会政策」・「労働問題」研究――資本主義国家と労資関係 増補版』東京大学出版会
中野麻美（2006）『労働ダンピング――雇用の多様化の果てに』岩波新書
西谷敏（2004）『規制が支える自己決定――労働法的規制システムの再構築』法律文化社
ハイルブローナー、ロバート・ミルバーグ、ウィリアム（2009）『経済社会の形成』菅原歩訳、ピアソン・エデュケーション
萩田翔太郎（2020）「ラダイトと脅迫状（第 1 回）――命を懸けて行動せよ」『POSSE』第 45 号、堀之内出版
羽島有紀（2017）「労働と思想（34）カール・ウィリアム・カップ――社会的費用論と制度派経済学」『POSSE』第 34 号、堀之内出版
橋本健二（2020）『〈格差〉と〈階級〉の戦後史』河出新書
濱口桂一郎（2009）『新しい労働社会――雇用システムの再構築へ』岩波新書
濱田貴之・樋野公宏・浅見泰司（2016）「高齢者の居場所としてのイートインコンビニの利用に関する研究――川崎市登戸での利用実態調査と供給側へのヒアリング調査を通じて」『都市計画報告集』No.15、日本都市計画学会
原有希（2020）「講演 機械と協働する作法」『日本労働研究雑誌』No.714、労働政策研究・研修機構
原田由美子（2008）「介護保険制度におけるホームヘルパーの裁量権に関する研究」『介護福祉学』第 15 巻第 2 号、日本介護福祉学会
ハラリ、ユヴァル・ノア（2018）『ホモ・デウス――テクノロジーとサピエンスの未来　上下』柴田裕之訳、河出書房新社
ピケティ、トマ（2014）『21 世紀の資本』山形浩生・守岡桜・森本正史訳、みすず書房
広井良典（2015）『ポスト資本主義――科学・人間・社会の未来』岩波新書
――――（2001）『定常型社会――新しい「豊かさ」の構想』岩波新書
フーコー、ミシェル（2008）『生政治の誕生――コレージュ・ド・フラン

ス講義 1978-1979 年度』慎改康之訳、筑摩書房
――――（2007）『社会は防衛しなければならない――コレージュ・ド・フランス講義 1975-1976 年度』石田英敬・小野正嗣訳、筑摩書房
――――（1977）『監獄の誕生――監視と処罰』田村俶訳、新潮社
ブラッドワース、ジェームズ（2019）『アマゾンの倉庫で絶望し、ウーバーの車で発狂した――潜入・最低賃金労働の現場』濱野大道訳、光文社
ブラント、ウルリッヒ・ヴィッセン、マークス（2021）『地球を壊す暮らし方――帝国型生活様式と新たな搾取』中村健吾・斎藤幸平監訳、岩波書店
ブリニョルフソン、エリック・マカフィー、アンドリュー（2015）『ザ・セカンド・マシン・エイジ』村井章子訳、日経 BP 社
フレイ、カール・B（2020）『テクノロジーの世界経済史――ビル・ゲイツのパラドックス』村井章子・大野一訳、日経 BP 社
ブレイヴァマン、ハリー（1978）『労働と独占資本――20 世紀における労働の衰退』富沢賢治訳、岩波書店
ホール、ピーター・A・ソスキス、デヴィッド編（2007）『資本主義の多様性――比較優位の制度的基礎』遠山弘徳ほか訳、ナカニシヤ出版
ポラニー、カール（2009）『新訳 大転換――市場社会の形成と崩壊』野口建彦・栖原学訳、東洋経済新報社
ボワイエ、ロベール（1989）『レギュラシオン理論――危機に挑む経済学』山田鋭夫訳、新評論
マースデン、デヴィッド（2007）『雇用システムの理論――社会的多様性の比較制度分析』宮本光晴・久保克行訳、NTT 出版
マクドネル、ジョン編（2021）『99％のための経済学――コービンが率いた英国労働党の戦略』朴勝俊ほか訳、堀之内出版
マルクス、カール（2016）『資本論 第一部草稿――直接的生産過程の諸結果』森田成也訳、光文社古典新訳文庫
――――（1972）『資本論』マルクス＝エンゲルス全集版、岡崎次郎訳、大月書店
三家本里実（2018）「「課業」概念の再考とその適用の現段階――ブレイヴァマンによるテイラーの科学的管理分析を通して」『季刊経済理論』第 55 巻第 3 号、経済理論学会
――――（2017）「労働過程論における自律性概念の再解釈――ブレイ

ヴァマンの労働過程分析を通して」『季刊経済理論』第 53 巻第 4 号、経済理論学会
蓑輪明子（2021）「サービス経済化と女性の労働力化の問題点」『POSSE』第 47 号、堀之内出版
宮本太郎（2021）『貧困・介護・育児の政治――ベーシックアセットの福祉国家へ 』朝日新聞出版
ミルバーン、キア（2021）『ジェネレーション・レフト』斎藤幸平監訳、岩橋誠・萩田翔太郎訳、堀之内出版
ムフ、シャンタル（2008）『政治的なものについて――闘技的民主主義と多元主義的グローバル秩序の構築』酒井隆史監訳、篠原雅武訳、明石書店
森川博之（2020）『5G――次世代移動通信規格の可能性』岩波新書
森川美絵（2015）『介護はいかにして「労働」となったのか――制度としての承認と評価のメカニズム』ミネルヴァ書房
山田鋭夫（1994）『レギュラシオン・アプローチ――21 世紀の経済学 増補新版』藤原書店
――――（1993）『レギュラシオン理論――経済学の再生』講談社現代新書
ラクラウ、エルネスト、シャンタル・ムフ（2012）『民主主義の革命――ヘゲモニーとポスト・マルクス主義』西永亮・千葉眞訳、ちくま学芸文庫
リフキン、ジェレミー（2015）『限界費用ゼロ社会――〈モノのインターネット〉と共有型経済の台頭』柴田裕之訳、NHK 出版
若森みどり（2015）『カール・ポランニーの経済学入門――ポスト新自由主義時代の思想』平凡社新書
渡辺寛人・布川日佐史（2020）「生活保護「不正受給者探し」からの脱却を」『世界』第 933 号、岩波書店
JIDEA 研究グループ（2012）「サービス産業と日本の構造変化――産業構造の長期予測」『季刊 国際貿易と投資』第 23 巻第 4 号、国際貿易投資研究所

Benanav, A. (2020) *Automation and the Future of Work*. Verso.
Benanav, A. & Clegg, J. (2018) “Crisis and immiseration: critical theory today.” In *The Sage Handbook of Frankfurt School Critical Theory*. Vol.

3. edited by B. Best, W. Bonefeld, & C. O'kane. SAGE Publications Ltd.

Graeber, D. (2018) *Bullshit Jobs: A Theory* edited by B. Best, W. Bonefeld, & C. O'Kane. Penguin Books.（『ブルシット・ジョブ――クソどうでもいい仕事の理論』酒井隆史、芳賀達彦、森田和樹訳、岩波書店、2020年）

Hardt, M. & Negri, A. (2017) *Assembly*. Oxford University Press.

Leidner, R. (1993) *Fast Food, Fast Talk: Service Work and the Routinization of Everyday Life*. University of California Press.

Mason, P. (2016) *PostCapitalism: A Guide to Our Future*. Farrar Straus & Giroux.（『ポストキャピタリズム――資本主義以後の世界』佐々木とも訳、東洋経済新報社、2017年）

Srnicek, N. (2016) *Platform Capitalism*. Polity.

Srnicek, N. & Williams, A.(2015). *Inventing the Future: Postcapitalism and a World Without Work*. Verso Books.

Sundararajan, A. (2016) *The Sharing Economy: The End of Employment and the Rise of Crowd-Based Capitalism*. The MIT Press.（『シェアリングエコノミー――Airbnb、Uberに続くユーザー主導の新ビジネスの全貌』門脇弘典訳、日経BP社、2016年）

初出一覧

第１章　書き下ろし

第２章　書き下ろし

第３章　書き下ろし

第４章　「労働における「コンプライアンス」をどう考えるか？」『現代思想』2019 年 10 月号

第５章　「今日のストライキ、その特徴とは何か？」『POSSE』2019 年 7 月号

第６章　「ブラック化――「ブラック企業」言説の源流とその系譜」『現代思想』2019 年 5 月臨時増刊号

第７章　「ブラック企業はなぜ社会問題化したか――社会運動と言説」『世界』2014 年 6 月号

第８章　「新しい労働運動が社会を守り、社会を変える」『闘わなければ社会は壊れる』岩波書店、2019 年 6 月

第９章　「日本の資本主義と「アフター・コロナ」――生存権と賃労働規律から読み解く」『現代思想』2020 年 8 月号

第10章　「ポストキャピタリズムと労働組合運動―― AI、シェアリング・エコノミーは労働組合運動にどのような変化を迫るのか」『季刊経済理論』第 57 巻第 2 号 2020 年 7 月刊

第11章　書き下ろし

※書籍化にあたり大幅に加筆・修正を施した。

今野晴貴（こんの・はるき）
1983年生まれ。一橋大学大学院社会学研究科博士後期課程修了。博士（社会学）。専門は労働社会学、労使関係論。現在、NPO法人POSSE代表。駒沢大学経済学部及び聖学院大学政治経済学部非常勤講師、沖縄大学地域研究所特別研究員、北海道大学公共政策学研究センター上席研究員。Yahoo! ニュース個人オーサー。2013年に大佛次郎論壇賞及び流行語大賞トップ10受賞。2014年に日本労働社会学会奨励賞受賞。単著に、『ブラック企業』（文春新書）、『生活保護』（ちくま新書）、『ブラック企業ビジネス』（朝日新書）、『君たちはどう働くか』（皓星社）、『ブラックバイト』（岩波新書）、『ブラック奨学金』（文春新書）、『ストライキ2.0』（集英社新書）などがある。

賃労働の系譜学
――フォーディズムからデジタル封建制へ

2021年11月10日　第1刷印刷
2021年11月30日　第1刷発行

著　者　　今野晴貴
発行者　　清水一人
発行所　　青土社
　　　　　101-0051　東京都千代田区神田神保町1-29　市瀬ビル
　　　　　電話　03-3291-9831（編集部）　03-3294-7829（営業部）
　　　　　振替　00190-7-192955

装　幀　　水戸部 功
印刷・製本　双文社印刷
組　版　　フレックスアート

ISBN978-4-7917-7394-7 C0036　Printed in Japan